リーマン・ショック
元財務官の回想録

The Global Financial Crisis
Former Finance Deputy's Memoir

篠原尚之
Naoyuki Shinohara
東京大学教授
元財務官
前IMF副専務理事

毎日新聞出版

はじめに

リーマン・ショックから10年になる。リーマン・ショックの前後の2年間、私は財務官として国際金融上の揺れ動く諸問題への対応に追われる忙しい日々であった。財務官に就任した2007年夏には、パリバ・ショックを受けて、サブプライム問題が表面化、欧米の金融市場は不安定となり、各国中央銀行は流動性の大量供給に追われた。

翌2008年3月には、ベア・スターンズ・ショック（略＝ベアスタ・ショック）が起きた。それでも市場はまだ比較的落ち着いていて、例えば一次産品価格の上昇は続き、7月には原油価格は145ドルにまで達した。しかし9月になると、リーマン・ブラザーズが破綻。直後には、金融市場は凍結した。

その後、米国ではGSE（ファニーメイなど）、金融機関や米自動車業界の救済、各国による大規模な景気対策などが行われていく。その後の金融危機の深刻化、世界的な景気の急速な悪化は、予想をはるかに超えるものだった。

こうした中、11月には、新たな枠組みとしてG20首脳会合（金融・経済に関する首脳会合）が始まった。第2回会合（2009年4月）において、各国は、世界大不況（Great Recession）に対抗するため財政金融政策を総動員すること、金融規制・監督の強化を目指すこと、保護主義や近隣窮乏化政策を回避することで協調した。日本は、IMFの抜本的な資金基盤の充実等を各国に先駆けて提起した。アジア地域の金融機関への直接的な影響は大きくなかったが、貿易を通じた経済への打撃は大きかった。韓国・インドネシアで一時市場が混乱し、日本は通貨スワップ枠の拡大等の支援を行った。

財務官というと為替政策の話だろうという人が多い。就任当時は、ドル円相場は１２０円前後であったが、２００８年３月のベアスタ・ショックの直後には、一時95円台という12年７か月ぶりの円高となった。９月のリーマン・ショック後には、90円近くまで急速な円高が進んだため、円に特定して過度の相場変動に懸念を表明するＧ７緊急声明を出した。また、12月と翌年１月には、87円台まで円が強くなる局面があった。この２年の間、為替市場介入は行わなかったが、介入寸前の時期があった。

本書（第１章から第４章）は、こうした私の財務官としての当時の経験を記述したものである。リーマン・ショックについては、さまざまなレポートや回顧録が出ているが、私は、自らの記憶と若干の個人的メモのみをベースにして、できるだけ私が直接体験したことを描写するように努めた。従って、私の記憶違いや事実誤認が生じている面もあるかと思うが、お許しいただきたい。

第１章では、主として為替政策の視点からリーマン前後の出来事や経験を振り返った。円相場は、ドルやユーロとの相対価格であり、相手国との意思の疎通が極めて重要である。このため、Ｇ７諸国のカウンターパート（Ｇ７財務大臣代理）等とは頻繁に協議を行った。できるだけこうしたやりとりのエッセンスを伝える形にしたつもりである。

第2章では、新しく始まったG20首脳プロセスを中心に、第3章では、リーマン・ショックの影響を受けた東アジアとの協力を中心に取り上げた。

第4章では、東アジアの地域金融協力の進展をまとめた。金融協力の柱は、2000年にASEAN＋3諸国で合意したチェンマイ・イニシアティブ（各国が外貨準備たるドルを相互融通する仕組み）である。2009年5月、長年の懸案であったチェンマイ・イニシアティブのマルチ化という金融協力の次の段階に合意することができた。日中政府間の発言権の割合や、発動メカニズムの一元化など、アジア域内で初めての多国間の意思決定メカニズムを合意するにあたっては神経を使った。日中韓の間の話し合いが円滑に行える環境にあったことは幸いであった。また、リーマン・ショックによる金融混乱は、各国間の合意を後押しした。

最後に、私は、財務省退官後、2010年春から5年間、IMF（国際通貨基金）において副専務理事として勤務した。第5章では、その際印象に残ったトピックを取り上げた。

IMFという国際機関がどういう職場かという雰囲気にも若干触れるようにした。個別国とのIMFプログラム交渉といった個別の話は避け、リーマン・ショックなどを経て、IMFの政策や考え方が最近どう変化してきているかという観点から、欧州債務危機、資本流出入規制、所得格差やサーベイランス（政策監視）に対する考え方など、横断的な事項について、できるだけ技術的な内容に立ち入ることなく、概要を簡潔に述べたつもりである。

10・10		G7会合（ワシントン）、「行動計画」を発表
10・11		G20財務相・中銀総裁会合（臨時）
10・12		ユーロ圏緊急首脳会議
10・13	欧州各国が金融機関救済策を一斉に発表	（資本注入等の共同行動計画）
10・24		ASEM首脳会合（北京） ASEAN＋3首脳非公式会合（北京）
10・27		**G7「円高を懸念する緊急声明」発表**
10・29	FRB、利下げ（1.5→1.0%） FRBと新興市場国中銀とのドル・スワップ協定 （韓国、シンガポール、メキシコ、ブラジル）	
10・30	日、27兆円規模の追加経済対策発表	
10・31	日銀、利下げ（0.5→0.3%）	
11・ 4	米大統領選挙（オバマ候補勝利）	
11・ 8		G20財務相・中銀総裁会合（サンパウロ）
11・ 9	中国、大規模な財政刺激策を発表	
11・14		**G20首脳会合（第1回）（ワシントン）** **「金融・経済に関する首脳宣言」** ASEAN＋3首脳会合（非公式）（ワシントン） 日中韓財務大臣会合（ワシントン）
11・23	シティグループ救済策発表	
11・25	FRB、新たな信用凍結緩和策（量的緩和へ一歩）	
11・26		日中韓マクロ経済・金融安定化ワークショップ（第1回）（東京） ASEAN＋3D（箱根）
11月末	欧州各国が経済対策を発表	
12・ 2	EU財務大臣会合、GDP比1.5%の財政出動合意	
12・13		日中韓首脳会合（第1回）（福岡）
12・17	FRB、利下げ（1.0→0.25～0.00%）	
12・19	**米、GM／クライスラー救済策発表** 日、37兆円規模の追加経済対策発表 日銀、利下げ（0.3→0.1%） 日銀、長期国債買入増額（月1.2兆→1.4兆円）発表	
【2009年】		
1・12		日韓首脳会談（ソウル）
1・16	バンク・オブ・アメリカ救済策発表	
2・13		G7会合（ローマ） 日本、1000億ドルの対IMF融資に署名
2・17	米、7872億ドルの経済対策法成立	
2・22		ASEAN＋3財務大臣特別会合（プーケット）
2・25	米、ストレステストの実施を発表	
3・14		G20財務相・中銀総裁会合（英・ホーシャム）
3・18	FRB、米国債3000億ドル購入等を発表 日銀、長期国債買入増額（月1.4兆→1.8兆円）発表	
3・20		ASEAN＋3D会合（大連）
4・ 2		**G20首脳会合（第2回）（ロンドン）**
4・10	日、57兆円規模の経済危機対策発表	
4・11		ASEAN＋3首脳会合（パタヤ）（中止） 日中韓首脳会談（パタヤ）
4・24		G7、G20財務相・中銀総裁会合（ワシントン）
4・29		日中首脳会談（北京）
5・ 3	チェンマイ・イニシアティブのマルチ化合意	ASEAN＋3財務大臣会合（バリ） 日中韓財務大臣会合（バリ）
5・ 7	米、ストレステストの結果を公表	
6・ 7		日中ハイレベル経済対話（東京）
6・12		G8財務大臣会合（伊・レッチェ）
6・27		日韓財務対話（第3回）（東京）
7・ 1		日中韓マクロ経済・金融安定化ワークショップ（第2回）（上海）
7・ 8		G8首脳会合（伊・ラクイラ）

〔付録〕リーマン・ショック前後の主な出来事（時系列）

（注）Dは、財務大臣代理（Deputy）

	市場での出来事	主な国際会議等
【2007年】		
7・19		G7Dリトリート（フランクフルト）
8・9	**パリバ・ショック** 米欧日中銀が市場への資金供給開始	
8・22		日韓財務対話（第2回）（ソウル）
9・14	英、ノーザンロック銀で預金取り付け騒ぎ	
9・18	FRB、政策金利引き下げ開始（FF5.25→4.75%）	
10・15	米、M-LEC構想発表（後に見送り）	
10・19	NYダウ史上最高値	G7会合（ワシントン）
10・31	FRB、利下げ（4.75→4.5%）	
11・18		G20財務相・中銀総裁会合（ケープタウン）
11・20		ASEAN+3、日中韓首脳会談（シンガポール）
11・26	シティ、アブダビ投資庁から出資受け入れ発表	
11・30		ASEAN+3D（麗江）
12・1		日中ハイレベル経済対話（第1回）（北京）
12・11	FRB、利下げ（4.5→4.25%）	
12・12	欧米5中銀、大量の市場資金供給を緊急声明	
【2008年】		
1・22	FRB、利下げ（4.25→3.5%）	
1・30	FRB、利下げ（3.5→3.0%）	
2・9		G7会合（東京）
3・16	**ベア・スターンズ・ショック** FRB、プライマリーディーラー向け貸出制度創設	
3・18	FRB、利下げ（3.0→2.25%）	
3・23		日中財務対話（第2回）（東京）
4・1		ASEAN+3D（ダナン）
4・11		G7会合（ワシントン）
4・30	FRB、利下げ（2.25→2.0%）	
5・4		ASEAN+3財務大臣会合（マドリード） 日中韓財務大臣会合（マドリード）
6・13		G8財務大臣会合（大阪）
6・15		ASEM財務大臣会合（済州島）
7・3	原油先物価格最高値（145.29ドル／バレル）	
7・8		G8首脳会合（洞爺湖）
7・14	米、GSE支援の特別措置発表	
7・30	米、住宅関連法（GSE関連）成立	
7・31		G7Dリトリート（箱根）
9・7	GSE救済策の発表	
9・15	**リーマン・ショック** メリルリンチをバンク・オブ・アメリカが買収	
9・17	AIG支援策の発表	
9・18	FRBと各国中銀のドル・スワップ協定の拡大	
9・19	米、金融危機に対する包括的対策を発表	
9・22		G7「国際金融市場の動揺に関する緊急声明」発表
9・28	フォルティス銀への公的出資（ベネルクス3国）	
9・29	英、B&B銀の国有化	
9・30	デクシア銀（ベルギー・仏）への公的出資 アイスランド、銀行預金全額保護	
10・3	**米「緊急経済安定化法」の成立（TARPの実施）**	
10・4		金融安定化対策のため欧州4か国首脳会合 （相前後して欧州各国は預金保護強化策）
10・8	欧米6中銀、緊急協調利下げを発表 （FRB、カナダ、ECB、BOE、スイス、スウェーデン）	

リーマン・ショック　元財務官の回想録【目次】

第2章 ▼ G20首脳プロセスと日本の貢献

第5章 ▼ リーマン後の国際金融政策の動き

装丁／重原 隆
写真／ゲッティ イメージズ
本文ＤＴＰ／データ・クリップ

第1章

リーマン・ショックと為替政策

リーマン・ショック前後の為替政策

概観

私が財務官に就任したのは、２００７年７月初めであり、当時の円・ドル相場は１２０円前後であった。その当時、米国経済では、２００３年から長期にわたる穏やかな景気拡大（「グレート・モデレーション」と呼ばれた）が続いていた。米国連邦準備銀行（ＦＲＢ）は、２００４年半ばから徐々に政策金利を引き上げ、２００６年半ばには５・２５％となっていた。高騰を続けていた米国住宅価格（ケース・シラー指数）は、２００６年６月には最高値を付け、その後緩やかに落ち始めていた。

米国住宅市場がバブル気味であることは多くの人が気づいていたが、価格高騰による当然の調整が起きているとして、市場にはさほどの警戒感は感じられなかった。

そうした中、２００７年８月９日、いわゆる**パリバ・ショック**（ＢＮＰパリバが傘下の３ファンドの解約凍結を発表）が起きた。米国経済の超安定化時代が終わりを告げ、低所得者向けの住宅ローンであるサブプライム・ローンの問題が表面化し、世界的な金融不安の発生へとつながっていく予兆となる事件であった。

この頃から、為替市場では、ドル安（円高、ユーロ高）が進んでいく。8月には、円・ドル相場は、110円近くまで上昇した。FRBの金融緩和（政策金利引き下げ）が始まる。しかし、米国株価（NYダウ）は10月19日に史上最高値を付け、原油価格等の商品価格の高騰は続くなど、サブプライム問題の深刻さをはかりかねているようであった。

2008年3月16日、**ベア・スターンズ・ショック**が起きる。米国第5位の伝統ある投資銀行であったベア・スターンズは、住宅ローンを束にしたMBS（証券化商品）の取り扱いに極めて積極的な金融機関だったのだが、これが事実上破綻（JPモルガンによる買収、NY連銀による流動性供給等）した。円・ドル相場は、一気に100円を切り、一時96円まで急騰する。また、ユーロは、対米ドルで市場最高値を更新していた。

その後、市場は一旦落ち着きを取り戻す。ベア・スターンズが政府主導で事実上救済されたことへの安心感が背景の一部にはあったと思われる。しかし、住宅価格の下落は続き、サブプライム・ローンの延滞率は上昇を続けていた。MBSを多く保有していたのは、米国の金融機関だけでなかった。欧州金融機関についてもさまざまな懸念が出始めていた。

史上最高値を更新し続けていたユーロは、欧州中央銀行（ECB）の金融引き締めが転換点に達した2008年夏になると下落に転じる。ドル安（円高、ユーロ高）が崩れ始め、円高（ドル安、ユーロ安）の構図に変わっていく。

同時に、米国の住宅ローンで大きな役割を占める準政府機関のGSE（ファニーメイ、フレ

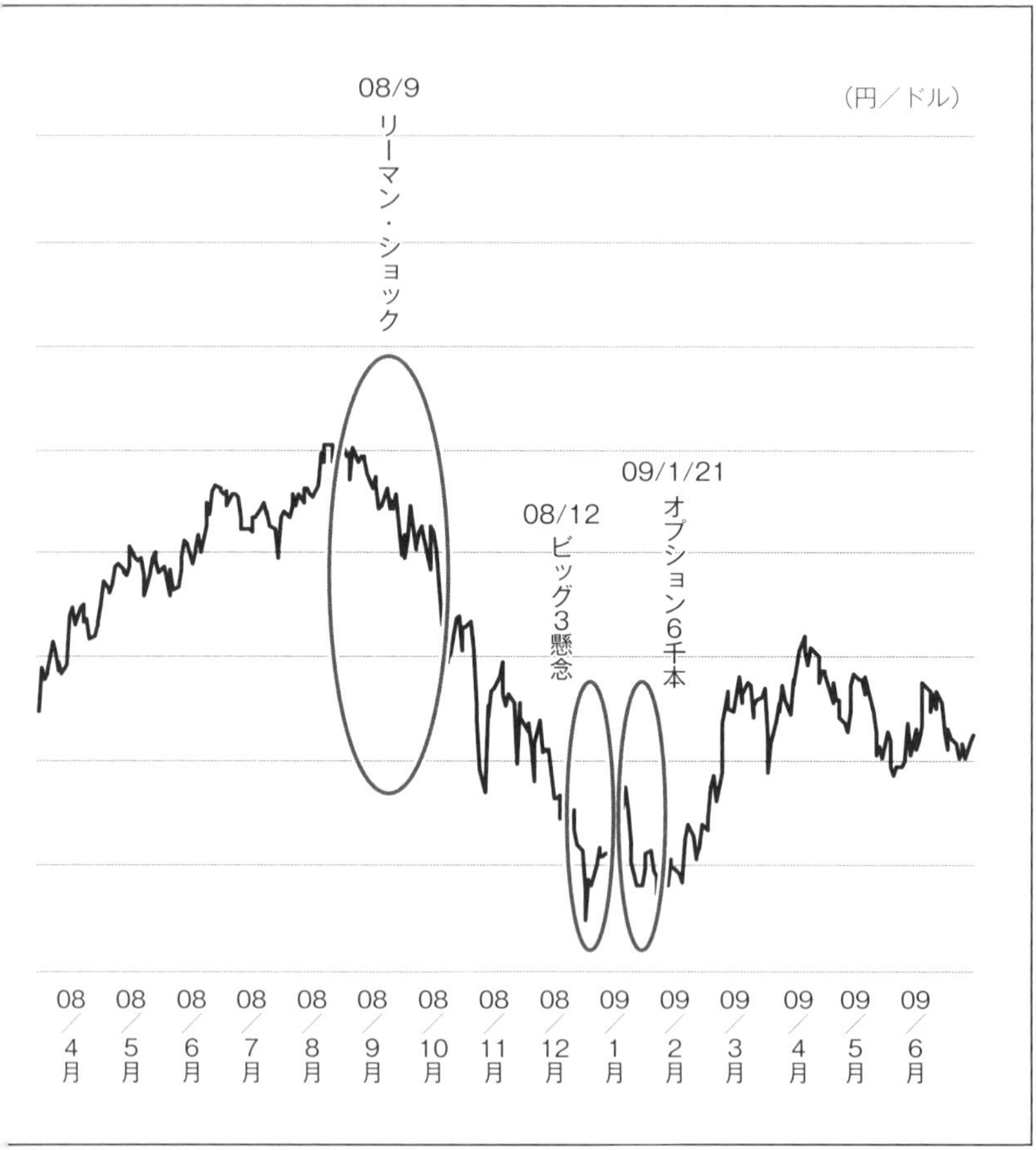

(円／ドル)
08/9
リーマン・ショック
08/12
ビッグ3懸念
09/1/21
オプション6千本
08/4月
08/5月
08/6月
08/7月
08/8月
08/9月
08/10月
08/11月
08/12月
09/1月
09/2月
09/3月
09/4月
09/5月
09/6月

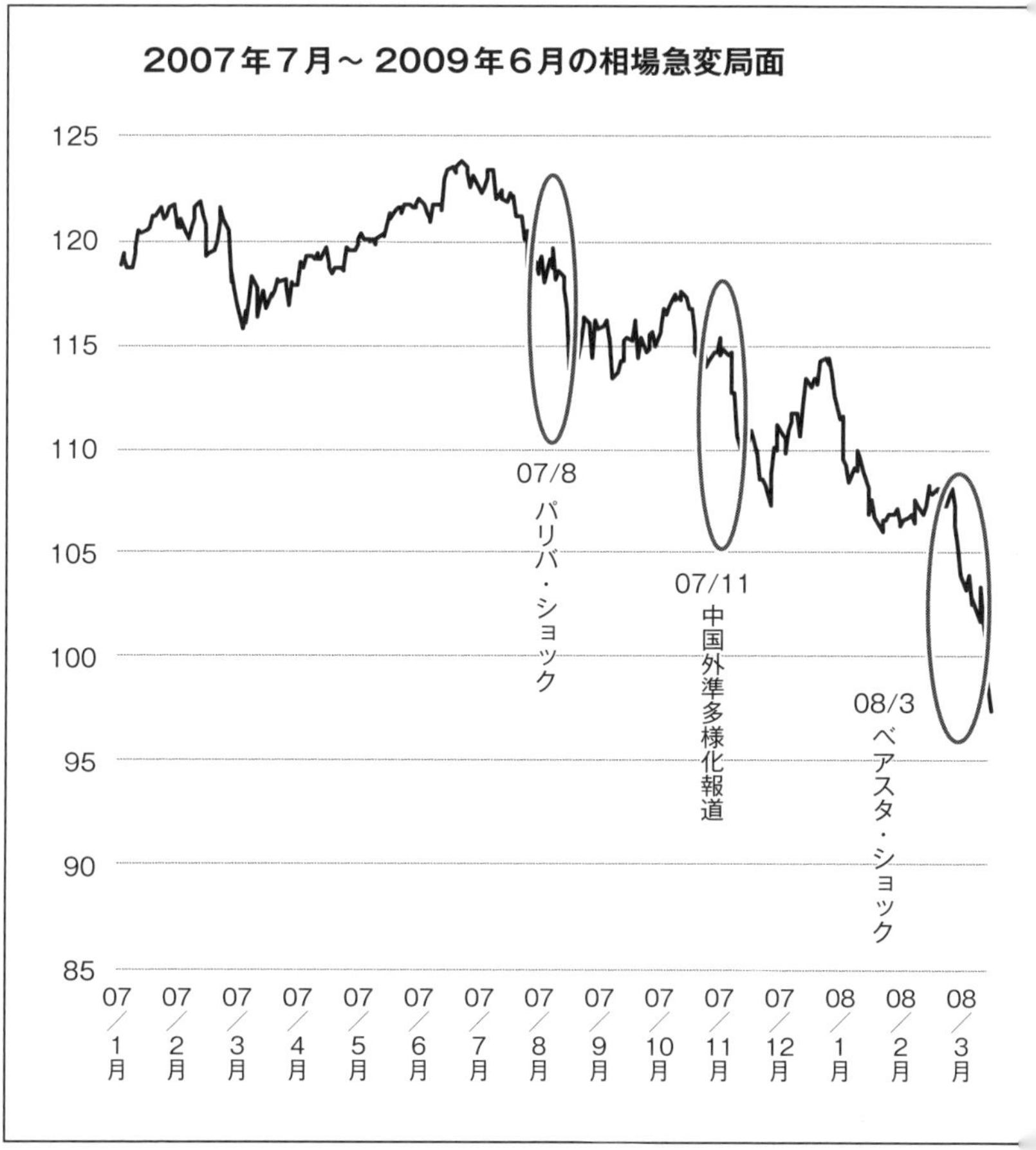

2007年7月～2009年6月の相場急変局面
125
120
115
110
105
100
95
90
85
07/8
パリバ・ショック
07/11
中国外準多様化報道
08/3
ベアスタ・ショック
07／1月
07／2月
07／3月
07／4月
07／5月
07／6月
07／7月
07／8月
07／9月
07／10月
07／11月
07／12月
08／1月
08／2月
08／3月

ディマック）や、ＭＢＳ関連の巨額の保証が存在する保険会社ＡＩＧへの懸念も強まり、市場は荒れていく。

　こうした中で、２００８年9月15日、**リーマン・ショック**が起きる。9月に入って以降、ＧＳＥ救済策の公表や、ＦＲＢによるＡＩＧ支援策が発表されるなど、米国当局による懸命の努力がなされていたが、名門投資銀行であったリーマン・ブラザーズは、ベア・スターンズの際と異なり、バランスシートの棄損が激しかったため、ＮＹ連銀の支援を受けることかなわず、買収企業も現れず、倒産することとなった。

　リーマン危機が噂された際、ほとんどの人は、我々や米国政府内部の人を含め、ベア・スターンズの場合のように、政府が何とか救済策を考えるであろうと想定していた。Too Big to Failの考え方である。しかし、さまざまな回顧録等にその経緯が残されているように、リーマン・ブラザーズは結果的に倒産することとなった。その直後から、金融機関同士の疑心暗鬼から金融市場における流動性は凍りつき、インターバンク市場はまったく機能しなくなるという未曽有の事態となった。

　リーマン・ブラザーズがチャプター11を申請する直前には、円・ドル相場は１０８円まで戻っていた。しかし、リーマン・ショック後には、米欧当局によるさまざまな施策が打ち出されるにもかかわらず、株式市場は下落を続け、リスク回避的な円高が徐々に進んでいく。10月24日には、東京市場で朝方98円程度だった相場が、夕方には一気に90円87銭まで急騰する事態となった。

　週明けの10月27日、**G7財務大臣・中央銀行総裁は緊急声明**を出した。「最近の円の過度な変動を懸念する」という「円高懸念」を特記した異例の声明であった。ドル・円は100円近くまで戻し、一息ついたのだが、さらにしばらく円高圧力が続くであろうことは明らかであった。

　財務官任期2年間の中で、円・ドル相場が最も円高に振れたのは、2008年12月、**米国自動車メーカー（ビッグ3）破綻懸念**から、一時的に87円前半まで円高が進んだときである。

　この時期を境に、市場の関心は、金融不安の発生や市場の機能不全という問題から、米国・世界経済の実体経済の悪化やデフレ懸念に徐々に移っていく。金融不安への対応として大量の流動性を供給するため、金融政策の緩和はすでに幅広く進んでいたが、2008年第4四半期のGDP成長率は日米欧軒並み大幅なマイナスであり、拡張的な財政政策についての協調も進んでいく。

　リーマン・ショックを機に誕生した**G20首脳会合プロセス**は、2009年4月の第2回会合（ロンドン）で、金融機関や金融市場の健全性回復のための方策とともに、積極的な財政政策の活用という点でも、政策協調の成果を合意することとなった。また、1930年代の大恐慌の経験から、保護貿易主義に陥らないこと、近隣窮乏化（通貨切り下げ競争）を行わないことなどでも決意を示した。こうした努力もあり、リスク回避の円高という市場の雰囲気は弱まり、私が財務官を退任した2009年7月には、円ドル相場は96円前後であった。

このように、2007年夏からの2年間で、為替相場に大きな変動をもたらした大きな節目としては、2007年8月のパリバ・ショック、2008年3月のベア・スターンズ・ショック、2008年9月のリーマン・ショックとその後の金融不安、2008年12月のビッグ3救済策発表があげられよう。

この時期は、長い目でみると、2007年前半までの120円超の円安の時代から、2011年夏以降の70円台の超円高に至る過渡期であるともいえよう。それは、FRBの金融政策のフェーズが、金融引き締めから、リーマン危機後の流動性供給、大不況（Great Recession）に対応するための量的金融緩和へと移っていったのと重なる。財務官として、為替市場への介入を実際に行うことはなかったが、相場の節目それぞれにおいて、G7各国のカウンターパートと密接に連絡を取り合った。

年何回か開かれるG7財務大臣中央銀行総裁の声明には多くの時間を割いた。円の急騰時にはG7特別声明を用意した。また、各国との協議の中で、為替介入の可否について突っ込んだ議論がなされ、為替介入寸前までいったこともあった。

いうまでもないが、為替相場は、自国通貨と他国通貨の相対価格である。円が安く（高く）なれば、ドルやユーロは高く（安く）なることを意味する。この点は、株価や地価とは異なる点である。円の相場は、日本の経済・政治事情の変化の影響を受けることもあれば、相手国の状況変化によっても影響を受ける。

円相場を意図的に安くし輸出増を通じ国内経済の回復を狙う（beggar-thy-neighbor）と、貿易相手国は強く影響を受けるため、これに強く反発するし、場合により相手国もその通貨の減価を試みる（competitive devaluation）。第一次大戦後の世界恐慌の教訓の一つは、保護貿易主義への反対であり、競争的通貨安競争の回避であった。

こうした為替相場の性格から、主要通貨国間で頻繁にコミュニケーションを取り合うことは極めて重要である。実際、私の在任中、日本円（財務省・日銀）、米ドル（財務省・ＦＲＢ）、ユーロ（ＥＣＢ・ユーログループ議長国）の三者間では緊密な連絡が日常的になされていた。大臣レベル間の会話が頻繁に行われたほか、大臣代理（Deputy）レベルでは常時電話やメールで連絡を取り合った。なお、為替介入の権限を持っているのは、日米が財務省、ユーロがＥＣＢである。

こうした三者間の議論は対立することが多いのだが、そうした議論をベースにして、Ｇ７各国に話を広げていく（Ｇ７での共同歩調を演出する）というのがよくあるスタイルであった。あくまでも相対価格である為替相場の性格に鑑みると、単独での行動は効果があまりないことが多く、できるだけ他の主要通貨国と共同のメッセージや行動をとることが大切であることはいうまでもない。その手段が、Ｇ７プロセスであった。

２００８年に、日本はＧ７／Ｇ８プロセスの議長を務めた。いわゆる首脳会合は、Ｇ８（Ｇ

7とロシア）で行われていた。２００８年6月に、財務大臣会合が大阪で、首脳会合が洞爺湖で開かれた。Ｇ８は、ロシアが参加している一方、中央銀行総裁は参加していないプロセスであり、為替の問題を表立って扱うことはしなかった。

Ｇ20は、20か国財務大臣・中央銀行総裁会合として１９９９年から毎年開催されてきたが、リーマン・ショック直後の２００８年11月に首脳会合が初めて開催され、それ以降、財務相・中銀総裁会合は首脳会合の準備会合としての役割を担うようになった。

２００７年から２００９年というリーマン・ショックを挟むこの時期の全貌を振り返ることは、私の能力にはあまる。さまざまな書物も出版されている。私としては、記憶をたどりながら、為替政策という視点を中心にして、こうした節目で私の周りで起きたことを整理しておきたい。

(1) パリバ・ショックとサブプライム問題

２００７年8月7日、仏金融大手ＢＮＰパリバは、「米サブプライム問題により、三つのファンドの価格の算出、募集、償還を一時的に停止する」と発表した。この一見小さな事件は、国際金融を巡るフェーズが、「グレート・モデレーション」と呼ばれた超安定化の時期から、サブプライム問題の顕在化、国際的な金融不安の時期へと変貌していく過程の中で、市場のセンティメントをリスク回避へと大きく転換させる契機となる出来事であった。

1 G7Dリトリート

Ｇ7財務大臣・中央銀行総裁会議（Ｇ7）の裏方として、Ｇ7Ｄ（G7 Deputies）と呼ばれるグループがある。各国の財務大臣代理たちの集まりである。通常は、電話やメールで連絡を取り合うが、Ｇ7会合をはじめ、各種国際会議の機会をとらえ、年に何回か実際に会合を開いた。また、年に一度、通常初夏に、騒がしい会議の場を離れ、1泊で会合を開き、Ｇ7プロセスの抱える諸課題について在庫整理をするとともに、Ｇ7Ｄ間の親交を深める場が設けられていた。２００７年は、ドイツがＧ７議長国であり、７月19日～20日にフランクフルト郊外のホテル兼ワインセラーで開催された（翌２００８年は、日本議長のもと、箱根でリトリート会合を開いた）。

私にとっては、財務官に就任して10日ほどでの会合参加であり、各国のカウンターパートと議論を行う絶好の機会であった。会合の内容には立ち入らないが、経済情勢に係る意見交換のほか、ヘッジファンドやソブリン・ウェルス・ファンドを巡る問題、責任ある貸付（Responsible Lending）に係る新興市場国（特に中国やブラジル）の取り込み、ＩＭＦのクォータ改革、ＩＭＦの収益構造（支出削減への取り組み等）、ＩＭＦ・ＩＭＦＣのトップ問題、Ｇ７／Ｇ８の運営問題（ロシアやＥＣの部分参加の在り方等）、リベリア等の国別問題などが話し合われ、これまでの課題の整理と、秋以降の諸会合に向けた準備を行った。

実は、私がフランクフルト空港を降りてすぐに向かったのは、リトリート会場ではなく、ＥＣＢ（欧州中央銀行）にあるスマギ専務理事のオフィスであった。そこには、スマギのほか、ムスカ（フランス国庫総局長、ユーログループ財務相会合議長代理）とラウリー（米財務省次官補）がいた。ラウリーは、財務次官マコーミックの代わりに来ていた。Ｇ７Ｄの前に、主要３通貨当局間で、為替問題について意見交換をしようというものであった。

［注］この３通貨当局間の非公式な話し合いは、便宜上Ｇ３とも呼ばれ、大臣レベルを含め、Ｇ７会合の前など必要に応じ行われた。稀に中国当局が参加することもあった。

ユーロ圏勢の議論の中心は、当時の円安問題であった。彼らは、円の「実質実効為替レート」の推移の表を用意していた。当時、日本円は対ドルで120円を超える円安水準であり、ユーロは、対ドルでも対円でもユーロ導入時以来の最高値を更新する状況が続いていた。また、円の「実質実効為替レート」は、かなりの円安水準であり、1985年のプラザ合意当時の水準近くまで円安となっていた。こうした状況は、2006年秋から特に顕著になってきていた。

[注]「実質実効為替レート」とは、円と主要な貿易相手国通貨との為替レートについて、相手国との物価の差を調整したうえで、貿易量のウェートで加重平均し、指数化を行ったもの（117ページのグラフ参照）。

まず、ユーロ圏勢の議論は、概要以下のようなものであった。

米ドルは、経常収支赤字の状況下でドル安になるのは説明できるが、円は経常黒字が大きい（GDP比3・9％）中で円安というのは説明できない。世界的不均衡（global imbalance）是正の観点から円高となるべき。IMFの分析（CGER）でも、円は長期的均衡から15～30％乖離《かいり》（円安）している。

日本経済は、確かにインフレ率は依然低いが、実質成長は2％程度と欧米並みといってもい状況になってきており、こうした状況が悪いと考える必要はない。日本への対内直接投資が円安にもかかわらず進んでいないこと、自動車等貿易面での競合など、欧州内で政治的な問題にもなりつつある。「これ以上の円安は日本経済に好ましくない」とか、米国のように「強い円は日本にとって望ましい」とか日本側から言うべきではないか。これ以上円安が進むようだと、G7声明の為替のところを工夫する必要がある。

次に、私の反論は、概要以下のようなものだったと記憶している。

現状は円安だけが一方的に進んでいるというより、ユーロ高・ドル安・円安が同時に起きているというべきである。特に、市場のボラティリティーが歴史的低水準にある現在、金利先高観が強い通貨（ユーロ）が買われやすいのは、致し方ないのではないか。

また、中東やロシア・中国などの当局が、外貨準備の分散化（ユーロ保有の拡大）を表明していることも寄与していよう。円キャリートレードが現在の円安の背後にあるのは事実だろうが、我々は円安への誘導は一切していないし、自由で競争的な市場でレートは決められている。むしろ、キャリートレードに関し「市場が一方向に偏って行動することのリスクを認識すべき」とのメッセージを、市場に強く発信してきている。1週間前に、ユンカー・ユーログループ議長が「ユーロ高に不満を持っている国は、国内の構造改革を進めるべきだ」と議会証言したのは、まことに正しい。

最後に、米国は、ユーロ圏当局者からのユーロ高・円安に関する批判的な見方には距離を置いていた。米議会や自動車業界からは、円や人民元が安すぎるとの批判の声が出ていた。米議会では、7月には、中期的な均衡水準から過小評価されている通貨を対象に、米政府に是正措置を講ずることを求める「為替相場監視改革法案」が上院財政委で可決されていた。批判の主な対象は人民元であったが、円も対象となりうる内容で、ミシガン州出身の議員などの円安批判は強かった。これに対し、米政府は、円については、為替レートが自由で競争的な市場で決められており、日本は2004年3月以降為替介入を行っていないとして、議会の批判に応えていた（後述）。一方、人民元については、「人民元の柔軟性の拡大を促すのが米国の方針であり、短期的には人民元相場の一段の上昇、中期的には市場原理に基づく為替制度を実現すべき」と強く主張していた。

こうした日米欧の会話は、前年末頃から繰り返されてきていた。いずれにせよ、この時点で何か結論が出る話でもない。10月に予定されているG7に向け、市場の動きを見ながら議論を続けようということになった。

なお、この面談の中では、人民元が最近元高のペースを上げてきていることをどう評価するかといった点も議論になった。欧州勢が当時の人民元高に一定の評価と期待を示したのに対し、日本と米国は中国の姿勢に変化を感じるのは時期尚早との立場であった。

円がかなりの円安水準にあったことは間違いないが、日本国内の声の大勢は、円は安いほうがいいに決まっているではないか、というものであり、円安是正を当局が誘導することなど考えられなかった。しかし、こうした「リスク・オン」の状況はいつまでも続かない。パリバ・ショックは間近に迫っていた。

2 円キャリートレード

当時の雰囲気を知るにあたり、２００７年2月の米国上院銀行委員会公聴会におけるポールソン財務長官の発言をみてみよう。米国自動車業界が日本の為替操作を問題視しているが、というある議員の質問に対する、ポールソン長官の答えの一部を要約してみる。

「……日本円の動きを注意深く観察している。日本の財務大臣とはこれまでも話しているし、来週末エッセンでも会う。日本円は、貿易ウェート・ベース（注＝実効為替レートのこと）で、20年来の円安水準にある。私が自動車業界に言ったのは、２００４年3月以来日本は介入していないし、この1年ほど口先介入も行っていないことだ。……日本経済は成長が弱くデフレが続いてきた結果、金利は極めて低い水準にある。こうした経済ファンダメンタルズが円安の背景にある。……現在の円は、競争的な市場で決められている」

さて、いわゆる「キャリートレード」と呼ばれる取引についてだが、これは必ずしも一義的に定義が定まっているわけではないが、一般的には、低金利通貨（円、スイスフランなど）で資金を調達し、高金利通貨（米ドル、豪ドル、ユーロなど）で運用する取引といえるだろう。

当時、「円キャリートレード」の規模について、民間金融機関等でさまざまな推計が行われていたが、必ずしも市場の見方が定まっていたわけではなかった。例えば、ＪＰモルガン銀行による当時の推計だと、合計で約40兆円の規模とし、うち、ヘッジファンド等の短期筋《すじ》（典型的には、シカゴ商品取引所における非実需筋の円売りポジション）で数兆円、外国為替証拠金取引で1兆〜2兆円、日本の個人投資家の外債投資で約30兆円などとしていた。

これ以外に、日本の機関投資家の対外投資（ヘッジ付きでない部分）や海外の家計（東欧では円建てで住宅ローンを借りる取引が人気であった）なども含めてよかろう。

こうしたキャリートレードの多くは、グレート・モデレーションの中で世界的に経済環境が落ち着いていること、日本の低金利は今後も維持されるだろうことなどを背景に、内外金利差や為替相場の水準が安定的であり、リスク・ヘッジをする必要がないという、「リスクを認識しない」形の投資であった。従って、為替や金利水準に意図せざる反転が生じた際には、特に短期筋のポジションや外為証拠金取引は、素早く手じまいを行おうとして、為替の調整に「オーバーシュート」を生じさせ、市場を混乱させる恐れがあるとされた。

2007年2月9〜10日にドイツ・エッセンで開かれたG7財務大臣・中央銀行総裁会議の声明をみてみよう。

『世界経済はより均衡のとれたものとなっている。G7経済は好調を持続。米国経済は順調であり、より持続可能な成長経路に調整しつつある。カナダと英国は、……。ユーロ圏経済の回復の裾野は次第に拡大。日本の経済回復は順調であり、継続が見込まれる。我々は、こうした経済動向が意味するところが市場参加者に認識され、彼らのリスク評価に織り込まれるであろうと確信する』(第二段落は省略……エネルギー価格、保護主義など)

『我々は、為替レートは経済ファンダメンタルズを反映すべきとの考え方を再確認した。為替レートの過度の変更や無秩序な動きは、経済成長にとって望ましくない。我々は、引き続き為替市場をよく注視し、適切に協力する。多額かつ増加する経常収支黒字を有する新興市場エコノミー、特に中国の実効為替レートが、必要な調整が進むように変動することが望ましい』(後段も略……地域債券市場育成、ヘッジファンド、開発など)

為替相場について論じた二段目の部分(実際は第三段落)は、三つの文からなり、2004年2月の米ボカラトンG7からまったく動かないいわば「念仏」のようなものであった。世界経済情勢を論じた第一段落の最後の一文(下線付き)が、このとき苦労の末挿入されたものであった。

この文は、市場がリスクを十分に勘案しない取引に傾注することに警告を発したものであるが、この趣旨を為替の段落(第三段落)に入れることは、いわば円を狙い撃ちして円安是正を唱える形になる恐れがあることから、マクロ経済の段落に入れることで落ち着いたようだ。

この部分の統一的なG7の言いぶりは、「我々は、さまざまな市場が、とりわけ為替市場が、一方向に偏って行動すること(one-way bets)のもたらすリスクを認識することが望ましいと考えている」というものだった。また尾身大臣は、「日本経済は持続的な回復軌道にあり、為替相場はこうしたファンダメンタルズを反映すべきである」とG7後の記者会見でも述べた。

もちろん、こうした声明の表現を多少工夫したところで、市場のセンティメントが大きく動くことは考えにくいのだが、少なくとも、米欧当局がそれぞれの国内（特に産業界）における円安への懸念に配慮している姿勢を示すうえでは、若干なりとも役に立ったであろう。2か月後のG7声明（2007年4月＝ワシントン）でも、同様の表現がとられた。

[注] 2007年初めだっただろうか、当時国際局長として、外貨準備（ドル）を定期的に売却することで、1兆ドルにも上る外貨準備高を減らせないか内部で検討したことがある。2003年前後の大規模介入により、外貨準備は膨大な額になっており、ドル買いのため発行した政府短期証券の額も尋常ではなかったためである。外国当局の中には、ドル買いにより自国通貨高が一服すると、ドルを徐々に売却することを暗黙のルールとしている国もあった。しかし、為替相場への不測の影響も考え、実現には至らず頭の体操に終わっていた。

3 パリバ・ショック（2007年8月9日）

そして夏を迎える。前年（2006年）夏から米国住宅価格は下がり始め、サブプライム・ローンの延滞率の上昇など住宅市場の問題はある程度市場では認識されていた。一部に住宅ローン業者の破綻などもあった。

しかし、米国の株価は順調に上がり続け、市場は安定していた。7月18日に、米ベア・スターンズが「参加の二つのヘッジファンドの資産価値がゼロとなった」と発表し、翌日バーナンキFRB議長が「サブプライム問題による損失は500億～1000億ドル」と議会証言して以降、米国株価を中心に軟調な地合いが生じ、為替市場でも若干の円高ユーロ安の動きがあったが、市場のボラティリティーはさほど大きくなかった。

円は、対ドル120円前後で推移していた。2017年8月7日の米国FOMCでは、政策金利を据え置いた。その声明では、足元の金融市場の変動に言及しつつも、米国経済は今後数四半期にわたり穏やかに拡大を続ける見通しだとし、成長の下方リスクは幾分高まったが、最も懸念するのは引き続きインフレ・リスクだと表明していた。

8月9日（木）、仏金融大手パリバは、「米サブプライム問題により、三つのファンドの価格の算出、募集、償還を一時的に停止する」と発表した。ここから急速に円高やユーロ安、株安が進んでいく。パリバの発表当時、円は対ドルで119円50銭程度であったが、8月17日には、一時111円台を付ける（2006年6月以来の円高水準）こととなる。

同日（8月9日）、ECBは、パリバの発表を受けて、短期金融市場の流動性低下に対応するため948億ユーロの緊急資金供給オペを実施した。しかし、2001年9月の米国同時多発テロ時の供給額（693億ユーロ）を上回る額であったことから、かえって問題の根深さについて市場の憶測を呼ぶこととなった。翌日、米FRBは、「金融市場の秩序ある機能を支援するため流動性を供給する」との緊急声明を出し、資金供給オペを実施。市場は一旦落ち着いた。14日（火）になると、米小売り大手ウォルマートの業績見通し下方修正公表をきっかけとして、米国個人消費への懸念が高まり、米株価が大幅下落を始めた。アジア株、欧州株にも下落が伝染。16日夕刻から17日にかけて、急な円高が進行し、16日朝方対ドルで116円台であった円相場（対ドル）が、17日夕には111円60銭となった。この日の日経平均は874円の下落で、年初来最安値（1万5273円）を記録した。同17日NY時間に移り、FRBは「金融市場の秩序だった環境回復を促進するため、公定歩合を0・5％引き下げ、5・75％とする」と緊急発表した。これは、FRB貸出金利たる公定歩合を、「政策金利（FF金利誘導目標）＋1％」から「＋0・5％」へ引き下げるもの。その際のFOMC声明は、「金融市場の状況は悪化しており、融資状況の厳格化や不確実性の高まりにより、経済成長に対する下方リスクが目にみえて拡大している」とした。また、連銀の短期貸出期間を最長30日に延長し、市場の流動性対応に努めた。

この17日のFRBの動きを受けて、市場では足元の危機が一時的に回避されたとの認識から落ち着きを取り戻していった。一方、日銀は、8月23日の金融政策決定会合で現状維持（政策金利0・5％に据え置き）を決定。日銀総裁は、「日本経済は引き続き穏やかに拡大している」「金融市場の変動はリスク再評価の過程であり、これが終わるには少し時間がかかる」等の認識を示した。8月末に向けて、円相場は115円前後へ回復し、株価も1万6000円台に戻った（この時期の日経平均最高値は、7月9日1万8261円）。

［注］日銀は、2006年7月には、ゼロ金利政策を解除、翌年2月には政策金利を0・5％まで引き上げるなど、金融政策の正常化に向けた努力を始めていた。

このパリバ・ショックの期間中、当局間で為替問題について緊急に会話をした記憶はない。私は、この期間の前半、お盆の休みでどこかの山中の温泉におり、携帯電話すら満足に通じなかった覚えがある。

いずれにせよ、この時点の為替相場の動きに関していえば、これまで増加していた円キャリートレードの巻き戻しが一部に生じ、いわばリスクの再評価によって、市場のリスク評価のバランスが改善の方向に向いている「一方的なリスクテイクの調整」面が強いと考えていた。シカゴＩＭＭのポジションや日本の外為証拠金取引をみても、これに沿った動きをみせていた。

金融市場全体でみれば、世界的株安（証券化商品を含むリスク資産の処分、安全資産への逃避）、資金需給逼迫（投資家の解約のために生じた、ファンドや金融機関による流動性確保の動きの加速）があり、その後のリーマン・ショック等で起きた「Financial Tsunami」に至る小さな第一波であった。

この時期は、サブプライム問題について勉強し、要路に報告するので忙しかった記憶がある。実は、私がサブプライム・ローンの件を初めて聞いたのは、2006年3月の第6回「日米財務金融対話・金融サービス作業部会」（ワシントン）のときであった。これは、2001年の日米首脳会談（小泉・ブッシュ）により合意された「成長のための日米経済パートナーシップ」のもとで設置された対話メカニズムの一つであった。私は当時財務省国際局次長として、米財務省ソーベル次官補代理とともに共同議長を務め、金融庁等両国の金融監督当局も含め、日米の経済状況や金融セクターの問題を話し合った。

会合の場で、当方から、米国住宅価格がかなり高い水準にあり、急激な調整が起こるリスクはないかとの点を話題にしたが、先方は、価格は今後横ばいないし穏やかな減速の可能性が高いとし、金融機関のリスク管理はしっかりしているという自信をみせた。

その後の非公式なランチの場で、確かOCCの人だったと思うが、住宅ローンの中でサブプライム・ローンが増えてきており、それらを証券化した商品（MBSやCDO）の取引も活発になってきており、監視していく必要があるといった話をしていた。

振り返れば、我々はある種の慢心に陥っていたと思われる。米国の金融システムは洗練されていると皆が信じていた。2000年代初頭のドットコム・バブル崩壊後の不況が思ったほど大きくなかったことで、ショックは制御できるという感覚もあったように思う。

［注］サブプライム・ローンとは、低所得者等信用度の低い人向けの住宅ローンであり、2003年頃から、低金利や住宅価格の上昇を背景に拡大。通常のローン（プライムローン）に対する言葉。米住宅ローン市場の約1割程度を占めた。こうした住宅ローン債権は、ローンを貸し出した機関からは売却され、それを束ねて担保とした証券（MBS＝Mortgage Backed Securities）や、自動車ローンなど他の債権と組み合わ

せて担保とした証券（ＣＤＯ＝Collateralized Debt Obligations）として証券化され、世界中のヘッジファンドや金融機関に販売された。２００６年後半以降の住宅価格の下落とともに、ローン延滞率が上昇、証券化商品の価格下落につながっていった。

この２００６年春は、米国住宅価格がピークに達していた時期であり、２００６年後半から住宅価格は下落に転じ、サブプライム・ローンの延滞率が急速に上昇していく。２００７年に入ると、４月にはニューセンチュリー社（サブプライム・ローン業者としては全米２位）がチャプター11を申請、７月にはベア・スターンズ傘下のファンドの破綻、カントリーワイド（住宅金融大手）が大幅な減益を発表、また、格付け会社が関連証券化商品の一部の格下げを実施するなど、キナ臭くなってきていた。

住宅ローンが劣化し、不良債権となり、貸出金融機関や住宅ローン会社が痛い目にあうこと、その調整には長い時間を要するだろうというのは、日本の１９９０年代のバブル崩壊の経験からわかることだった。日本の不良債権問題の金融機関や経済への伝播には一定の時間がかかった。一方、サブプライム問題の場合、証券化という手法ゆえに、それがただちにグローバルな金融市場の急激な流動性収縮を招くことになるメカニズムについては、パリバ・ショックの時点では私の理解は十分に及んでいなかった。つまり、米国住宅市場の調整が、主として欧米金融機関の保有する住宅ローン担保証券（ＭＢＳ）等の担保価値の下落を招き、あるいは担保価値についての疑心暗鬼を市場（カウンターパート）に生じさせ、金融機関やファンド

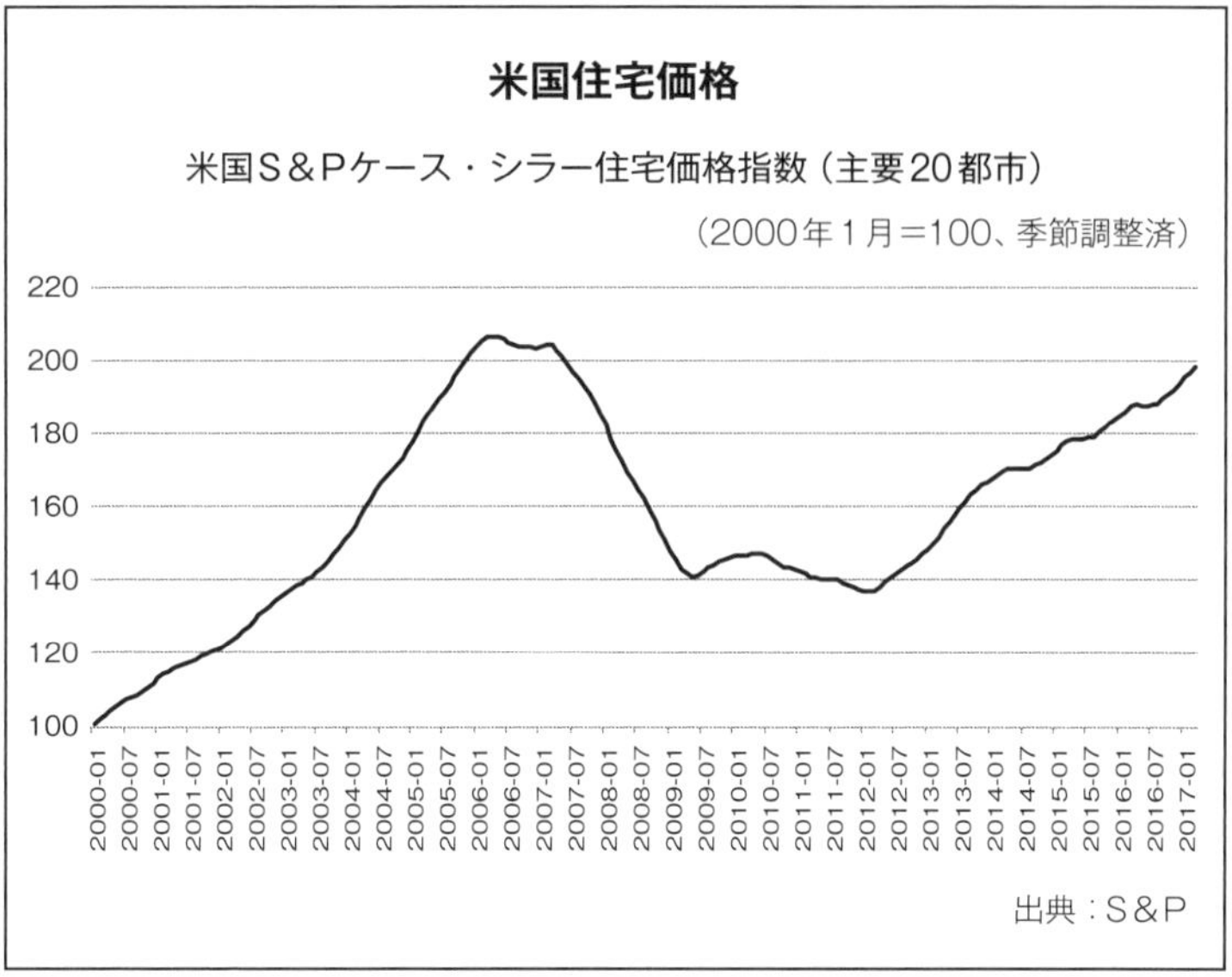

の資金調達を急速に困難にしてしまうというプロセスである。ＣＤＳ（Credit Default Swap）市場の安易な活用、証券化商品に対する甘い格付け、銀行によるオフバランスシート取引の横行などが、リスク管理を事実上形骸化してしまうプロセスでもあった。

ＥＣＢやＦＲＢが、直後に大量の流動性供給措置をとったことは、当面の流動性の収縮を緩和しようとしたものであった。しかし、流動性の供給だけで、この信用収縮が解決されるものではないことも明らかであった。

当時いろいろな人に意見を聞いてまわったが、サブプライム問題の世界経済への影響についての見方は、かなり楽観的であった。サブプライム問題は、金融問題であり、実体経済への影響は小さいとの見方が多くあった。

一方、株価の下落や信用リスクの高まりから、実体経済に影響が徐々に及ぶとの見方もあった。サブプライム関連商品は複雑で開示が不十分との懸念から、影響の解消には時間がかかろうという見方もあった。日本経済については、日本の金融機関のサブプライム関連のエクスポージャーは限定的であり、息の長い回復が継続するとの意見が大勢であったが、仮に世界経済の減速があった場合には影響を受けるので、注意深く見守るべきという感じであった。

為替市場の話に戻そう。この夏のイベントを境に、市場の動きは徐々に神経質になっていく。当時はリスク・オンとかリスク・オフという言葉はあまり聞かなかったが、市場ではリスク回避（リスク・オフ）のセンティメントが充満してくることとなる。その根底にあるのは、米国サブプライム問題の行方への懸念であり、関連証券化商品の実態、欧米金融機関がどのくらい損害を被っているかについての不透明感であった。

［注］サブプライム問題自体については、さまざまな研究成果もあり、ここで論じることはしない。ただ一点だけ言及したいのは、グローバル・インバランスの議論との関係である。当時の世界経済をみると、特に新興市場国の経常収支黒字が拡大し、実質金利は非常に低い状況にあった。アジアの新興国（含む中国）は、アジア通貨危機の教訓もあり、１９９０年代後半以降、膨大な外貨準備を積み上げた。こうした資金は先進国に流入し、その一部は家計レベルでの借金をエスカレートさせるのを助長した。グレート・モデレーションの中で、為替を含めたリスクへの感応度は低かった。大規模な住宅バブルは、米国だけでなく、イギリス、オーストラリア、スペイン、一部東欧など多くの先進国で顕著であった。このグローバル・インバランスの問題自体は、当時すでにG7などでも、たびたび議論されてきたテーマではあった。

4 G7財務相・中銀総裁会合〈ワシントン〉（10月19日）

２００７年9月になると、市場は落ち着きを取り戻す中、米国の景気減速に対する懸念等から、ユーロが特に米ドルに対し再び強くなり始めた。9月20日には、ユーロはユーロ導入後初めて1ユーロ＝1・4ドルを超えて上昇を続けた。

この時期、ユーロ圏の一部（特に仏・伊）からユーロ高への懸念発言が相次いだ。例えば、ラガルド仏財務相は、9月から10月初めにかけ、「円と人民元は、経済の実体に対して、明らかに過小評価されている」「ポールソン長官は、強いドルは強い米経済に有益としているが、現在、ドルは長官が満足しないようなスピードで下落している」と発言した。

仏は、サルコジ大統領をはじめ、ユーロ圏の中でも強くユーロ高批判をしていたが、その背景には、本来重商主義的なお国柄であることに加え、ユーロ圏経済は全体として堅調である（ECBはインフレ懸念を持つ）にもかかわらず、仏の経済成長や輸出が低迷していたことがあったと思われる。現に、２００６年の貿易収支をみると、ユーロ圏全体で対GDP比0・3％の黒字、独は6・8％の黒字であるのに対し、仏は1・4％の赤字であり、経済成長率も芳しくなかった。

他方、独や蘭《オランダ》等は、目立ったユーロ高懸念を表明していなかった。例えば、シュタインブリュック独財務相は、10月になり、「強いユーロを好む」「現在の為替レートの変動は、過去20年間の動向と比べれば、特別なことではない。変動幅は、これまで20年間の範囲内」と発言していた。

10月に入ると、G7会合の声明に関する各国間の調整が始まり、会議当日まで続いた。声明の第一段落（世界経済情勢）では、米国の経済状況を順調であるとした前回の声明を弱める記述とすることについては、欧州勢はドル安容認につながる恐れがあるとして反対した。

しかし、あまりに今後の経済成長に楽観的な記述とするのも問題であり、中庸をとるのに苦労した。為替についての段落では、欧州勢は、「さらなるユーロ高は経済にマイナス」との趣旨を特記することを望んだが、特定の通貨についてここまで踏み込んだ声明は近年例がないとして、日米は反対し、書き込まない形となった。

実際のG7声明（10月19日）をみてみよう。

『世界経済は、力強い成長が5年目に入っている。最近の金融市場の混乱、原油価格の高騰、米国の住宅部門の弱さは、成長を減速させるだろうが、我々の経済全体のファンダメンタルズは引き続き強く、新興市場国も、世界経済の強さに重要な刺激を与える』（第二段落省略＝金融財政政策、保護主義への抵抗、援助など、政策面の課題総論）
『我々は、為替レートは……（従前と同様の3文）……。人民元の柔軟性を向上させるとの中国の方針を歓迎しているが、経常収支黒字が増加し、国内インフレが上昇していることに鑑みれば、人民元の実効為替レートのより早いペースでの増加を許容することが必要と強調する』

第一段落（世界経済）については、従来書いてきたG7各国別の経済情勢に係る記述をやめ、全体として順調であるが、ダウンサイド・リスクがいろいろあるという書きぶりとなった。2月と4月の会合で挿入された市場のリスク評価（one-way bets）に係る記述（円キャリーを意識したセンテンス）も、市場の不安定な動きを反映し、削除した。為替部分（第三段落）の書きぶりは、従来から変更なく、2004年以降の表現をそのまま使った。

今回のG7で新しく出てきた要素は、当然のことながら、パリバ・ショックの際にみられた金融市場の混乱にどう対応していくかという点であった。

すでに、8月16日付で、仏サルコジ大統領は、G7議長国としての独メルケル首相宛てに、書簡を送っていた（G7各国にも送付）。その中で、最近の金融市場の動きは、経済の堅調な成長に長期にわたって影響を及ぼさないとの確信を表明しつつ、今回の混乱から教訓を導き出すことが我々の責務であるとした。特に、市場の透明性の重要性にふれ、証券化によりリスクを最終的に負担するのが誰か非常にあいまいになったことが不安定の要因であり、リスクの適切な評価の手法を考えるべきこと、格付け機関の果たすべき役割について検討すべきことをあげた。そして、10月のG7財務大臣会合で、各国から分析と提言をするよう求めた。

このサルコジ大統領の書簡は、格付け機関の話が極端な内容である（仏は常々格付け機関が事実上米国に独占されていることに不満を言っていた）ことを除けば、もっともなものであった。10月のＧ７会合の準備にあたり、各国はこの問題が技術的な面を含め、極めて複雑であることでは合意していた。

一方、証券化を含む金融技術の進歩に対する考え方には、やや哲学的な溝があった。特に、米国にとっては、金融技術の進歩は経済成長に大いに寄与するというポジティブな哲学を維持し続けることが重要であるという印象であった。また、欧州を含め各国とも、基本的にこの問題は米国の問題であり、それが他の国に影響しているのだから、米国がしっかり対処してほしいという空気が強かった。

いずれにせよ、短期間でその処方箋について結論が出るような話ではない。金融安定化フォーラム（ＦＳＦ）のドラギ議長に早急に以後の作業計画を作るよう依頼した。

実際のＧ７の金融市場問題に関する議論では、ＦＳＦでの作業に合意したほかは、今後議論していこうということで終わったように記憶している。まだ、鉄は十分に熱くなっていなかった。Ｇ７声明では、金融市場の混乱について、以下のようにまとめられた。

『最近の金融混乱への対応は、要因の十分な分析に基づいて行われなければならない。証券化と金融技術革新は、我々の経済成長に大いに貢献した。……金融安定化フォーラム（ＦＳＦ）に対し、混乱の背景にある要因を分析し、流動性とリスク管理、金融派生商品の会計処理・価格評価、金融仕組み商品に関する格付け機関の役割・格付け手法及びその活用の在り方、並びにオフバランスの投資手法の扱いを含む、金融機関の監督に関する基本原則といった分野における提案を行うことを要請。……次回以降のG７会合における更なる報告を期待する』

このＦＳＦでの作業が、最終的には、リーマン・ショック後、２００９年４月の第２回Ｇ20首脳会合（ロンドン）で合意される金融規制・監督強化の柱になっていく。

5 11月中のドル安・ユーロ高・円高

パリバ・ショックを経て、１１５円（対ドル）程度で落ち着いていた円相場は、11月になると円高方向の動きが出て１１０円前後の水準で前後することとなる。ユーロも上昇は止まらなかった。ドル安（円高・ユーロ高）基調の相場は続いた。

ドル安の背景には、11月に入り、米シティグループ、モルガンスタンレー、英バークレイズなど、サブプライム関連の評価損計上の発表が相次いだこと、住宅価格の下落や原油高の影響もあり、消費等の米国実体経済にマイナスの影響が出てくると予想されたこと、ＦＲＢの一段の政策金利引き下げが見込まれることなどがあった。

円高の動きを加速していたのは、すでにかなり高い水準になっているユーロと比べ、円には割安感があったこと、日本はサブプライム関連の影響が少なく、一時的な逃避通貨とみられていたこと、かつての円キャリートレードが復活する気配がなかったことなどであろう。

この時期のドル安の契機となったのは、11月7日付の中国からの報道であった。中国全人代常務委員会副委員長が「中国は外貨準備を多様化し、ユーロなどの強い通貨の購入を増やすべき」と述べたというもの（のちに否定）であった。これを材料に、一時ドル全面安の展開となり、ユーロは再度既往最高値を更新し、1・47ドルまで上昇。円もそれにつられ1日で3円近く上昇することになった。

外貨準備多様化の発言は、これまでも中国・ロシア・中東諸国からの報道としてときどき流れていた。外貨準備の通貨構成の変化は徐々に行われるものであり、外為市場の規模を考えると、その需給に与える力は軽微なものであるのだが、市場のボラティリティーが高い状況においては、ときとして相場に大きな影響を与えうるという典型例であった。

11月13日、フィナンシャル・タイムズ（FT）に、福田総理のインタビュー記事が載った。最近の円高が急激であることを警告したとする内容（「短期的には円高は確実に問題になりうる」と発言など）であった。

ただちに、ユーロ圏勢から、口先介入は問題であると抗議してきた。私からは、記事をよく読めば、為替相場の急激な変動は望ましくないというG7合意の趣旨を繰り返したのであり、長期的には円の上昇は否定されるべきものではないとの発言も記事に載っているではないかと反論した。

ちょうど同時期、ＥＣＢ理事会後の記者会見で、トリシェ総裁は、最近の相場の動きはsharp and abruptであり、こうしたbrutal movesは歓迎しない、という発言を行った。また、ユーログループ会合後の記者会見で、ユンカー議長は、為替相場の最近の急激な動きは望ましくないとし、トリシェのbrutal発言は正しいとした。

どっちもどっちという感じではあったが、ＦＴ記事が少々はみ出していたのは事実であろう。

なお、これには後日談がある。12月19日に公表された米国の議会に対する為替報告書で、このＦＴ記事について言及がなされたのである。日本部分の記述の一部を再現する。

「日本は、変動相場制を採用しており、日本の通貨当局は２００４年３月以降為替介入を実施していない。他方、円相場は日本の当局や政治家によって注視され、時折コメントが出されることがある。２００７年11月の急激な円高の際には、主に円高のスピードに関する当局のコメントがみられた。米財務省は、実際の介入が伴わないコメントによる間接的な介入は、仮に効果があったとしても長続きしないと考える。こうしたコメントは為替市場にさらに変動をもたらす可能性があり、有益ではない」

この為替報告書の内容自体は、ある程度抑制が利いており、さほど過激なものではなく、市場への影響もなかったが、私は米に強く抗議した。なぜなら、事前に何の連絡もなかったからである。米は、事前に連絡しなかったのは手抜かりで申し訳ないとしていた。為替相場の動きは、誰にでもすぐに見ることができ、政治的な配慮につながりやすい。各国とも苦労していた。

6 G20財務相・中銀総裁会合〈ケープタウン〉（11月18日）

このように、11月のG20会合を控えて、各国の為替に関する発言が目立ってきた。G20でも為替を議題にすべきとの発言も、カナダ等から出ていた。そこで、日米欧の主要為替当局者間で、直前に現地で話し合いを持った。

まず、G20で為替の議論は避け、G20声明にも盛り込むべきでないことで合意した。G20で取り上げると、会合の後で、多様なG20参加者が好き勝手に外部に話すことになり、それは避けなければならなかった。南アフリカ（議長国）などに念を押すことにした。

ユーロ圏当局は、この2、3週の動きの中で、マーケットはG7をみており、マーケットに対し「最近の為替の動きについてナーバスになっている」といったシグナルを送らないと、ドル安が加速すると唱えた。「現状は、真の政治問題となる状態に非常に近い。ユーロとドルの関係だけでなく、アジア通貨全般（円、人民元等）もドル安の負担を負うべきである」旨を主張していたと記憶する。

米国（財務省）の反論は、次のようなものであった。各国で政治の問題になりつつあることは理解するが、為替の最近の動きはファンダメンタルズで説明できないような状況ではない。とはいえ、市場の動きを勘案して、最近外向きの言い方を「強いドルは米国にとって大きな利益となる。米経済のファンダメンタルズの強さは、為替市場に反映されていくであろう」と変えている。ただし従来からの基本的ポジションに変化はない。次回のG7（翌年2月）の声明で為替の文言を変更することを検討する用意はあるが、その効果については懐疑的である。為替介入についても、その効果は極めて懐疑的である。

一方、FRBの立場は、ドルは依然過大評価されているとの判断だったが、その調整（ドル安）は長期的になされるべきであるとのものであった。同時に、米欧の金融政策に対する市場の予想に係る「奇妙なねじれ」（米国はさらに政策金利を引き下げるのか、ECBは金利据え置きとするのか等）は悩ましいとしていた。

また、米国は、「欧州はインフレ圧力を強調しすぎている。ECBは金利を引き下げる用意はないのか」と突っかかった。ユーロ圏当局は、「欧州のインフレ率はいまだ上昇してきている。2000年のユーロ安の際、G7コミュニケを変更し、為替介入を協調した。現状はそれに近い。ドル安に対する米国の今の態度は無責任である」として怒っていた。

私からは、「日本経済は全体として依然緩やかな回復をしているが、最近弱い指標がみられる。米国経済の減速や原油価格の高騰もあり、中小企業には打撃。人々は神経質になってきており、円高の進行により、政治的プレッシャーが出始めている」と説明。一方、為替相場は経済ファンダメンタルズを反映すべき、急激な変動は好ましくないとのG7共有の立場に変化はなく、福田総理のFTでの発言報道は、誇張して伝えられているとした。

なお、日本としては、ドル安は困るが、ユーロ高の是正は円高の圧力に振り替わってくる恐れがあるという状況であった。当時の円の水準は、実質実効レートでは依然かなりの円安にあるのは事実であり、円高が行きすぎた水準にあるとはとてもいえなかった。あくまでも、為替の水準ではなく、相場変動の激しさ（volatility）をベースに議論をした記憶がある。

議論の方向性は当然のことながら出ない。これまでの言いぶりは変えず、お互い発言には注意していくということになった。G20の際に臨時のG7を開催すべしとする一部ユーロ勢の意見も、当然成立しなかった。

G20財務相・中銀総裁会合は、アジア通貨危機等を契機に、国際金融システムの議論を行う際には、G7に加え、主要な新興市場国を参加させることが望ましいとの考え方から、1999年に第1回会合が開かれ、それ以降、毎年1回秋に開催されていた。また、それに向けて、代理会合やワークショップ等も開かれていた。

私は、何回か出席したことがあるが、IMFのクォータ改革（出資比率の見直し）等を除くと、参加国数の多さ及びその多様性ゆえ、どうも会議での議論が散漫になることが多かったような印象が残っている。先進国と途上国の財務大臣等が意見交換を行う場だったといってよい。

［注］リーマン・ショック直後には、G20メンバー国による首脳会議（金融・世界経済サミット）の開催が決定され、2008年11月に、第1回G20首脳会合（ワシントン）が開かれるようになると、G20財務相・中銀総裁会合は、首脳会合に向けての準備会合の性格を持つようになる。

11月17～18日、G20財務相・中銀総裁会合が南アフリカのケープタウン近郊で開催され、日本からは、財務大臣に代わり宮下政務官、日銀総裁と私が出席した。議論の概要としては、まず「世界経済・最近の金融市場の動向」があり、経済見通しとしては下振れリスクが拡大している点で一致、また金融監督の実効性向上、金融機関活動の透明性向上等が必要といった点が議論となった。為替については言及した人もいたが、議論は広がらなかった。

次に、「成長と発展のための財政政策」として、健全な財政政策が経済成長と発展を支えるうえで不可欠との考えのもと、各国からさまざまな取り組みが紹介された。また、「ブレトン・ウッズ機関改革」として、IMFのクォータ改革の第二段階（第一段階はいわゆる「シンガポール合意」）の解決に向けた議論が進められた。

最後に、「一次産品の価格変動と金融市場の安定」として、最近上昇が目立つ原油価格について、産油国と消費国の対話の重要性、原油市場の透明性向上、省エネ推進の必要性などが議論された。この最後の点は、翌年のG8プロセス（日本が議長国）に期待する声が大きかった。

2007年12月の為替相場は、緩やかな円安・ユーロ安となった。円は、11月末の109円から年末には114円となった。この間、FRBの政策金利引き下げ（4・25％へ）、米欧加5中央銀行による流動性供給の協調があったほか、シティグループ（アブダビ投資庁から出資）、モルガン・スタンレー（中国投資公司から出資）、メリルリンチ（シンガポール・テマセックから出資）において増資合意の発表があり、やや落ち着いた雰囲気であった。嵐が来るまでには、まだ時間があった。

7 G7財務相・中銀総裁会合〈東京〉(2008年2月9日)

2008年2月9日、G7財務相・中銀総裁会合が東京で開催された。この年、G7及びG8(G7とロシア)プロセスは日本が議長国であり、7月のG8首脳会合(洞爺湖サミット)、5月のG8財務大臣会合(大阪)なども日本で開催した。

G7はG8とは別のプロセスであり、各国の中央銀行総裁も参加する。この年最初のG7会合は、東京(三田共用会議所)で行った。会合では、「世界経済はより不確実な環境にあるものの、全体のファンダメンタルズは引き続き堅固であること」、しかし、下方リスクが継続しており、「経済動向を注視し、個別にあるいは共同して適切な行動をとっていく」ことを確認した。為替政策については、従来のスタンスを踏襲《とうしゅう》した。

実際の会合での議論の一つは、米国金融市場のリスクをどう評価するかであった。当時はモノライン(地方債、社債、住宅ローン等の証券化商品に係る金融債務の保証を専業とする保険会社)やCDS(Credit Default Swap)の信用力の問題に関心が集まっていた。

米国(ポールソン長官)からは、1月のFRBの金利引き下げや1500億ドルの景気対策などの対策をとっているほか、市場の混乱の問題には、金融機関による適切な価格評価に基づく損失の認識・公表、自らの努力による資本増強が重要であるとの説明があった。

日本（額賀大臣）からは、１９９０年代の日本のバブル崩壊の経験を概括し、不良債権処理のスピードが遅かったこと、公的資金による救済が市場の混乱対策として有効だったこと等を述べた。

G７会合 議長国記者会見（2008.2.9 東京）

米国は、公的資金は必要ないし適当でもないとしつつ、将来にわたって１００%ないとはいわないが、と述べていたと記憶している。各国とも、米国政府の対応を見守るしかないという雰囲気であった。

この会合では、世界経済・金融市場の混乱のほか、高止まりする原油価格、ミレニアム開発目標、ＩＭＦ改革（業務縮小など）、気候変動、テロ資金対策等がテーマとなった。また、アウトリーチ会合（夕食会）を、ロシア、中国、韓国、インドネシアの財務大臣を招いて、飯倉公館で行った。夕食会が終わり、会議室のカーテンを開くと、いつの間にか裏の日本庭園には雪化粧が施され、スリ・ムリアニ大臣が感激していたのをよく覚えている。

(2) ベア・スターンズ・ショック

2008年3月中旬に起きたベア・スターンズ・ショック前後における、為替政策を巡るG7協調行動の試みは、ECB(欧州中央銀行)スマギ専務理事から、米国財務省マコーミック次官(国際担当)と私(財務官)への電話連絡から始まった。ECBの金融政策は、依然として欧州に残るインフレ懸念と、最高値を更新し続ける通貨ユーロとの狭間で、苦しい立場にあった。

1 前夜〈2008年3月初めの為替相場〉

2007年8月のパリバ・ショックを契機とするサブプライム問題の表面化以降、米ドルは他の通貨に対して少しずつ減価してきていた。2007年中は110円台であった相場は、2008年3月初めには、ドル円は103円近辺となった。

この間、米国の景気減速を示す経済指標が続き、バーナンキFRB議長等が追加利下げを示唆する発言を始めていた。バーナンキ議長は、2月28日、「ドルの下落は米国の貿易赤字の縮小につながり、これは前向きな動きである」と議会証言を行ったことから、３月に入るとドル円は１０５円を割れるなど、全面的なドル安が進んだ。

特にユーロには上昇圧力がかかっていた。ユーロ圏は景況感に持ち直しの動きがあり、ＥＣＢによるさらなる金利引き上げへの憶測も市場では感じられた。そのため、ユーロは、連日、ユーロ導入以来の最高値を更新しつつあった。米国と欧州の金融政策の方向性の違いからくるユーロ高は、欧州為替当局にとっては頭痛の種であった。

円については、2月末の弱い米国経済指標等を受けた米国株価の下落を受け、リスク回避的な買いが強まった。円キャリートレードの巻き戻しの動きも続いていた。

米国財務省ポールソン長官は、バーナンキ議会証言（ドル安容認発言）の日の夜、「強いドルは米国にとって最善の利益である」「米国の長期的な競争力はドルに反映されていくであろうと強く信じる」という従来からの発言を繰り返した。

ユンカー・ユーログループ議長は、翌日のユーログループ会合後の記者会見の冒頭、ここ４年にわたり使われてきたＧ７コミュニケにおける為替の文言（①為替レートは経済のファンダメンタルズを反映すべきである、②為替レートの過度な変動や無秩序な動きは経済成長にとって望ましくない、③我々は引き続き為替相場をよく注視していく）に加え、「現在の状況においては、我々は為替レートの過度の動きを懸念している」「強いドルは米国経済の利益になることを確認するとの米国当局のコメントに留意する」との立場につきユーログループで合意し

USD／EUR（右軸、逆軸）
1.20
1.25
1.30
1.35
1.40
1.45
1.50
1.55
1.60
08/9
リーマン・ショック
08/12
ビッグ3懸念
09/1/21
オプション6千本
08/7・1
08/7・14
08/7・25
08/8・7
08/8・20
08/9・2
08/9・15
08/9・26
08/10・9
08/10・22
08/11・4
08/11・17
08/11・28
08/12・11
08/12・24
09/1・6
09/1・19
09/1・30
09/2・12
09/2・25
09/3・10
09/3・23
09/4・3
09/4・16
09/4・29
09/5・12
09/5・25
09/6・5
09/6・18

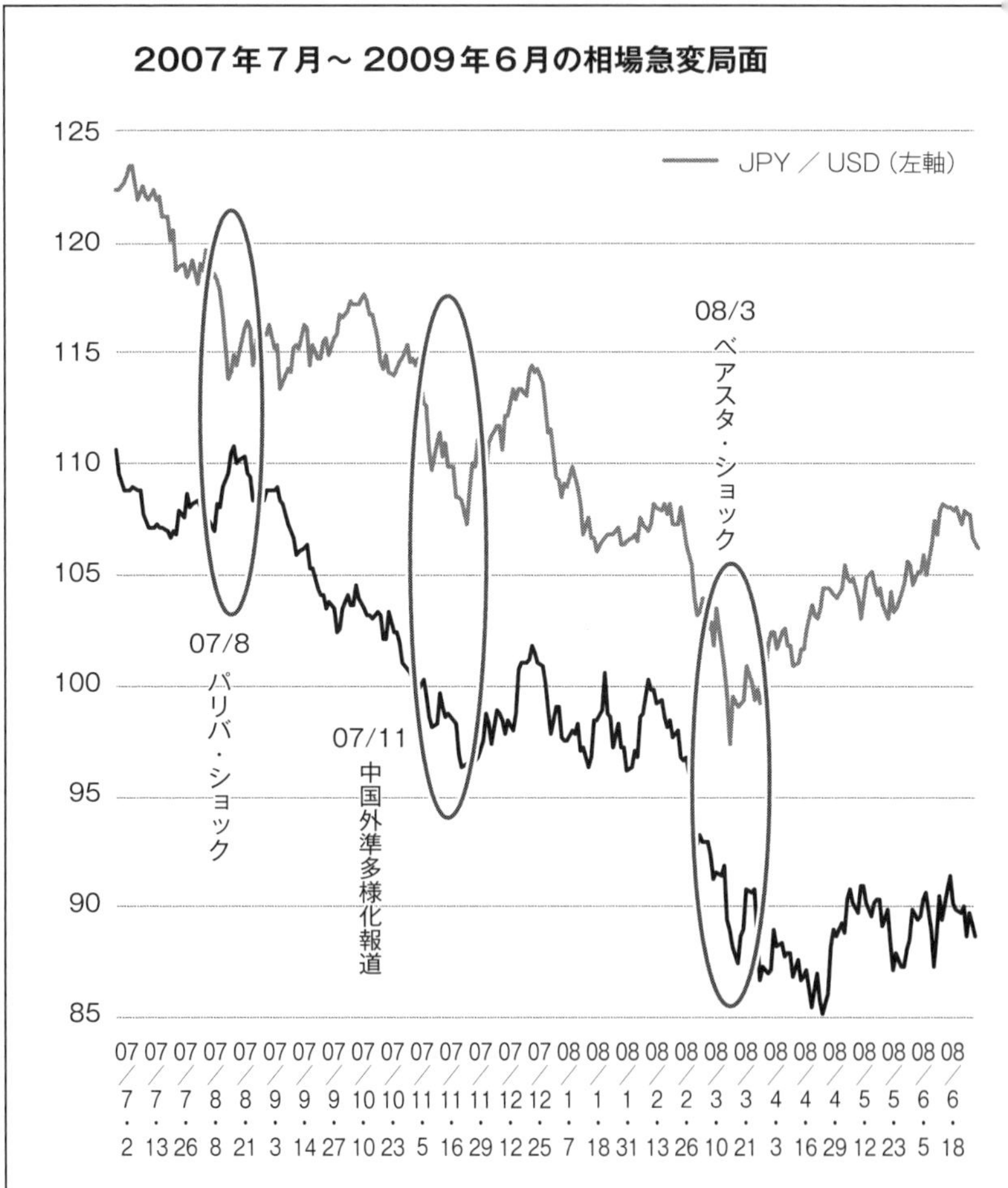
2007年7月～2009年6月の相場急変局面
JPY／USD（左軸）
125
120
115
110
105
100
95
90
85
07/8
パリバ・ショック
07/11
中国外準多様化報道
08/3
ベアスタ・ショック
07/7・2
07/7・13
07/7・26
07/8・8
07/8・21
07/9・3
07/9・14
07/9・27
07/10・10
07/10・23
07/11・5
07/11・16
07/11・29
07/12・12
07/12・25
08/1・7
08/1・18
08/1・31
08/2・13
08/2・26
08/3・10
08/3・21
08/4・3
08/4・16
08/4・29
08/5・12
08/5・23
08/6・5
08/6・18

たと発言した。

円については、2月末の弱い米国経済指標等を受けた米国株価の下落を受け、リスク回避的な動きが強まった。円キャリートレードの巻き戻しはいまだ続いている模様であった。円相場の水準は、対米ドルでみれば、103円前後は2005年1月以来の円高水準であり、100円を切れば（3月14日には99円台になった）、1995年11月以来の円高であった。

他方、当時の為替相場は、ドル安の面が強く、円のみならず、ユーロやアジア通貨なども軒並み対ドルで大幅に上昇していた。円を名目実効為替レート（二国間貿易量で加重平均したレート）でみると、2005年1月からはむしろ円安であった。また、長期の趨勢《すうせい》をみる観点から実質実効レート（物価上昇率の内外格差を勘案）をみると、かなりの円安水準であった。

当時の新聞論調などは、民間シンクタンクの試算をもとに、円高で実質GDPへはマイナスの影響があるとのものが主流であったが、海外生産比率の上昇や円対ドルと円対他通貨の関連性の弱まり（＝実効レートもみるべき）からマイナス効果は減殺《げんさい》されるとの議論もなされるようになっていた。

また、円高による輸入物価の下落（交易利得の改善）が、国内の実質的な所得の増加や個人消費の拡大につながる可能性があるとの内閣府の試算も出され、全体として円高恐怖症とでもいうべき過去の極端な状況とは少し変わってきているかなと感じられる雰囲気はあった。

２ ベア・スターンズ・ショック（3月13日からの数日）

ベア・スターンズは、１９２３年に設立された伝統ある金融機関であり、従業員１万４００0人を抱える米国第5位の投資銀行であった。この銀行は債券や証券化商品の取引に強いのが特徴で、前年からはサブプライム問題でかなりのエクスポージャーを持って苦労していることが知られていた。２００７年6月（パリバ・ショックの前）には、傘下のヘッジファンドがサブプライム住宅ローンの焦げ付きで実質破綻し、大きな関連損失を出したことが公表されていた。

しかし、この時点では、市場の反応も小さかった。ベア・スターンズは、10月にはＣＩＴＩＣ（中国証券有限公司）から資本増強を受けるなどしたが、２００７年Ｑ４（第４四半期）決算は、サブプライム関連損失により、創業以来初の純損失を計上していた。

２００８年3月10日（月）、米系金融機関大手ベア・スターンズが流動性不足に直面する可能性があるとの報道が流れた。ただちにベア・スターンズによって否定されたが、米国株価は大幅に下落、ドルへの売り圧力もかかった。

翌3月11日（火）夜には、前年秋からの金融緩和・短期金融市場対策の延長として、欧米５中央銀行（ＦＲＢ、ＥＣＢ、ＢＯＥ等）が協調して、ドル流動性圧力緩和のためのドル資金供給策を発表したが、市場はその有効性について疑問を持った。3月12日（水）のNY市場では、ヘッジファンド（カーライルキャピタル等）破綻の噂が流れ、ドル売りが強まっていった。ドイツ当局のタカ派的発言を受けてユーロは既往最高値を更新し続けた。ブッシュ大統領は、「強いドルを全面的に望む」と発言し、市場の鎮静化に努めた。

3月13日（木）夕方、円はついに100円割れとなり、99円77銭までの円高が進んだ。当時としては、1995年10月24日以来12年5か月ぶりの安値であった。ドル全面安である。

3月13日夜、ECBスマギ専務理事から電話が入った。「ドルのさらなる下落は望ましくない」旨の共同声明を出せないか米国マコーミック財務次官と話をしたいので、日本も協力してほしいとのものであった。ECBは、当時まだ欧州内にインフレ懸念がある中で、政策金利引き上げへの圧力（ドイツ等）がかかる一方、ユーロは史上最高値にあるというジレンマに追い込まれていた。

米国とは2月以降常時連絡はとりあっていたが、ECBからの電話を受けて再度電話した。米国は、ECBの懸念はシェアするが、ECBはインフレ・リスクばかりを強調しているのが問題であり、その一方でユーロの上昇を懸念するのはけしからん、というのが米財務省内の声だとした。私からは、ユーロ高ではなく、ドル全面安であるから懸念なのだと反論した。

その1時間後くらいであろうか、米国から米財務省内での議論の様子を伝える電話があった。「為替市場の動向は注意深くみており、懸念を持っている。G7の共同声明を変えることも含めていろいろ考えている。ただし、共同声明を出すのは早すぎる。次は介入という雰囲気になってしまうが、そういう状況には至っていない」旨の発言であった。

私からは、少なくとも準備だけは進めておいたほうがいいのではないかと主張した。また、ＦＲＢのドル安容認発言が問題であること、日本の経験に鑑みると不良債権問題に対し公的資金の活用が不可避ではないかなどについて再度話をした。

ＥＣＢにはすぐに米国の反応を伝えた。ＥＣＢは米国の態度に強い不満を示したが、一方でＥＣＢ単独で何か手を打つすべはないようであった。彼は、インフレ懸念が残る中で手足を縛られており、ユーロを何とかトークダウンしたいとの立場であった。

3月14日（金）午後9時過ぎ、米マコーミック次官から電話が入った。「ベア・スターンズの流動性がつかなくなった。今日のところ窓口は開ける。そのため、ＦＥＤからＪＰモルガン経由で必要な流動性の供給を行うこととした。ベア・スターンズが単独で生き残ることは難しいようで、週末にかけて、次のステップ（ＪＰモルガン等によるテイクオーバーか、チャプター11か）について検討することになる。もうすぐ発表される」旨の連絡であった。

これを受け、政府内の要路や日銀、金融庁などと連絡をとり、一時的な流動性の問題でなく、支払い能力の問題に広がっているという米側の認識を伝えた。

3月15日（土）には、金融庁が、邦銀やベア・スターンズ東京支店へのインパクト等について調べ、それ自体で日本の市場が大混乱することはないであろうとの認識を得たようであった。

3月16日（日）の米国との会話では、米側には共同声明に係るスタンスに変化はなかった。「為替で共同声明を出すことは現時点ではノーチャンス。声明を出すと、介入を実施するとのメッセージになるが、到底そういう状況ではない。17日（月）の市場は荒れるだろうが、その様子をみてから、財務長官は為替についてどのような異なったメッセージがありうるのか考えることになるだろう」という趣旨であった。

3月17日（月）早朝、JPモルガンがベア・スターンズをテイクオーバーする旨が発表された。また、FRBは、プライマリーディーラー向けの新たな公定歩合貸出スキームを創設するとともに、公定歩合を0・25％下げ3・25％にすることを発表した。

しかし、市場の不安感は払拭されず、東京市場が開くと、日経平均は一時前日比550円安と下落。円が高騰し、一時95円77銭（12年7か月ぶりの円高）を付けた。また、ユーロも史上最高値の1・59を付けた。ドル安の底がみえにくい状況になった。

こうした東京市場の流れをみて、午前11時頃であろうか、私は米国に電話し、市場が底割れしつつあるのではないか、ベア・スターンズの件が米金融市場の深刻さをさらに認識させ、大きな動揺が起きているのではないか、共同で強い懸念を示す必要があるのではないか、と伝達した。

1時間後、米国から電話があり、米側で共同声明のドラフティングを開始したこと、欧州勢が起きてきたら案文について話し合おうということとなった。

同日夜、ECB及び仏財務省を交え、送られてきた共同声明の案文を協議した。今後の段取りの可能性として、18日（火）のFOMCの結果をみて共同声明を発表、それが効かなければ協調介入することもありうべしとの前提で、介入についての下準備を各国で始めることでも合意した。直近で協調介入が行われたのは2000年9月であり、介入マシーンに油をさしておく必要があった。

ただし、米国は、引き続き基本的に共同声明及び介入の意義について疑念があることを強調しつつ、コンティンジェンシーとして準備したい旨を繰り返し強調した。

3月18日夜の会話では、3者の間で共同声明の案文につきほぼ合意。他のG7各国と相談していくことで合意した。今にも声明を出すべきというECB及び仏財務省、それを応援する日本、あくまで市場の状況が悪くなったら考えるという米国との間のズレは残ったままであった。

3月19日（水）になると、急速に市場の緊張感が弱まった。NY時間18日午後、FOMCは0・75％の政策金利引き下げを発表。声明文は、インフレへの懸念を強調しつつも、ドル安への懸念も感じられる表現ぶりであった。市場は大きく反発し、円は99円台半ばまで戻した。ユーロも対ドルで同様な状況であった。

この日は、早朝から、G7D間の連絡、大臣間の電話会談等、バタバタとしたが、市場が持ち直したことから、米国側は共同行動をとることに極めて消極的な態度に戻ってしまった。

最終的に、米国側の立場は、「G7声明を特別に出すのは、金融政策についてファンダメンタルな変更があった場合か、市場の変調という深刻な問題があるとき、G7会合が開催されるとき、であるが、昨日以降市場の混乱は収まってきており、メッセージの変更は不要となった。今回のコンティンジェンシー・プランはよい演習となった。4月のG7会合でメッセージの変更の可能性を含め引き続き議論していきたい」というものであった。

日欧からは、ここ数日の市場の混乱に鑑み、予防的に共同声明を出しておくことが大事ではないかと主張したが、米国の主張は変わらなかった。米欧の対立は鋭かった。私は、米国と欧州の対立の間に入ることで、将来日本円が圧力を受けたときに各国のサポートが得やすい雰囲気を作るように努めた。

最終的に、私から、市場は引き続き神経質な状況が続くので、予防的な対応を含め、機動的にG7声明が使えるように準備しておくべきとした。また、日本のバブル崩壊の経験を参考に、米国市場に係る根源的な問題に対処してほしい旨を繰り返した。

米国側は、「日本のバブル崩壊期と違い、迅速に金融機関の評価損の計上を進めており、また為替については、長い間円キャリー等により円安が続いたことの巻き戻しの面が強いのではないか。いずれにせよ市場が無秩序な動きが出れば、しかるべく対応する必要がある」といった反応であった。

余談であるが、この年の8月末、日本経済新聞に、『ドル防衛秘密合意 日米欧、3月の金融危機時 協調介入を準備』という記事が躍った。明らかに書きすぎ(飛ばしすぎ)の記事ではあったが、市場に警戒感をより生じさせるという意味で、私はこの記事については当時ノーコメントを通した。

3 G7財務相・中銀総裁会合〈ワシントン〉（4月11日）

4月に入り、米欧金融機関が追加損失を計上しつつも資本増強策を併せてとる動きがみえたことなどから、市場では一時の悲観的なセンティメントが和らぎ、ドル円は102円台まで、ユーロドルは1・57ドル前後まで値を戻していた。

しかし、米国の景気後退懸念は依然強く、米欧金融機関のサブプライム関連損失がさらに拡大するのではないかとの見方が根強かった。市場は引き続き神経質な状況には変わりなく、新たなイベントが生じれば、再びリスク回避の動きから急激に為替相場が変動することが懸念された。

こうした中で、4月11日のワシントンでのG7会合に向けて、G7共同声明での為替の文言について各国間で議論が続けられた。主たる議論は、引き続き、日本（財務省）、米国（財務省）及びユーロ圏（ユーログループ及びECB）の間で行われた。

前回2008年2月（東京）のG7会合の際の文言は、以下のとおりであった。

『我々は、為替レートは経済ファンダメンタルズを反映すべきとの考え方を再確認した。為替レートの過度の変動や無秩序な動きは、経済成長にとって望ましくない。我々は、引き続き為替市場をよく注視し、適切に協力する』

上記の文言は、これまで2004年2月のG7会合（アメリカ・ボカラトン）声明に始まり、4年間2か月あまり一切の変更をせず、お経のように唱えてきた決まり文句であり、ちょっとした変更も大変な労力を要した。我々代理は、3月中旬以降、この文言をどう変更するかに多大な時間を使い、さまざまなドラフトを交換し合った。

3月18日に一旦仮合意していた文章は、最終的に4月G7で用いた文言よりかなり強いものであった。その後の市場の和らぎを受け、私の中では、文言の変更により現在の流れを変えようというのではなく、次に何か大きな変動があったときに効果を期待するためのものという趣旨に変わっていた。

4年ぶりに文言を変えることで、今後の協調行動に関するフレキシビリティーが増えるであろうという意識もあった。現に、この間のG7間のコミュニケーションは、リーマン・ショック後の連携をやりやすくしたと感じている。

米国は共同声明を変更すべきか依然として迷っていた。米財務省は、ベア・スターンズの際の経緯もあり、変更するのもやむをえないという感じであったが、FRBは為替の文言は市場に落ち着きがみえてきた現状では変更しないほうがよいと考えていた様子であった。ＥＣＢは、表向きのインフレ対応は変えられないため、声明を出すことでユーロのレベルが下がることを期待していることが感じられた。

２００８年4月11日（ワシントン）Ｇ７会合における為替の文言は、以下のとおり。

『我々は、強固かつ安定的な国際金融システムが我々の共通の利益であることを再確認する。前回の会合以降、主要通貨において時として急激な変動があり、我々はこれらが経済及び金融の安定に与え得る影響を懸念している。我々は、引き続き市場を注視し、適切に協力する』

2月の文言との違いは、主として第二文にあるのだが、共同声明に政策変更や介入といった実弾が潜んでいると市場が感じない限り、大きな影響は期待できない。為替市場を大きく動かすのは、あくまでも、経済ファンダメンタルズの変化であり、この時期でいえば、各国の金融政策の動きや、欧米金融機関の損失処理の状況などであった。

声明変更の目的は、Ｇ７の焦点が経済及び金融の安定にあること、強固かつ安定した国際金融システムを支持していることを市場に明確に示すことであると説明した。「為替レートは経済ファンダメンタルズを反映すべき」や「為替レートの過度な変更は望ましくない」との表現は共同声明から落としたが、引き続きＧ７として為替政策の考え方であることに変わりはないとの説明は行った。

いずれにせよ、G7が、為替相場の最近の動きについて、「急激」であるとし、「懸念している」点で歩調を合わせたことには一定の効果があったと思われる。現に、6月になると、これはユーロ高への懸念が主とした要因だが、米ポールソン財務長官やFRBバーナンキ議長から、「為替介入も、その他どのような政策手段も排除しない」といった発言が出るようになった。

為替市場の動きは、こうした動きや、FRB等の協調追加流動性対策などを受けて、徐々に円安が進み、8月には110円台まで戻ることとなった。ユーロは、7月3日のECBによる政策金利の引き上げ（0・25％）を受け、7月15日には1・6ドルの既往最高値（対円では7月23日に169・9円の既往最高値）を付けるが、その後一転してユーロ安に転じていくこととなった。

中国人民元については、G7声明では、『我々は、人民元の柔軟性を向上させるとの中国の方針を歓迎しているが、経常収支黒字が増加し、国内インフレが上昇していることに鑑み、人民元の実効為替レートのより速いペースでの増加を促す』との表現で、前回2月の会合から変更はしなかった。当時、人民元の安値誘導とみえる動きについては、各国とも大きな懸念を持っていたが、米国も、米中対話で正面から対立するよりも、IMFのサーベイランス（4条協議）の強化などを通じて、マルチの場で圧力を強めていくことが適当との立場であった。

最後に、蛇足であるが、このときのG７会合の様子について簡単に描写しておく。４月11日のG７会合は、IMF・世銀の諸会合（IMFC、開発委）の前日、ワシントン米財務省内の会議室で行われた。

まず第一部として、午後２時スタートで、世界経済情勢や最近の市場や金融規制などについて午後５時頃まで議論。第一部の議論の最後で、G７間で共同声明を確定した。参加者は、G７の財務大臣、中央銀行総裁、財務大臣代理の各国３名。ほかに、ECB総裁、IMF専務理事、世銀総裁が参加した。

次に第二部として、午後６時半くらいまで、IMF改革、SWF（ソブリン・ウェルス・ファンド）の開放性、開発（気候変動と当時問題となっていた原油・食料価格上昇）、テロ資金対策等を議論。議論には、ロシア財務大臣、EUも参加した。

その後、午後８時からアウトリーチ会合が開かれた。アウトリーチ会合は、そのときにより、新興市場国を呼ぶこともあれば、アフリカ諸国を呼ぶこともあった。４月の会合では、金融市場や金融機関の健全性の問題が焦点の一つであったこともあり、シティグループ（ビショフ会長）、ドイツ銀行（アッカーマン会長）、モルガン・スタンレー（マック会長）、ブラックロック（フィンク会長）、みずほ銀行（佐藤副頭取）、FSFドラギ議長などの金融関係者が招待され、午後10時前までワーキング・ディナーの形で議論が行われた。

信用市場が不安定になっている原因、金融規制の在り方等について、時間が短いためやや上滑りではあったが面白い議論があった。強く印象に残っているのは、財務省で出されたメイン・ディッシュが、白身の魚のムニエルのような料理だったのだが、奇妙な臭いがして恐ろしく不味かったことである。

このように、当時は、まだ財務・中銀プロセスは、G7中心に動いており、首脳プロセスがG8となっていたこととの平仄《ひょうそく》をとるのが少々厄介であった。G7会合の第二部（開発や気候変動等を議論）にのみロシアの財務大臣が参加しているのは、そのためである。

⑶リーマン・ショック前夜〈GSE救済〉

２００８年春のベア・スターンズ・ショックを乗り切り、市場は落ち着きを取り戻していた。サブプライム問題は一時的に表舞台から去り、石油価格の上昇等によるインフレ懸念が議論された。

しかし、それも長くは続かない。７月頃になるとファニーメイ等のＧＳＥ問題が表面化し、事態は混沌としてくる。９月15日のリーマン・ブラザーズの破綻まで、後わずかであった。

1　２００８年夏の動き

２００８年5月末、日本国債のＩＲ活動でニューヨークを訪れる機会をとらえ、サブプライム問題への取り組みなどを肌で感じるため、ゴールドマン・サックス、メリルリンチ、モルガン・スタンレー、リーマン・ブラザーズなどの投資銀行のＣＥＯ等と個別に面会をした。また、古くからの知人であるニューヨーク連銀のガイトナー総裁とも面談をした。

３月のベア・スターンズ・ショック後、市場はある程度落ち着きを取り戻しており、一時1

ドル95円台まで進んだ円相場は、この時期105円台まで戻っていた。多くの米国金融機関は評価損の計上を進めるとともに、増資への取り組みを発表し始めていた。

CEOのひとりは、サブプライム問題の影響はさほど大きくないという自信を示し、当時の一次産品価格の上昇はまだ続くと嬉しそうに予測していた。価格がまだ上がるという情報を出してはcommodity fundを顧客に売り、同時に自らもそれを抱えることで利益を出すというマッチポンプ的な構造を垣間《かいま》見た感じであった。

私からは、一次産品価格の上昇は、世界経済全体としては好ましいものではなく、低所得者に特に打撃を与えることを述べたが、芳しい反応はなかったのを覚えている。

他のCEOたちは、おおむねサブプライム問題の大きな影響を受け止めつつ、自己資本の増強などを進めつつあり、バランスシート全体に問題が生じることはないとアピールしていた。皆眺めのいい豪華なオフィスに陣取っていたが、オフィスの雰囲気とは異なり、ゆったりとした空気は流れていなかった。ガイトナー総裁は、NY連銀の彼のオフィスで、いつもの早口でさまざまな状況説明をしてくれた。ベア・スターンズで一件落着にならないだろうことだけは明確に伝わってきた。

6月13〜14日には、大阪（国際会議場）でG8財務大臣会合が開かれ、額賀大臣が議長を務めた。この会合は、翌月洞爺湖で開かれるG8サミット首脳会議に向けての準備会合であり、財務のほか、外務、貿易等各種の大臣会合が各地で開かれた。当時のサミットは、ロシアを含

G８財務相会合夕食会（2008.6.13 大阪・淀川邸）

めた８か国の会合であり、財務大臣会合もロシアを含んだG８であった。

また、G７と異なり各国中央銀行総裁は参加していなかった。従って、会合では、マクロ経済情勢、金融市場の問題も一通り議論されたが、主なテーマは、原油価格や食料価格の高騰が、需給のインバランスから来ているのか、金融的・投機的側面が強いのか、さらには、こうした問題にどう取り組むべきかという点であった。特に米国は、一次産品の価格弾力性は低いことから、若干の需給の変化で価格高騰が生じているとし、潤沢な国際流動性がドル金融資産から一次産品に動いているのではないかとの議論に否定的であった。原油先物価格が最高値（１４５・２９ドル／バレル）を付けたのは、７月３日であった。

会合では、途上国における価格補助金の削

減、産油国の生産能力の拡大、市場データの透明性向上、商品先物市場の機能の検証、などが重要とされた。また、気候変動対策（ファンディング）やアフリカの開発問題も議論された。

［注］G8財務大臣会合開催のための事務方の作業は大変なものであった。栗原財務官室長以下、会場の設定やディナーのメニュー作りも含めた準備は膨大であったようだ。この間の苦労話は、当時の財務省広報誌「ファイナンス」に詳しく描写されている。

サブプライム問題等については、会合に合わせて行われた個別の二国間の財務大臣会合などを通じて、意見が交わされた。日米財務大臣会合では、特に、翌週の米中戦略対話の開催を前に、人民元の過小評価の問題が議論されたと記憶している。

米国の立場は、ＩＭＦが４条協議（Article 4 Consultation）を通じて結果を出す（人民元が過小評価されているという明確な判断を示す）ことが重要であり、それがＩＭＦの信頼性を維持することにもなるというものであった。当時は、どうやったら中国を動かせるかについて意見交換がなされた。

［注］当時、ＩＭＦの対中国４条協議（年１回）は、２００６年７月に開催された後、人民元の評価を巡るＩＭＦと中国当局の合意が得られないため、開催できない状況にあった。この背景には、２００７年に行われた為替相場に関するＩＭＦのサーベイランスに係る決定があった（第５章参照）。公表が再開されたのは、私がＩＭＦ副専務理事となり、担当国の一つとして対中国４条協議に関する理事会の議長を初めて務めた２０１０年７月のことであった。

当時、原油や穀物をはじめとする商品価格の高騰が顕著となる中で、世界的なインフレ懸念が強まっていた。各国の金融政策も、金融市場の混乱を受けた緩和的スタンスから、インフレ懸念にどう対応するかという姿勢に移っていた。

米バーナンキFRB議長は、6月3日の講演で、経済のダウンサイド・リスクは和らいでいる一方、ドル安がインフレに与える悪影響については懸念を抱いていることを表明した。同じ時期、ポールソン財務長官やブッシュ大統領も「強いドルは米国の利益である」旨を再三発言した。ECBは、6月の政策決定会合では金利を据え置いたが、7月3日には政策金利0・25%の引き上げを行った。

[注]この頃、日本経済は、二つの外部要因（一次産品価格の上昇による交易条件の悪化と世界経済の減速に伴う輸出の減少）に苦しんでいた。6月26日には、政府は、原油等価格高騰対策を発表。8月29日には、原油・食料価格の高騰に対応するための総合対策（補正予算を含む）を発表した。

しかし、7月に入ると、米国サブプライム問題への懸念が一気に高まっていった。背景は、ファニーメイ、フレディーマックといったGSE（政府支援機関＝Government Sponsored Enterprises）の経営悪化懸念からくる株価の暴落であった。両社の株価は、6月頃から下落基調にあったが、7月7日、リーマン・ブラザーズがそのレポートで、「GSE2社は計750億ドル規模の資金調達を迫られる可能性あり」ということで、拍車がかかった。

7月14日、前週のGSE株の大暴落を受けて、米国政府はGSE支援の特別措置を発表し

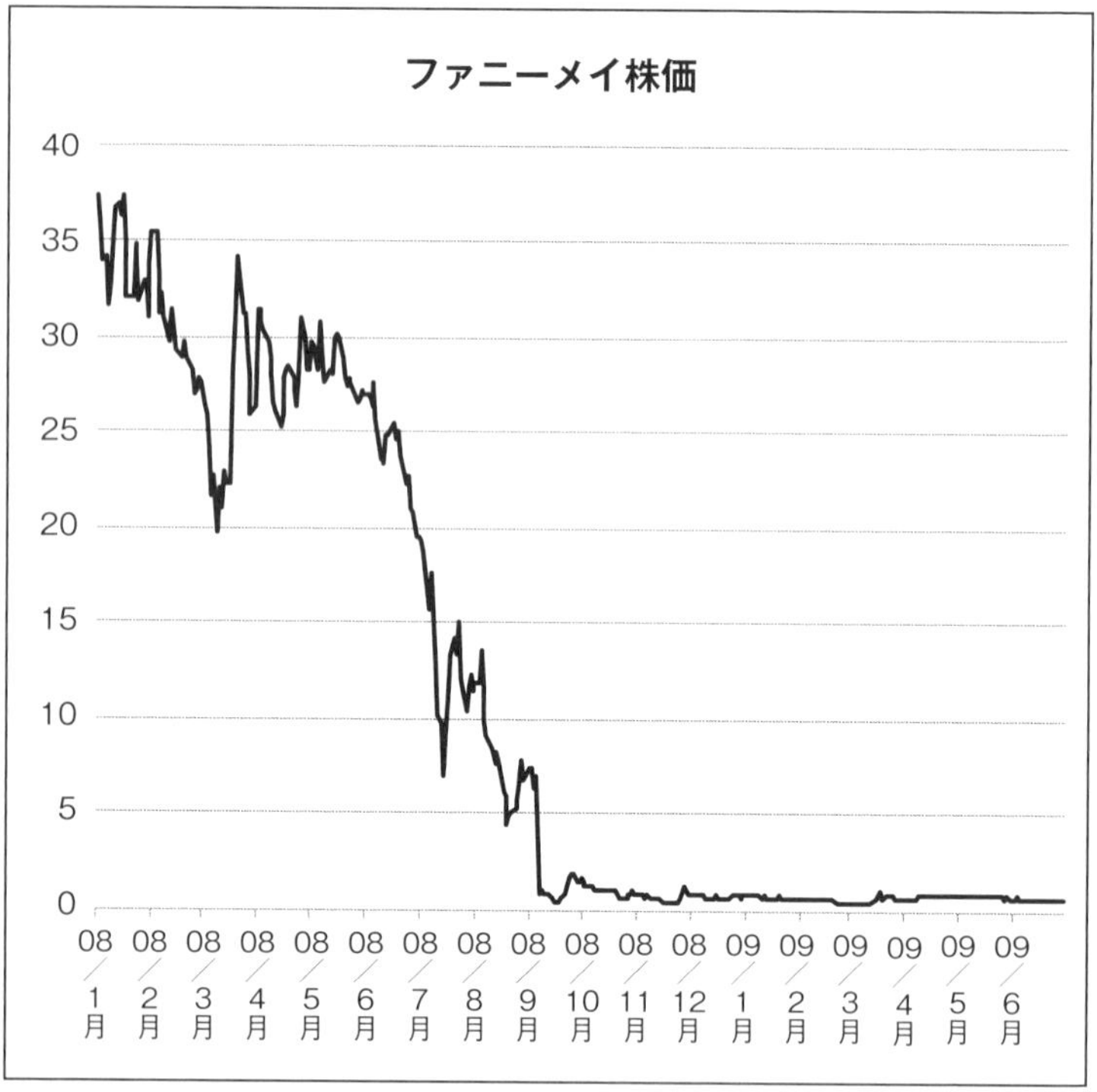

た。財務省のGSEに対するクレジットラインの拡大、財務省に必要に応じ両社の株式を購入する法的権限を与えること、GSEへの規制の枠組みの強化、FRBによる公定歩合貸出の認可などであった。

発表当初は、必要な法案（住宅関連法案）の議会でのプロセスの不透明さから市場は不安定であったが、7月30日には法案が成立した。

7月から8月にかけては、こうした米国金融市場を巡る不安定な動きにもかかわらず、円相場は対ドルで105円から110円の間を推移しており、比較的安定的であった。ユーロが対円で市場最高値を付けた(169・97円)のは、7月23日である。主たる背景は、先ほど触れたように依然として残るインフレ懸念からくる欧米金融政策の方向性(日本との違い)と、米当局のドル安懸念発言であったと思われる。

なお、7月11日、米国の貯蓄金融機関であるインディマックが破綻した。この銀行は、Alt-A住宅ローン(サブプライム・ローンの借り手よりは信用力が高いが、プライムローンの借り手よりは信用力が落ちる者が対象)に特化していたが、住宅市場の悪化を背景に取り付け騒ぎが発生し、閉鎖に至ったものである。インディマック銀行の資産規模は320億ドルであり、コンチネンタル・イリノイ銀行の破綻(1984年＝資産規模400億ドル)に次ぐ規模であった。

米国では2007年後半から、小さな銀行の破綻が出るようになってきていたが、インディマックの破綻は規模が桁違いであった。しかし、損失額は預金保険で十分補填できる規模であり、インディマック銀行の破綻処理はFDICにより淡々と行われた。当時としては、米国住宅ローン市場の劣化を象徴する出来事であった。

7月31日と8月1日、G7Dのリトリートを箱根のホテルで開催した。役所の予算制約の中では、夕食会等で外国からの客をもてなすのは容易でなく、ロジ(後方支援担当、ロジスティック)の担当者は大いに苦労したようである。

Ｇ７Ｄリトリート（2008年７月末　箱根にて）

箱根では、ＡＳＥＡＮ＋３の代理会合を同年の秋に開くのだが、アジア人で構成されていたそのときと異なり、欧米の人には露天風呂はやはり強い抵抗があったようだ。リトリート会合の中身には言及しないが、「モノライン保険会社」（金融保証保険を専門に行い、自動車保険や火災保険等は扱わない保険会社。地方債や証券化商品への保証を営んでいた）やＡＩＧの健全性（Credit Default Swapへの依存）に関する議論が交わされたものの、参加者間でもなかなか理解が及ばなかった記憶がある。

印象に残っているのは、米国では保険会社は各州当局の監督下にあり、米財務省も詳細を的確に把握していなかった様子であったことである。もちろん、この点は宿題として、後日説明が試みられた。米国の金融監督機関の複雑な仕組みがそこにあった。

2 GSE救済

ファニーメイ等GSE2社は、1938年、大恐慌後の対策として、銀行から不動産貸付債権を買い取り、銀行の不動産融資を促すことを目的として設立された政府系金融機関であった。1968年に民営化され、株式は上場されていた。1995年には、低所得者へのローンを含む不動産担保証券を購入する際に税制上の優遇を受けるようになり、そこから徐々にサブプライム市場に関わっていった。

2008年には、両社で、直接的（住宅ローンの購入）または間接的（証券化商品の組成及び保証）な形で米国住宅ローン市場の約半分に関わっていた。GSEは、民間企業の形をとりながら、政府の関与があるというあいまいな性格を持っている一方、GSEの発行する債券はAgency債と呼ばれ、米国国債に次ぐ信用度の高い資産として、幅広く世界中の金融機関等の保有者に行き渡っており、多くの公的当局も外貨準備の運用の一部として保有していた。

7月のGSE支援の特別措置にもかかわらず、政府による株式購入（公的資金注入）などの抜本策は実施されていなかった。米国政府の中では、GSEの自己資本を補う必要があれば、GSE自身が新株発行による資本増強をまず考えるべきとの考え方が依然強かった。税金を使った救済はやりたくない。しかし、株価下落の中でこうした民間ベースの資本調達は困難だろうとして、悶々としていた様子であった。

米国議会の中でも、GSEと政府との距離感をどうするか（政府支援機関というあいまいな法的性格の見直し……最終的な形態は国有化か民営化か）については議論が割れていた。また、GSEがわずかな自己資本で巨額の住宅ローン等の資産を抱えていると同時に、両社が組成し保証する多額のMBS（住宅ローン担保証券）が存在する（極めてleverageが高いバランスシート）という基本的問題に変化はなかった。

当時発表された措置（住宅関連法）は、財務省に株式購入等の幅広いオプションを授権したものであったが、依然GSE問題への対処の仕方について財務省内でも方向性は定まっておらず、最終的な決着にはまだまだ時間がかかるとの印象であった。

この点は、G7D間のテレコンでも何回か議論されたが、米国サイドから明確な回答はなかった。米国財務省は、金融システムの安定確保、GSEを通じる住宅市場の強化、納税者負担の極小化という三つの点を同時に満たす最適解を探っていた。

GSE2社の経営状況に対する懸念は依然として続いた。ファニーメイの2008年Q2決算をみると、延滞率が1・3％程度（前年同期は0・6％台）、保有証券等の評価損は8・8億ドル（同0・9億ドル）、貸倒引当金が53億ドル（同5億ドル）であり、最終損益は▲23億ドル（同＋19億ドル）であった。住宅ローン金利の上昇がみられる中で、GSE2社の経営改善と住宅市場の下支えをどのように両立していくのか、極めて先がみえにくい状況であった。

8月後半、米財務省からは、マーケットの状況について何回かアップデートがなされた。GSE2社の株価の下落が激しいことに加え、GSE債の保有者の地域別構成の変化についても連絡があった。

具体的には、アジア勢のGSE債保有が減る傾向（40％から30％へ）がみられ、北米投資家の比率がその分高まっているというものであった。市場では、中国がGSE債の購入を減らしているとの噂が流れていた時期であり、それに沿ったものであると思われた。

9月7日（日）夜、米財務省マコーミック次官から自宅に電話がかかってきた。数時間後に、さらなるGSE救済策を発表するとして、その概要を連絡してきた。日本から、米国の救済策について強い支持をしてほしいという要請であり、これはただちに了解した。同時に、日本が外貨準備を利用して、GSE保証のMBSを購入することを検討することは可能かという依頼があった。GSE救済策の柱の一つに、米財務省によるGSE保証MBSの購入プログラムがあり、日本がそれを側面からサポートしてくれないかとの趣旨であった。

私からは、救済策の内容についての吟味がまず必要であること、GSEの債券（Agency）と異なり、MBSの購入は個別銘柄の購入となり技術的にもさまざまな問題があること（例えば、MBSの適正価格をみつけだすのは容易でない）などを述べたうえで、検討はしてみると回答した。

この日発表されたＧＳＥ救済策の概要を記しておこう。

大目的は、①金融市場の安定確保、②住宅金融の円滑化、③納税者の保護であり、７月に成立した住宅関連法により財務長官に与えられた広範な授権を具体化したものである。

内容は大きく四つの要素からなる。

一つ目は、ＧＳＥ２社を米国政府の管理下に入れる（Conservatorship）ことであった。ＧＳＥ２社の目的が、株式会社として株主利益の最大化をはかるよりも、住宅ローン市場への円滑な資金供給や納税者の保護という公益であることを明確化し、株式配当は停止される一方、保有するＭＢＳの減少はさせないなどの効果を持たせた。ＧＳＥの最終的な在り方については、将来の議論を求めていた。

二つ目は、今後四半期ごとに、両社が債務超過に陥れば、財務省がそれぞれ１０００億ドルを上限として資本注入する（優先株購入）コミットメントを恒久的な措置（すなわちAgency債30年債の保有者でも満期まで保護される）として導入することである。ＧＳＥ向けローンやAgency債など優先債権の保有者は保護されることとなるという、最も重要なポイントであった。８月に議会予算局（ＣＢＯ）が試算した公的資金必要額は２５０億ドルであり、その８倍の資金枠をいわば見せ金として用意したことになる。

［注］ＧＳＥの在り方については、その後も議会での議論は進まず、10年たった２０１７年現在でも、ＧＳＥは

Conservatorshipのままである。

三つ目は、GSEに対する財務省の信用供与枠を2009年末まで確保することであり、そして四つ目は、財務省がGSE2社により組成・保証されるMBSを流通市場で購入すること（2009年末まで）であった。

この最後の点が、先ほど述べた米からの問い合わせに関する点であった。民間のアセット・マネジャーを雇い、流通市場を通じる個別のMBS購入を決定・公表していくスキームであった。購入予定金額は市場の状況をみながら決めるということで公表されなかったが、せいぜい数十億ドルとのことで、MBS流通市場の底上げに向けてアナウンスメント効果を狙ったものと推察された。

なお、GSEとの合意実施と引き換えに、財務省は「報酬」を受け取るとした。これは、GSEの普通株の79・9％を取得できるワラント（株式購入権）の取得である。既存株主にとっては、株式価値の希釈化という制裁であり、単なる税金を使った金融機関救済ではないという性格を強調するためのものであると思われた。こうした救済策により、GSEの株価はこの後も底を這い続けることになる。

9月8日（月）午前、事前に伊吹大臣にGSE支援策の概要を説明した。その際、MBS購入に係る米国からの依頼についても触れておいた。本件は、サブプライム問題の国境を超えた広がりを考えると、国際金融市場の安定に資するG7の政策協調という側面があった。MBS購入は少額ですみ、米国に恩を売る絶好の機会ではあった。

一方、サブプライム問題は基本的に米国の問題であるとの認識のもと、邦銀のエクスポージャーも小さい（邦銀の保有するMBSを購入するわけではない）中で、日本の納税者負担が生じる可能性がある措置をとることには、当然ながら強い抵抗感があった。

また、外貨準備で購入することを公表する必要があり、市場への影響から非公表である外貨準備の内訳を示すことにつながるという問題があった。当面、引き続き技術的な検討を進めていくこととした。午前11時頃、大臣はぶら下がり会見で、米国のGSE支援策を歓迎する旨発言した。また、その日夜には、G7大臣間でテレコンが行われ、各国からポールソン長官の説明を歓迎するとの発言が相次いだ。8日のNY市場は、支援策を歓迎し、株価は上昇、ドルは若干強めに動いた。

このMBS購入の件については、リーマン・ショック後の9月下旬、再度財務省内で議論した。実際に購入する場合にはかなり大きな政策決定となるのだが、さまざまな技術的問題に加え、すでに福田内閣の退陣が表明されている時期であった。米政府のMBS市場底上げ策を側面支援することについては見送った。

なお、翌2009年10月6日付毎日新聞一面は、『日本政府が米2社救済案』との見出しで、2008年8月下旬、GSE2社を救済するため、日本が両社の社債数兆円を外貨準備で買い支えるとの計画（レスキュー・オペレーション）を検討したが、実現しなかったとの記事を掲載した。どこから得た情報に基づいたものなのか、不可思議な感じがした。GSE2社を救済するのは、あくまでも米国政府の仕事であった。

MBS購入で思い出されるのは、2007年12月上旬に提案されたM－LEC構想であった。米国大手銀行が幹事行となり、欧州や日本の銀行からも資金協力を得て、サブプライム関連商品を買い上げ、市場を支えようといったものであった。

当時私のところには、米財務省の国内担当次官から電話があった。彼は、幹事行が邦銀3行に資金協力を要請しているので、日本当局にも連絡しておきたかったと説明した。米財務省の役割は、こうした市場主導の努力がよいとアナウンスすることであり、政府が直接実施するものではないとしていた。この構想は、邦銀をはじめ金融機関の十分なサポートがなく頓挫した。

米財務省は、サブプライム問題への対応にあたり、常にMBS（不良債権）の何らかの市場価格での買い取りによる市場の下支えを最優先の手段として位置付け、金融機関への公的資本注入には消極的であった。できるだけマーケットベースで解決できないかという哲学があった。納税者負担を伴う公的資本注入を、バブルを自ら生み高い利益をあげた金融機関に対して行うことについて、議会に納得してもらうのは容易ではないという判断もあった。

日本からは、ベア・スターンズ・ショックの前からさまざまなレベルで、バブル崩壊時の日本の経験を伝え、金融機関が不良債権の早期処理を進めるためには、公的資本注入によるサポートが必要と言い続けてきた。MBSの劣化による資産サイドの棄損は、金融機関の債務超過に結び付くのであり、それへの対応としては資本増強しかない。

しかし、やはり切羽詰まらないと事が進まないのは、日本と同じであった。GSE救済策で公的資金の道が開けた。リーマン・ショック後の不良資産救済プログラム（TARP＝Troubled Asset Relief Program）の導入における議会とのドタバタ交渉も、同様の構図であった。TARPは、法案を通す段階では、公的資金によるMBSの買い取りとして説明されたが、実際には、資本注入にも活用できるよう幅広い授権を与えた法案であった。

9月11日（木）、パリでのOECD第三作業部会への出席をとりやめた私は、ワシントンに赴き、IMFストロスカーン専務理事との面会を行った。主たる目的は、副専務理事の加藤隆俊氏の任期（5年）が翌年に迫る中で、後任者を引き続き日本人にしてもらうお願いをするためであり、基本的にはいい感触を得た。さまざまな経緯を経て、加藤氏の任期が1年延長され、私自身が就任することになるとは、その当時思いもしなかった。

翌日12日の朝、私は米財務省内のダイニング・ルームで、マコーミック次官と朝食を共にした。サブプライム問題の現状認識、リーマン・ブラザーズやメリルリンチ等の金融機関が市場から強い圧力に押されていることなどを話し合った。すでに、10日（水）には、リーマン・ブラザーズは、Q3の業績見通しを発表し、巨額の純損失を計上するとともに、資産圧縮・処分などの方針を表明していた。

彼は国際金融担当であり、内情について詳細な情報を持つ立場になかったが、重苦しい雰囲気は伝わってきた。３月のベア・スターンズの処理が破綻回避でしのげたことから、何とかするのだろうと私はやや呑気に考えていた。彼は、個別の話はしなかった。ただ、too-big-to-failとmoral hazardの関係について話が及んだのは記憶にある。

ＧＳＥのＭＢＳ購入に係る件についても問いかけがあった。私からは、米国と同様、アセット・マネジャーに委託する必要があるがその可否の検討には時間がかかるほか、外貨準備の運用をいちいち公表することは適当でないこと（しかし本件については公表しないと意味がない）など、技術的面に絞って説明し、ＧＳＥ問題全体についてはサポートするが、Agency債はともかく、ＭＢＳの購入について米国に付き合う件は、検討を続けるものの難しいのではないかという趣旨を述べた。

彼は、米国でもＭＢＳの公的購入措置（納税者負担の可能性）については、先日の支援策に組み込むにあたり、そのpricingの問題を含め極めて難しい議論があったとして、理解を示していた。

朝食が終わりかけた頃、彼は私をポールソン財務長官に会っていかないかと誘った。ポールソン長官の部屋は照明を落としてあるようで暗かった。大きな部屋の片隅に、市場モニター用と思われるＰＣを載せた机があり、その前の仕事椅子に静かに座っていた。モニターだけがやけに光って見えた。禅僧に近づいていくような重苦しい感覚を持った。長官のそばの椅子に腰かけると、例の朴訥《ぼくとつ》な感じで、日本の政治状況（党総裁選と総選挙など）について短い言葉で質問してきた。

何回か短いやりとりがあった。同席していたマコーミック次官が、日本は危機対応でいろいろ協力してくれていること、GSE問題についても各種制約の中、何ができるか検討してくれており、支援策自体に強いサポートを表明してもらっているといった話をした。

長官は、それに感謝すると言った後、一言だけ、中国がGSE債購入に消極的であり、デットとエクイティの区別があまりついていないような感触があるとした。私からも、先日のG20代理会合時の中国人民銀行との会話で同じような感覚を持ったことを紹介した。長官は、日本の考え方が中国に伝わるよう願っているとしていた。

そのときはわからなかったが、同じ日、12日夕には、ポールソン長官は、他の金融当局首脳や民間金融界トップとニューヨーク連銀の建物に缶詰となり、リーマン・ブラザーズ等を巡る協議を始めた。3日間に及ぶ協議の末、15日（月）、リーマン・ブラザーズは連邦破産法第11条（チャプター11）の適用を申請した。

(4) リーマン・ショック時の出来事

２００８年９月15日のリーマン・ブラザーズの破綻は、巨大なFinancial Tsunamiであった。米国だけでなく欧州の金融市場も凍りついた。巨大な欧米金融機関が追い詰められ、破綻の危機に瀕した。各国中央銀行は金利の引き下げと膨大な流動性の供給を続け、政府は公的資金を使った資本増強を一挙に進めた。

ここでは、当時のＧ７プロセスにおける議論をベースに、リーマン・ショック時の状況、米国ＴＡＲＰプログラムの成立による資本注入、10月上旬のＧ７会合の様子や、さらには、緊急Ｇ20財務大臣会合や三菱ＵＦＪのモルガン・スタンレー出資に係る若干のエピソードについて、振り返ってみる。

1 リーマン・ショック

２００８年９月15日（月）は、リーマン・ブラザーズがチャプター11（連邦破産法第11条による会社更生手続き）を申請し破綻した日である。この日午前７時半（日本時間＝以下この節で同じ。米国では14日〈日〉夕方〉、緊急のG7財務大臣代理テレコンが開かれ、米財務省から足元の状況について、おおむね以下のような簡単な経過説明があった。

「**リーマン・ブラザーズ**は、他の金融機関による買収等のめどが立たず、おそらくチャプター11を申請するだろう。アナウンスの具体的タイミング等は未定である。FRBが既存の流動性供給策を拡大するなど、市場の流動性に問題が生じないよう手配する予定である。なお、欧米10民間金融機関がコンソーシアムを組んで資金を拠出し、劣化した資産買い取り等のためのバックアップ基金を創設する（総額700億ドル）動きもある。AIGやメリルリンチの窮状について、マスコミ等で噂が立っており、引き続き注視していく」

このテレコンには、FRBも参加しており、流動性供給策の強化（Primary Dealer Credit FacilityやTerm Securities Lending Facility適格担保の拡大など）を数時間内に発表すると説明していた。

日銀からも情報が入った。同じ頃には、米マスコミの一部から、英バークレイズ銀行によるソロモン・ブラザーズ買収交渉が行き詰まったこと、その背景に、ベア・スターンズのJPモルガン買収の際に行われたFRBからの特別融資が受けられる見込みがなかったことがあるといった報道が流れてきていた。

また、NYの金融関係の友人も、CDSを扱うデスクのディーラーは、14日の日曜日に呼び出され、リーマン関係の取引をネッティングする作業に追われていると言ってきた。また、懸念される取引先リストへのエクスポージャーの額を洗い出しているとの話もあった。

9月15日（月）は、日本は祭日であり、東京市場は閉まっていた。午前11時頃、上記の流動性供給策等が発表され、午後1時半頃にリーマン・ブラザーズのチャプター11申請、バンク・オブ・アメリカによるメリルリンチ買収が発表された。NY連銀での3日間にわたる交渉の中身については、後になって当事者の回顧録などの形で語られているので、それを読むしかないが、当時は、米国で何が起きているのか理解する努力をするので精一杯であったと記憶している。

日本では、この日のうちに、金融庁からリーマン日本法人に対する資産の国内保有命令や業務停止命令が出された。

この日の欧米市場は、金融株中心に株価が4％前後下落。FFレートは一時6％以上に急騰したが、FRBの流動性供給により、0・25％まで下落するなど、短時間で乱暴に揺れ動いた。為替は、円ドルが、108円前後から104・5円前後まで円高に動いたが、ユーロ・ドルはあまり変わらなかった。全体として、株価は下落、債券価格は上昇するなど、「質への逃避」の流れが強まった。しかし市場の動きは、一部で予想されたような極端な動きとはならなかった。

リーマン・ショック後の初日となった16日の東京市場では、株価が5％程度下落、前日の欧米市場と同じような動きを示した。為替は、105円台半ばで、前日より若干の円安であった。主として米国発のさまざまな情報によって、市場は小刻みに振れている感じであった。

日銀は、短期金融市場に対する即日資金供給オペレーションを早速開始するなど、市場の安定確保への方策を進めた。私自身も、リーマンやAIGの日本法人、邦銀などからの状況聴取に努めたが、事態はニューヨークで急速に進展していた。AIGの日本代表は、抱えるCDSの一部にはトリガーが引かれるとただちに現金精算が必要なものがあり、流動性不足になる可能性を指摘していたが、詳細はNYでないとわからないようであった。この日午後には、福田総理のもとで金融関係閣僚等懇談会も開かれ、事務方としては金融庁長官と私が出席した。

この日から10月初めまで、ほぼ連日G7D間のテレコンが続いた。NY市場の閉まった後（日本では午前6時頃から）と、NY市場の開く前（午後9時半頃から）というのが各国にとって都合のよい時間帯であり、とても私が全部出られるものではない。阪田国際調整室長などに相当応援してもらった。

なお、ベア・スターンズ・ショックのときと異なり、金融庁は独自に米国との会話ルートを確立している様子であり、我々と金融庁との情報交換もある程度できていた。されど、こうした危機時においては、財金分離により金融庁が別組織になったことで、ときとして不自由を感じることがあった。

16日、17日頃のG7Dテレコンでは、欧米金融市場の状況について、金融機関同士がカウンターパーティー・リスクを強烈に意識し、マネーマーケットでの資金調達が極めてタイト化し

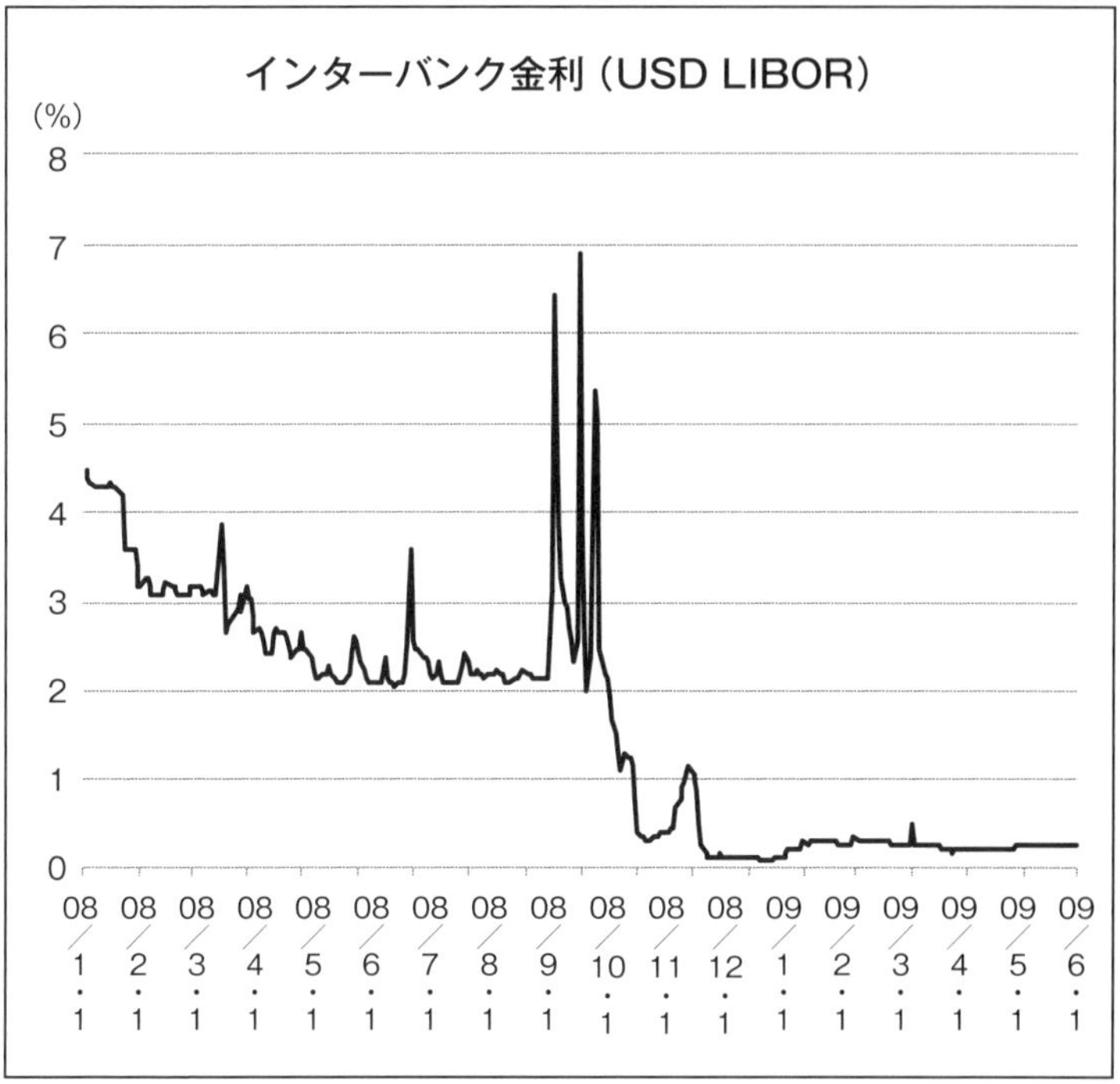

ていること、特にヨーロッパからのドル需要が強いことが米欧から報告されていた。しかし、主たる関心事は、AIGの株価が暴落しており、システミック・リスクを起こすのではないかとの懸念であった。

米国からの情報提供は不十分であった。AIGについては、16日段階では、NY州の保険監督官の主導により、民間ベースの解決（private sector solution）を目指してさまざまなオプション（資本増強や流動性供与）を検討しているような言いぶりであった。ゴールドマン・サックスやJPモルガンに対して、AIGへのつなぎ資金供与を要請しているという話があった。

しかし、17日早朝のテレコンになると、民間ベースの流動性供給策は行き詰まり、NY連銀が資金供給をせざるをえないが、そこでの政府の役割（政府がbackstopを提供できるか）について議論しているという情報であった。AIGがデフォルトを起こした場合のインパクトについて、各国から強い懸念が示された。

その数時間後（17日午前）、FRBはAIGに対する支援策を発表した。財務省の全面的支持のもと、NY連銀から最大850億ドルの融資を行うこと、AIG株の79・9％を政府が取得することであった。

17日夜のテレコンでは、米財務省は、「なぜリーマンは救済せずにAIGは救済したのか」との点を議会や市場に説明するのに際し、リーマンの場合と異なり、AIGの破綻はシステミック・リスクを引き起こす可能性が高かった点を強調したいとしていた。

AIGは極めて大規模でリテールを中心としたサービスを展開しており、その破綻が保険契約者やMMF保有者に与える影響が大きいこと、CDSやCPマーケット等で多くの金融機関がAIGにカウンターパーティー・エクスポージャーを有しており、その破綻が他の金融機関に感染するリスクが高いことなどである。また、AIGの伝統的な保険事業そのものには問題はなく、Fedの融資にあたってもAIG及びその子会社のあらゆる資産が担保として提供される点を指摘していた。

市場は、ＡＩＧ救済策を肯定的に受け止めたが、用心深い動きを続けた。ゴールドマン・サックス等の市場予想を上回る決算が発表されるなど、金融関連株は上昇の動きもみせたが、ブローカー・ディーラー業務自体への懸念から、それらのＣＤＳのスプレッドは拡大を続けた。ＭＭＦの元本割れについての懸念が市場で高まってきていた。ワコビアやワシントン・ミューチュアルなどいくつかの米金融機関に関する悪い噂も飛び交っていた。ドル円相場は、１０５円台で膠着《こうちゃく》していた。

18日（木）には、日米欧英、スイス、カナダの6中央銀行協調でドル流動性強化策を発表。日銀は、ＦＲＢとの６００億ドルのスワップ取極《とりきめ》を締結し、米ドル資金供給オペを導入していった。日銀からの説明では、前日深夜に米側から打診があったとのことで、日銀法第40条（外貨売買）で認められている、自ら必要に応じ行う金融調節として行いたい（チェンマイ・イニシアティブのような国際協調ではないため財務大臣の承認等を要しない）とした。

邦銀でも、これまでドル調達は主に円投に依存してきたが、カウンターパーティー・リスクが大きくなり、ドル・ポジションに不安があるとした。この日の為替市場の動きでみると、6中銀協調対応を好感してドルは強くなり、ＭＭＦのパトナムがファンドを閉鎖するとの報道を受けてドルは弱くなり、ポールソン長官がＲＴＣ型機関設立を議会と協議中との報道を受けてドルが強くなるなど、狭いレンジの中ではあるがあわただしい展開であった。

［注］ＲＴＣ（Resolution Trust Corporation）とは、１９８０年代の米国貯蓄貸付組合（Ｓ＆Ｌ）危機に際し、破綻したＳ＆Ｌの保有していた資産の買い取り・処理を行った機関。後に誕生する不良資産救済プログラム（ＴＡＲＰ）は、破綻していない金融機関からＭＢＳ等を買い取る（従ってpricingなどが極めて複雑）ことを当初目指していたわけで、当時は一部の報道で混同されていた。

2 不良資産救済プログラム（ＴＡＲＰ）

９月19日（金）夜、米政府は、金融危機に対する包括的対策（Comprehensive Approach to Market Development）を発表した。ブッシュ大統領は、「米国経済は前例のない困難に直面しており、そのため政府は前例のない行動により対応する」とした。

その主な柱は、①流動性対策としてのＭＭＦ（マネーマーケットファンド）の元本保証（財務省為替安定基金の活用）、②民間金融機関からの非流動資産（ＭＢＳ等の住宅ローン関連資産）の買い上げによるバランスシートの改善（数千億ドル規模で、必要な法案を議会とただちに協議）、③ＳＥＣによる米金融株７９９銘柄の空売り規制の強化などであった。

続く20日、米財務省は、金融機関から非流動資産を買い取る権限を求める法案を議会に提出した。これが、10月３日に成立した「緊急経済安定化法」（Emergency Economic Stabilization Act）であり、これにより支出権限を与えられた７０００億ドルの資金（国債発行権限）をもとに、「不良資産救済プログラム」（ＴＡＲＰ＝Troubled Assets Relief Program）を実施していく。リーマン・ショック後の金融危機への対応の柱となったプログラムである。実際には、法律の趣旨として説明された非流動資産の買い入れではなく、まずは10月12日の大手金融機関９行への１２５０億ドルの公的資本注入、さらには年末のビッグ３支援のための融資などに活用されていった。

包括的対策発表の数時間前、我々Ｇ７Ｄに対し米財務省から事前説明があった。法案はすぐに議会に提出され、数日中には承認されようとのことであった。ＧＳＥ問題の頃から繰り返し内部で練られたものであったことは容易に想像できたが、実に素早い対応であるとの印象を持った。

Ｇ７Ｄ間の議論でまず問題となったのは、この不良資産買い取りの対象となる金融機関に、外国金融機関の米国子会社や在米支店が含まれるかという点であったが、この点は対象に含まれる旨を米側から縷々《るる》説明された。

興味深かったのは、米国は、他国にも、米国のとる非流動資産買い上げプログラムと類似のものを実施するよう慫慂《しょうよう》する規定が法案にあったことである。これは、外国金融機関の米国子会社等の持つ非流動資産が米国の買い上げプログラムの対象となる場合、その国でも同様な措置を自国の金融機関に関し自らの納税者負担で行ってほしいというものであった。

米国議会の中に外国金融機関の子会社や支店を問題資産買い取りプログラムの対象に含める

ことに反対する声がある中で、各国との協調姿勢を盛り込むことで議会内での妥協を引き出すという意味合いがあるとの説明もなされた。

9月末のテレコンでは、各国の大臣たちから「米国同様の問題資産買い取りスキームは、自国では必要ない」という発言があるたびに、ワシントンでの議会との政治折衝は難しいものになるのだという不満も米側から出ていた。なお、日本に対し、米側から買い取りスキームを作ってほしいという特段の要請があったわけではない。

また、G7D間では、買い取り資産のプライシングについても、疑問が多かった。買い取りにあたっては、リバース・オークションを実施し、提示された価格のうち最低価格で買い取るという仕組みだと説明されたが、対象となる住宅ローン関連証券（MBS）は、市場でまともな価格が成立しない状況であり、簿価より低い価格で売却すれば追加損失となり、簿価より高く売れば、政府（納税者）が将来ロスを被る可能性が高まってしまうというジレンマがあった。日本で行われた不良債権処理の場合、横串で資産査定する手法が使われたが、証券化商品は多種多様なローンが複雑に組み合わされ流通する前提となっており、価格決定の困難さは容易に想像できた。

9月22日夜、米国の「包括的対策」をサポートするG7緊急声明を発出する前段階として、G7財務大臣・中銀総裁の電話会談が行われた。ポールソン長官から、非流動資産の買い上げプログラムに関する説明が切々となされたのが記憶にある。直後に公表された**G7「国際金融**

市場の動揺に関する緊急声明」のポイントは、「米国がとった異例の措置――特に、金融機関を不安定にしている流動性のない資産を取り除くプログラムの実施を意図していること――を強く歓迎する」としたほか、「主要中央銀行による流動性逼迫への対処」の重要性や、「いくつかの規制当局による金融関連株の空売りの一時禁止等の断固たる措置」に言及した。また、金融機関の監督や規制の強化、リスク管理慣行の改善などに係る金融安定化フォーラム（FSF）の今秋の報告を期待するとした。声明の最後に、「我々は、個別にあるいは共同して、国際金融システムの安定性を確保するため必要となりうるあらゆる措置をとる用意がある」と結んだ。

このG7声明の文言を相談するためのG7D間の議論においても、資産買い取りプログラムについての米国側の説明は一貫していた。すなわち、「このプログラムは、金融機関が保有する資産の価格発見を促し、バランスシートを軽くすることを意図しており、その間に資本に毀損が生じることはあろう。その場合には、我々は金融機関が円滑に増資をできるすべを考えなければならない。資産買い取りにより実質的に債務超過となる金融機関に税金で資本を注入していくモデルはありうるが、現時点でこれを実施する具体的計画はない。あくまでも、金融市場が、将来非流動化資産を再評価するのを助けるためにある」。

市場は、19日の米国政府による包括的対策に関する報道が漏れ始めた19日から堅調となり、日経平均は430円の上昇、NYダウも370ドル近く上昇した。為替も、一時円ドルは108円台まで戻し、その後は106円前後で推移していた。

なお、9月22日、FRBは、ゴールドマン・サックスとモルガン・スタンレーの銀行持ち株会社への移行を認可した。また、三菱UFJがモルガン・スタンレーへの出資で合意したこと、野村ホールディングスがリーマン・ブラザーズの北米以外の拠点の買収で合意したとの報道が流れていた。

緊急経済安定化法案は、米議会での審議が進み、9月28日には、議会指導部の間で法案について大筋合意したとの報道が流れた。

しかし、翌29日（月）になると、同法案は、下院採決において賛成205、反対228で否決されてしまった。バブルを起こし大儲けした金融機関がお仕置きを受けるのは当然であり、なぜ税金で救済の手を差し伸べなければいけないのか。選挙を4週間後に控えた議員の多くが、各選挙区における有権者からの反発を意識し、難色を示したのだ。

この予想に反した議会の動きに市場は強く反応した。包括的対策発表以降まずまず堅調であったダウ平均は、この日777・68ドル下落、史上最大の下げ幅を記録することとなった。こうした株価の大幅下落などの動きに押された上院は、預金保険の限度額引き上げや各種減税策などのアメを付け加えた法案を10月1日に可決。下院でも10月3日には可決され、同日、大統領の署名を経て成立に漕ぎつけた。

9月30日のG7Dテレコンでは、米側は以下のように説明していたと記憶している。

「議会下院での否決はあらゆる人にとって大きな驚きであった。しかし、これは下院共和党の法案に対する反乱というよりは、共和党幹部の票の読み違えであったと思われる。多くの有権者は、この法案が金融機関に対して7000億ドルもの税金をつぎ込んで救済した挙句、納税者へのリターンは何もないと認識している。また、巨額の報酬を享受してきたウォール・ストリートとメイン・ストリートとの対立の図式も、厳しい世論の背景にある。各議員は、密室の交渉で決められた法案を自分の選挙区で説明し、支持を得ることに苦慮しているのだろう。党幹部には、選挙区の情勢が厳しい議員については反対を許し、そうでない議員には支持の票を入れさせるといった手法がもっとなされるべきであった」

この頃になると、米国の動きは欧州に飛び火し、欧州金融機関への信用不安の動きが出てきた。9月28日には、ベルギー・蘭系銀行フォルティスへの公的資本注入や英銀B&B（ブラッドフォード&ビングレー）の国有化、独不動産金融大手ヒポ・リアル・エステートの救済、30日には、ベルギー・フランス金融大手デクシアへの公的資本注入、アイスランド政府による国内銀行の預金全額保護など、個別の対応に追われていた。

こうした動きは連日のテレコンにより各国間で情報が共有された。英国財務省のピックフォード次官は、アイスランドの問題はとにかく規模が大きすぎる、アイスランドによる預金全額保護の措置については、対象をアイスランドの銀行に限ったことから、外資系の銀行から大きな預金流出が起き始めているとして、重大な懸念を発していた。EU各国がバラバラに対応していることでよいのかという政治的問題意識が欧州内で出てきているとのことであった。

アイスランドには、11月にIMFプログラムが入ることになる。

10月2日には、EU首脳会議で欧州共同基金を作ることを仏が提案したとの報道が流れたが、その日のテレコンでは、仏はこれを否定する一方、EUレベルでどのように共同対応をとるべきか議論が始まっているとしていた。

各国が共同歩調をとったのは、ワシントンでのG7会合後の10月12日であり、ユーロ圏緊急首脳会合が開かれ、資本注入等を柱とする共同行動計画を採択した。翌月13日には、この行動計画に基づき、英はRBSなど大手3銀行に公的資本注入を発表した。

また、英に続き独仏西等の政府も、それぞれ金融機関への公的資本注入や銀行の資金調達(債券や預金)のうち一定の債務に政府保証をかぶせる枠組みなどの金融機関救済策を発表していった。

この時期、米FRBはさまざまな形での流動性強化策を実施、各国中銀とドル通貨スワップ枠を拡大し、各国協調でのドル流動性供給策を強化していった。

10月8日には、米欧中銀(FRB、ECB、BOE、スイスSNB、加《カナダ》BOC、スウェーデン中銀)が0・5%の緊急協調利下げを発表した。FRBはすでに2007年夏から利下げを進めてきていたが、欧州の中銀は、この協調利下げを機に政策金利の引き下げを進めていく。各国とも、ピーク時4~5%台であった政策金利を、2009年春までにゼロ近傍まで引き下げていった。なお、日銀は10月31日に至り、利下げ(0・5%↓0・3%)を発表した。

米国の緊急経済安定化法に話を戻すと、法律成立5日後の10月8日、ポールソン長官は記者会見で、「この法律は、7000億ドルの公的資金を活用し、金融機関に資本注入する権限を財務省に与えた」と説明し、G7財務相・中銀総裁会合終了後の12日には、米銀大手9行に総額1250億ドルの資本注入を一斉に行う旨公表した。14日には一連の市場安定強化策として、9金融機関への公的資本注入のほか、FRBによるCP購入プログラムの導入や、欧州の債務保証の仕組みに追随し、銀行の一定債務について保証する枠組みを発表した。

こうした措置については、そのつど事前に米側から説明がなされた。9銀行への資本注入は、資本強化の必要度に応じて選んだのではなく、システムにとって重要な機関であるという観点から選ばれたものであるという説明であった。

さて、TARPの目的は非流動資産の買い上げであるという話は、法案成立とともに、公的資本注入に説明が変わっていった。

実は、10月初めのG7Dテレコンで、米側からは、「法案により、我々にはcase by caseで資本注入を行う法律的権限が付与されている。この点については、議会との関係でまだ対外的に明らかにすることはできないが」という説明がすでになされていた。議会との関係は本当に苦心していたようだ。

法案をよく読むと、あらゆる「金融機関」から「問題資産」(troubled assets)を購入する権限を財務長官に与えていたが、「問題資産」の定義には、MBSなどの不動産関連金融商品のほか、「他のあらゆる金融商品（any other financial instrument）」がＦＲＢ議長との協議を経れば購入できることが含まれており、財務省が金融機関から優先株等を購入（資本注入）する権限が読み取れたのである。

いずれにせよ、大統領選挙や議会選挙を目前に控え、民主党の勝利が優勢となる中で、よくこれだけの法律が短時間で議会を通過した（議員としても早く通して選挙区に帰らないといけないという事情はあったのだが）と感心する。

［注］後日、ＴＡＲＰは、ＧＭ・クライスラーの救済（つなぎ融資）や、中小企業向けローンを裏付けとした証券化商品の買い支えなどにも使われていく。購入先である「金融機関」の定義も、銀行等には限られないと読み込めるなど、幅を持たせた規定ぶりであったようだ。事業会社救済までこの時点で想定していた様子はないが、緊急時とはいえ、なんとも幅広い授権ではあった。

3 Ｇ７財務相・中銀総裁の「行動計画」声明〈ワシントン〉（10月10日）

10月10日（金）から13日（月）にかけて、Ｇ７、ＩＭＦＣ（ＩＭＦ国際通貨金融委員会）、開発委員会、ＩＭＦ・世銀総会などの一連の会議がワシントンで開催された。米国の提案により、急遽Ｇ20財務相・中銀総裁会合も開かれた。就任早々の中川財務大臣が参加した。

まず、**当時の為替相場**の動きを振り返ってみる。

米ドルについては、①信用（ドル流動性）不安の高まりからのドル需要の増加、②リスク回避からの新興国通貨に対するポジション解消、などを背景に、相対的に堅調に推移していた。3月のベア・スターンズ・ショックのときにみられたドル急落の危機感は、米当局からは後退していた。

一方、ユーロは、7月半ばに史上最高値を更新した後、①商品相場の下落、②欧州経済の減速、③欧州金融機関の健全性に対する市場の厳しい見方、④ECBの利下げ観測の高まり、などを受け、ようやく下落を始めていた。

円は、日本の金融機関に関する不安要因がないこともあり、リスク回避の動きから、特にユーロとの間で円高が進んでいた。円は、対ドルで100円近傍、対ユーロで130円台後半であり、徐々に円高が進んでいたが、対ユーロでの円高が大きかった。ドルは、対円では安くなっていたが、対ユーロでは高くなるという状況であった。欧米は、経済ファンダメンタルズ（実効為替レートなど）からみて、依然として円の水準は安いという立場であった。

一方、為替市場参加者の相場変動予想を示す指標（オプション・ボラティリティ）は非常に高い水準にあった。しかし、G7を控え、市場では、根源にある金融問題、そのマクロ経済への影響などへの関心が高く、為替に焦点が当たっているという感じはなかった。

我々代理たちは、前日9日夜までG7共同声明のドラフティングの作業を続けた。声明案は、これまでと同様のパターンで、マクロ経済状況の認識、金融市場問題、為替、一次産品価格、ＩＭＦ改革、途上国問題などをカバーするものであった。

ところが、Ｇ７大臣会合の場において、ポールソン長官は急遽、現下の金融市場の問題をどう処理するかに焦点を当てた簡潔な「行動計画」を共同声明とすることを提案し各大臣は了承した。これを受け、我々代理は、米財務省内のＧ７会場（Cash Room）内で、会議が進行する中、声明の作成作業をほぼ最初からひそひそとやり直すという面倒なこととなった。

Ｇ７会合に入れるのは、大臣、日銀総裁のほか各国1名の代理のみである。会合での議論は、金融市場の大混乱が経済に破滅的な打撃を与えかねないという強い緊張感の中で進められていたが、私はこの声明作成作業のおかげで、会合において大臣間で何が話されたのか、落ち着いて聞いている暇はなかった。

「Ｇ７財務大臣・中銀総裁の行動計画」（10月10日）の内容は、おおむね以下のようなものであった。
①システム上の重要性を有する金融機関を支援し、その破綻を避けるため、あらゆる利用可能な手段を活用する、②金融機関が流動性と調達資金に広範なアクセスを有することを確保するため、すべての必要な手段を講じる、③金融仲介機関が、必要に応じ、公的資金・民間資金の双方により資本を増強できるよう確保する、④各国の預金保険・保証プログラムが、頑健であり一貫していることを確保する、⑤証券化商品の流通市場を再開させるため、資産の正確な評価と透明性の高い開示、質の高い会計基準の一貫した実施が必要である。また、今回の混乱

により影響を受ける国々を支援するうえでＩＭＦが果たす役割を支持するとともに、金融システム改革を進めるため金融安定化フォーラム（ＦＳＦ）の提言の実施を加速することを付言した。

Ｇ７声明がこうした簡潔なものとなったことから、為替について事前に合意していた文言は、声明には入れず、各国のプレス用のガイドラインとして使おうということになった。

「我々は、強固かつ安定した国際金融システムが我々の共通の利益であることを再確認する。為替レートの過度の変動や無秩序な動きは、経済及び金融の安定に対して悪影響を与える。我々は、引き続き為替市場をよく注視し、適切に協力する」

我々の議論の中で、この文言に至るまでに、二つの論点があった。一つは、今年2月まで使われていて、4月の声明では落とされた「為替レートは経済ファンダメンタルズを反映すべき」との文言を復活すべきという欧州勢の主張であった。4月時点では、ユーロは最高値に向けていまだ上昇中であり、インフレ懸念もある中で、この文言を落とすことには、彼らに異存はなかった。

しかし、直近ではようやくユーロ安が始まり、欧州金融市場不安が出てくる中で、ファンダメンタルズに言及することはさらなるユーロ安を誘導する材料になるので好都合と判断していた。私の立場としては、日本の経済ファンダメンタルズが欧米よりよいというメッセージが「円を買うべし」というシグナルになるというリスクを意識せざるをえなかった。

もう一つの論点は、4月の声明で使われた「急激な変動（Sharp Fluctuations）がある」という文章を残すか、2月までの「過度な変動や無秩序な動き」という文言に戻すかであった。欧米は、市場の地合いが変化し、ドル堅調、ユーロ安という流れとなっている現状では、2月までの文言に戻るべきであること、「急激な変動」は介入の可能性を示唆するものであるが、現状では円高是正のために各国が介入することはありえないことから、残すべきでないと主張した。私は、「急激な変動」のリスクはむしろ現実問題として高まっていると主張したが、結局第一の論点との間で、痛み分けとなった。達観すれば、どうでもいいような表現の違いであるが、当事者としては真剣な交渉であった。

[注] G7共同声明は、G7D間の事前のドラフティングでほぼ固まるため、邦人記者会見用に事前に事務方が翻訳をして、日本語版を配るのが通例である。しかし、今回は、会場内での突然の作業となったため、ほぼ固まった時点で、コピーを会場の外に待機している事務方にコッソリと手渡しして急いで翻訳作業をしてもらった。これに関連して、2点感想があった。
1点目は、他の国では、仏語にしたり伊語にしたりという作業はしていない。なぜ日本だけこうしたサービスを行うことが必要なのだろうか。我々の立場からみると、各社にいい加減な翻訳をしてほしくないという事情があるのは事実なのだが。

2点目は、ITの問題である。各国は、当時だとブラックベリーを全員が持っていて、会場内の席からメールで会場の外にいる部下と常時交信していた。日本（少なくとも当時の財務省）は、いわゆる携帯電話しか持たせてもらえず、大変に不利な立場にいた。文句を何回か言ったところ、メール機能付きの奇妙な携帯が調達されたのだが、財務省の分厚いセキュリティーに阻まれ、まるで使いものにならなかった。今でも、欧米との比較では、なかなか使い勝手の悪い（プログラムがかなり制約された）iPhoneを使っているようだ。

G7会合の場では、中川大臣から以下の2点について、いわば「日本の貢献」として話をした。

1点目は、日本の1990年代の経験によると、預金の全額保護、不良債権の切り離し、銀行の国有化、公的資本注入をセットで行うことで効果があったのであり、この経験を各国といつでも共有したいこと。2点目は、金融危機への対処に各国が資金を必要とすることがある場合、アジア危機の場合と異なり、IMFが機動的に行動できるならば、日本としても資本提供の面で協力できる。新興国・中小国に効果的な支援を行うというIMFの役割を期待していること。

どうも私は、「日本の貢献」という言葉は、湾岸戦争の際を思い出して好きでないのだが、国内的には受けがよかったのである。上記の1点目は、2008年に入ってから繰り返し我々から米側に伝えていた日本の経験をまとめたものである。

実際には、バブル処理に長い時間を要した日本よりはるかに速いスピードで、米国では処方箋が練り上げられていった。日本や北欧（特にスウェーデン）での過去のバブル崩壊・金融危機対応の経験を、バーナンキFRB議長はいうまでもなく、欧米の当局者は勉強してきており、それが迅速な対応の一助になったことは間違いない。

2点目は、IMFの役割を強調するとともに、日本のIMFへの資金提供の意図を示した点である。これは、主要先進国へのIMF支援を想定したものではもちろんなく、アイスランド、ハンガリー、バルト3国等がキナ臭くなっている中で、こうした周辺国へのIMFの迅速な対応を求めたものである。

Ｇ７共同声明は「行動計画」という短いものになったのだが、その終わりのほうに、この趣旨は何とか盛り込んだ。日本のＩＭＦ支援の件は、別途改めて記述するが、最終的には、２００９年2月のローマＧ７会合の際、中川大臣とストロスカーン専務理事の間で、ＩＭＦに対する１０００億ドルの融資取極として署名されることとなる。

なお、この日のＧ７ワーキング・ディナーでは、米ＦＤＩＣベア会長から米国のＳ＆Ｌ危機の経験が説明されたほか、リクスバンク・イングベス総裁からはスウェーデンのバブル崩壊の経験が、中川大臣及び白川総裁からは日本のバブル崩壊の経験が説明された。

イタリア中銀ドラギ総裁が、過去の金融危機と今回の危機の違いとして、過去は負債から発生したが、今回はＭＢＳなど証券化商品から発生したこと、今回は金融機関のレバレッジが非常に大きくなっていたこと、過去は不良資産の価格発見が容易であったが、現在は公正価値会計が浸透しており、ＭＢＳ等の評価が困難であること、などを明快に説明していたのが印象に残っている。

4 ワシントン会合時のエピソード

10月11日午後、**G20財務相・中銀総裁会合**が、米国の呼びかけで急遽開催された。午前中に、ＩＭＦＣがあり、そのままＩＭＦ本部内で会合は開かれた。会合の趣旨は、今回の金融市場危機が、世界経済へも影響を及ぼすことから、先進国と新興市場国との間での意見交換を促進するというものであり、共同声明が出された。

実際の会合での議論自体は形式的なもので、その内容は覚えていないが、議長役を務めたポールソン長官が、実に低姿勢で、米国の住宅バブル崩壊の影響が新興国を含め多方面に及びつつあることを説明し、あまり米国人が使いたがらない「apologize」（謝る）という言葉を何回か使っていたのが強く印象に残っている。

会合が終わりかけたと思ったら、サプライズが待っていた。なんとブッシュ大統領が突然会場に現れ、出席者全員と握手すべく会場を回った。私は、このときと11月のG20首脳会議の際、わずか1か月ほどの間に米国大統領と2回握手をすることとなった。新興国の連中も喜んでいた。少々ミーハーで申し訳ないが、米国側の政治的ジェスチャーとしてはよい効果があったと思う。

最後に、三菱ＵＦＪのモルガン・スタンレー出資に関して、私の知るエピソードを簡単に付け加えておきたい。

10月9日（木）、大臣より1日早くワシントン入りした私は、Ｇ７ＤによるＧ７声明案ドラフティング等のための会議などに出席した。

そのドラフティング会合が終わったときであったろうか、米財務省マコーミック次官が私に寄ってきて、モルガン・スタンレーの件をよろしくお願いする旨を言ってきた。ディールを早急に完結する必要があるとの趣旨であった。私は、9月22日に三菱UFJのモルガン・スタンレーへの出資で合意（その後29日には90億ドルで21％出資）したとの動きは知っていたが、その後の展開は把握していなかったため、少々驚いた。

そこで、金融庁からG7会合（中川財務大臣は金融担当も兼務）のために同行してきていた幹部に本件を尋ねたところ、これは民間金融機関同士の交渉事であり、政府としては関与すべき性格のものでないので、そう理解しておいてほしいとの話であった。

翌10日昼、中川大臣とポールソン長官とのバイの（二国間の）面会があり、ほとんどの時間は現下の金融危機の話であったが、長官からもモルガン・スタンレーの件について一言言及があった。大臣は、特段の返答をしなかったと記憶している。

11日（土）夕刻だろうか、IMFCやG20の一連の会議が終わった頃、三菱UFJから私に急に連絡があり、相談があるので訪問したいとのことであった。会議室兼作業室として確保してあったウィラード・ホテルの一室で面会した。

三菱UFJの担当役員は、これまでのモルガン・スタンレーとの交渉経緯について簡単に説明を行うとともに、10月に入ってからの株価の下落の中で、8日には米財務省がTARPに基づく主要金融機関への資本注入を決定したことから、それによりモルガン・スタンレーへの三菱UFJからの出資がただちに希薄化してしまうのではないかとの懸念があるとした。モルガン・スタンレーへの出資を決定する臨時取締役会で十分に説明できるかどうか心配しているとの話もあった。

13日には出資手続きを完了する必要があるとのことであった。三菱ＵＦＪは、本件はモルガン・スタンレーとの交渉だけですむ話ではなく、米財務省から公的資本注入について何らかの方針説明がもらえないか模索したいとし、日米財務省間のパイプで探ってもらえないかという趣旨であった。私は、金融庁から言われていることもあり、米財務省と交渉するつもりはないが、米財務省に様子を聞いてみることは可能だと答えたように覚えている。

マコーミック次官は、私からの電話を待っていた様子だった。彼からは、相当の緊張感が伝わってきた。三菱ＵＦＪにとって、今になって本件から手を引くのは米国当局を敵に回すことを意味し、今後の海外業務展開をも困難にするのは目にみえていた。

一方、米財務省にとっても、ＴＡＲＰによる公的資本注入を発表したとたんにモルガン・スタンレー出資が潰れることは、再び市場の混乱を招く恐れがあり、ぜひとも避ける必要があった。これはチキン・レースだなというのが、私の受けた第一印象であった。

三菱ＵＦＪ銀行は大銀行ではあるが、米国で大きなオペレーションを持ち、米当局の監督のもとにもある民間銀行である。米国財務省とイコール・フッティングで交渉できる立場にはない。米財務省との間に私が入ることは、当然のことのように思えた。

私は、マコーミック次官に、公的資本注入により三菱ＵＦＪのモルガン・スタンレー出資がただちに希薄化するようなことがないようなアシュアランスがどこまでできるかを聞いた。彼は、政府の立場で個別の金融機関に個別問題でアシュアランスを出すのは容易ではないとしつつ、ただちに何ができるか作業させると言った。

12日（日）朝だったと思うが、米財務省の「アシュアランス」が送られてきた。詳細を述べるのは遠慮するが、緊急経済安定化法のもとでの公的資本注入の主たる目的は、米国や外国の投資家による米国金融機関への民間投融資の慫慂であること、政府が大きな株式シェアを獲得した最近の他の介入例とは異なるものであることなどが、公的資本注入による永久優先株取得の形態やワラント取得の趣旨（普通株のmodestな部分を取得するのみであること）とともに示されていた。

「アシュアランス」の内容や性格を含め、彼と若干の議論を交わした。ポールソン長官が署名するレターにする必要はあるかと聞かれたので、そこまでの必要はなかろうと答えた。また、内容的に抽象的な言いぶりがあったので、もっと突っ込むかどうか、三菱ＵＦＪ側に反応を聞いたところ、これで結構であろうということであった。

この日12日は、午前中から世銀・ＩＭＦ合同開発委員会（ＤＣ）があり、大臣等がすでに帰国の途にある中、私が代理で出席していた。

会議では、隣に米財務省のラウリー次官補が座っていた。会議の途中、彼はブラックベリーに届いたメッセージを見ながら、マコーミック次官に電話してほしいという。会議を中座して電話すると、三菱ＵＦＪから返事が来ていないという。そこで三菱ＵＦＪに電話をして様子を聞き、またマコーミック次官と話をするために中座するという伝書鳩のような、あまり愉快でない状況が2、3回続いたように思う。日本の財務省のＩＴ環境の悪さを再度しみじみと感じた。開発委員会でちょうどテーブルの反対側に座っていたゼーリック世銀総裁から、じろじろと睨まれたのを記憶している。

三菱ＵＦＪ側でこの時間帯何を行っていたのか私にはわからなかったが、出資形態等について最終的な確認をしていたのであろうか。金融庁の幹部も大臣とともにすでに帰国していた。金融庁の居残り組には、事後ではあるが顛末を報告しておいた。

私は帰国を1日遅らせ、13日（月）午前の便でワシントンを発った。この日、三菱ＵＦＪの臨時取締役会は無事終了し、出資の払い込みも完了、モルガン・スタンレーの株価は急騰したとのことであった。

蛇足であるが、毎日新聞は２００９年元日トップ記事で、『三菱ＵＦＪのモルガン出資決断』『米政府　異例の謝意』『試される日米同盟』などの見出しのついた大きなストーリーを載せた。記事は、広い角度から三菱ＵＦＪのモルガン出資に係る顛末についてまとめたもので、私の知らないことも多い面白い記事であった。私の関わった部分については、ぼやけた記述になっており、コメントは避ける。

(5) リーマン・ショック後の円急騰

2008年9月15日のリーマン・ブラザーズの破綻を契機として、リスク回避の動きから為替相場が円高に向かうことは想定された。市場のボラティリティーは極めて高かった。円高圧力が特に強かったのは10月後半であり、円高への懸念を特記した緊急のG7声明を発出するとともに、必要に応じ日本が為替介入することについてG7間で合意を得た。円高の波は、ビッグ3破綻懸念の出た12月～1月にもあった。

1 G7「円高を懸念する緊急声明」(10月27日)

10月24日(金)、ASEM7(第7回アジア欧州首脳会合)に出席する麻生総理の随員のひとりとして、私は北京にいた。

この日の朝、ASEM首脳会議に先立ち、まずASEAN+3(日中韓)首脳非公式朝食会が人民大会堂で開かれた。10月に入ると、アジア各国の市場でも、株価は2～3割下落、為替も自国通貨安(特に韓国では3割近い下落)と神経質な動きとなってきていた。

10月前半には、中国、韓国、インドネシアなどが金利引き下げを実施した。シンガポール、マレーシア、インドネシア等は預金の全額保護など、韓国は銀行の新規対外債務を政府保証するなどの措置を発表していた。ASEAN+3首脳朝食会は非公式なものであり、率直な意見交換が行われた印象がある。

全体の雰囲気は、アジア地域の金融セクターへの影響は限定的であり、外貨準備も高い水準にあるが、世界的な金融混乱や経済減速のリスクには警戒が必要であるという共通認識があった。そして、各国から、アジア通貨危機の際の経験を生かし、その再来とならないよう、チェンマイ・イニシアティブなどの地域協力の枠組みを強化するために努力していこうという発言が多くなされた。チェンマイ・イニシアティブのマルチ化及び規模の拡大への検討を急ごうとのシグナルであった。

［注］チェンマイ・イニシアティブ等地域金融協力の話は、第4章を参照のこと。

その後、日中、日韓、日独などのバイの首脳会談に同席した後、午後4時頃からだろうか、ASEM首脳会議が始まったため、私は隣室でのんびり傍聴し始めた。すると、東京の為替担当者からの携帯電話が鳴り始めた。円が対ドル、対ユーロで急騰しているとの報告であった。円の独歩高であった。

市場の動きを若干振り返ると、10月中旬は、G7やユーロ圏首脳会議における各国の協調姿勢や種々の対応策を受けて、株式市場は持ち直しの気配をみせ、為替相場はかなり安定的に推移していた。円の対ドルは、100円から102円、対ユーロは134円から138円位のレンジであった。金融市場での極度の緊迫は和らぎつつあり、市場の焦点は実体経済の動向に移りつつあるようにみえた。

10月21日（火）のNY時間あたりから、市場の動きが変化してきた。きっかけは、キャタピラ等の予想を下回る決算発表等であったと思うが、この日NYダウは下落（▲231・77）した。為替市場では、リスク回避志向などからドル、円が買われ、利下げ余地の大きなユーロ、ポンドなど高金利通貨が売られる動きがみられた。ユーロは、この日、対円で130・36円を付けた。ドル円は、100円台であった。

22日（水）は、前日のNY市場の流れを引き継ぎ、景気や企業業績の悪化懸念などを背景に日経平均（▲631・56）を含むアジア株が総じて下落した。NY市場に入っても株式市場は連鎖的に下落（▲514・45）し、8500ドル台を付けた。

為替市場では、円高、ドル高、ユーロ安が続いた。ドルに対しても円の上昇は少し大きくなり、ドル円は98円前後まで進んだ。23日（木）は、特段の材料もない中、日経平均は続落（▲213・71）、NYダウは上昇（＋172・04）するなど、まちまちの展開であった。

24日（金）になると、アジア市場では、各国株価が大幅に下落した。特に日経平均の下げはきつく、7649円（▲811・9）と5年6か月ぶりの低水準を付けた。22日からの3日間で1600円以上の下落であった。

為替市場では、東京時間の午後になり、株価の動きに引きずられるような形で、機関投資家等のリスク圧縮の動きが強まる中で、急速に円買いが強まり、ドル円は去る3月ベア・スターンズ・ショック時の安値（95・77円）を割り込む95・13円まで、ユーロ円は121・34円まで円高となった。円高の動きは、この日欧州時間に入るとさらに激しくなった。ドル円は1995年8月以来の水準となる1ドル＝90円87銭まで、ユーロ円は2002年5月以来の水準となる1ユーロ＝113円79銭まで、円が急騰した。

24日夕方、為替資金課長等と何回か電話で情報を交換した。北京にいると、市場関係者の感触を直接探るのは難しく、市場の動きはわかりにくかった。何か特定のイベントに反応している様子はなかった。

しかし、市場の動きは乱暴であった。先行き不安による「リスク回避志向」が極端になり、リスク資産としての株価の下落と安全通貨としての円の上昇が互いに連鎖し合っているようであった。当面の円高がどこで止まるのか「底」がみえない不気味な感触があった。NYダウの先物をみると、その日もNYダウは引き続き大きく下げる（24日のNYダウは結局▲312・3）ことが見込まれていた。

東京市場はもう閉まっており、24日中に具体的なアクションを起こす時間はなかった。翌週初めに向けて、欧米の主要為替当局の感触を聞き、協調行動が可能かどうか探る必要があった。ただちに、私は、米国及びユーロ圏のカウンターパートに北京から電話をかけていった。

米国、特に共和党政権は、伝統的に市場への介入には抵抗感が強い。3月のベア・スターンズ・ショックの際は、G7で為替について共同声明を出すことにも、極めて躊躇《ちゅうちょ》していた。米国は、G7共同声明が為替市場にどの程度効果があるかそもそも疑問であるとし、その効果がない場合、市場介入を催促されるだろうことを嫌がっていた。

また、米国は「強いドルはいいことだ」と常に発信するものの、経済の落ち込みが予想されるとき、積極的にドル安阻止に動くとは思いにくかった。

ベア・スターンズのときは、ドル全面安（ユーロ高、円高）ではあったが、金融市場は全体として比較的安定し、株価下落との連動もあまり厳しくなく、ドル安を阻止しようとの意思も強くなかった。今回は、ドル安（ユーロ大幅安、円高）であったが、金融市場全体、特に株式市場との不安定な動きとの連動には懸念を持つと思われた。米国経済にとって、株価の動きの重要さは、日本の場合をはるかに上回る。

一方、ユーロ圏からみると、3月のベア・スターンズの際は、ユーロは市場最高値を更新中であり四苦八苦していたが、夏以降ユーロは反落してきており、ECBの金融政策も緩和方向に舵を切ったことから、ユーロ安を止めたいとの意思はまったくないものと思われた。また、円相場の水準自体は、円キャリーを伴う安すぎた円が適正な水準まで調整されていく過程にまだあるとの認識であった。3月のときに現れた日欧の共同歩調の環境は、消えていた。

私は、1ドル90円台という為替の水準自体については大きな懸念は持っていなかった。世界的なリスク回避のセンティメント、欧米の金融・経済環境の悪化、日米欧の金融政策ポジションの違い（日銀の政策金利は当時0・5%で引き下げ余地はさほどない）などが背景である。

実質実効為替レートをみても、円高が行きすぎているという状況とはいいがたかった。しかし、相場が急激に動いている状況は見逃せなかった。円高のスピードが大いに気になった。口先介入の効果は、為替介入という実弾が用意されていることを市場が実感しない限り、限定的であった。この水準での市場介入はできれば避けたかった。他のG7諸国が日本の立場をサポートしてくれることが大切であった。

為替問題で何らかのG7協調をはかるには、まずは米国を巻き込めるか探る必要があった。米国東部は早朝の時間ではあったが、米財務省マコーミック次官に北京から電話を入れた。彼は早起きである。その日の東京市場、欧州市場の状況を説明し、世界的なリスク回避（デレバレッジング、de-leveraging）の動きが過剰になってきており、円の変動は対ユーロだけでなく、対米ドルでも急激すぎること、各国株式市場も底割れしそうな動きがあることなどを説明し、市場はexcessive volatilityの状況にあることから、G7としてこれに強く懸念を示すことが必要ではないかと問いかけた。

同時に、たとえG7から何らの協調も得られない場合でも、日本としては単独で動かざるをえない政治的状況にきていると説明した。

彼は、少し時間をおいて電話を返してきた。彼も、市場の動きが極端になっているとし、金融市場の安定の観点から何か必要であろうとした。彼は、私から欧州当局にまず問いかけてほしいとした。米国からG7協調に向けて、欧州に対して当方の動きをサポートすることも考えてみるとした。

次に、仏財務省ムスカ国庫総局長に電話を入れ、状況を説明した。彼は、予想どおり、最近の為替相場の動きは、世界的なリスク回避の動きを反映したものであり、また、欧米の金利引き下げ措置を含むいわばファンダメンタルズの動きに沿ったものであるとし、円高には懸念は持っていない（もともと、円の水準は依然undervaluedであるとの立場）とした。

しかし、当方の予想に反して、特にここ数日の円相場の変動が急激すぎること、株式市場等ほかの市場の動きなども勘案すると、金融市場の安定性にとって問題となりえる、という形で一定の理解を示した。彼は、ＥＣＢとも話し合っていた。

こうした会話を受けて、私からＧ７共同声明のドラフトを関係者に送付した。米国は、日本の立場に必ずしも表立って同調できる様子ではなかったと思うが、目立たない形でＧ７Ｄ間での私の議論を支えてくれた。今年に入ってから日本がときとして米国に助け舟を出してくれていたからね、とは後日聞いた話である。

27日（月）朝までＧ７Ｄ間でドラフティングが行われ、最終的に同日正午（東京時間）に発表された**Ｇ７財務大臣・中銀総裁の緊急声明**は、以下のようなものであった。

『我々は、強固かつ安定した国際金融システムが我々の共通の利益であることを再確認する。我々は、最近の為替相場における円の過度な変動並びにそれが経済及び金融の安定に対して悪影響を与え得ることを懸念している。我々は、引き続き為替市場をよく注視し、適切に協力する』

いくつかの注釈が必要である。

特定の通貨に特化した形の声明は極めて異例であった。私は当初、円相場に特定せず、「最近の為替相場の急激かつ過度な変動」という言葉を提示した。そのほうが各国で受け入れやすいであろうと考えたからである。

これに対し、ユーロ圏勢は「円の過度な変動」という形で、円に特定してほしいとした。ユーロ圏からすると、今回のアクションが、ユーロ安の進展への歯止めと市場に受け止められることは絶対に避けたかった。より一般的には、これが為替水準の操作（円高の水準について上限を設けるとか、ユーロ安への下限を設けるとか）と理解されることを大変に嫌がった。

英国は、ポンド安の水準に懸念を持っていたが、介入するまでの国内的状況になく、ユーロ圏と同じく円に焦点を当てることを望んだ。

［注］G7共同声明で特定通貨に言及したのは、2000年9月（プラハ）が最後であった。この際の声明は、「世界経済に対する最近のユーロの動向の潜在的な影響について懸念」を共有し、「ECBのイニシアティブにより各国通貨当局が為替市場における協調介入に参加した」とした。なお、人民元については、相場決定の弾力性や元高を求めるメッセージは、主としてグローバル・インバランス是正の観点から、数年にわたり言及してきた。

G7としての協調介入については、欧米は、現在の為替相場の流れはいわばファンダメンタルズに沿ったものであり、こうした大きな流れ自体に否定的であると受け止められかねないとして、これに応じる意向はまったくなかった。日本が介入することにも強い抵抗があった。

しかし、円の急激な変動に焦点を当て、我が国が単独で介入することについては、それが過度の変動を緩和する（smoothing）ためであり、相場水準の変更をはかるためのものではないことを条件として、容認する立場となった。まず声明を出し、効果がないときは単独介入とすること、実際に介入する際には、事前にＧ７に連絡することなどの手順も話し合った。

ある国からは、単独介入するのなら、先に介入をしてＧ７声明で後追いするほうがよいのではないか、という意見があった。声明を出すと市場が当局を試してくるので、介入をするときに声明を出せばいいという意見もあった。他の（自分の）通貨への影響を依然心配する国もあった。

もっともな議論であるが、90円前後の相場水準で介入を始めると、いずれその水準に向けて市場がチャレンジしてくるため、今後介入を際限なく行わなくなる可能性があることが懸念された。私は、この相場水準では、できるだけ実際の介入は避けたかった。また、急激に動いている相場を相手に、Ｇ７緊急声明をタイミングよく出すのは、各国との連絡が物理的に至難の業であり、介入と声明を同時にするというアイデアも現実的ではなかった。

主に米国やユーロ圏勢と話を進めた。英国やカナダについては、声明案のコメント取り等はしていたが、週末だったこともあり、十分に話を聞く機会を逃した。そのため、27日（月）早朝、Ｇ７Ｄで電話会談を行い、全員一緒に議論をした。私からは、できれば市場が開く東京時間午前9時に声明を出したいと述べ、合意されたが、英国とカナダは、財務大臣には話は通っているが、中銀総裁には最終的了解をもらっていないという。テレコンが終わったのが午前8時15分であり、30分で両国は中銀の了解をもらうことになった。

カナダからはすぐOKが来た。一方、英国からは9時少し前に電話が入り、BOE総裁が捕まらないという。正確に覚えていないが、週末でどこかの島にいて……という話だっただろうか、いずれにせよ総裁を深夜起こすのは容易でないようであった。結局連絡が入ったのは、午前10時半過ぎとなり、声明の発表は日本時間正午となった。

どういう経緯だったのか不明だが、事前に中川大臣の為替に関するぶら下がり記者会見が午前9時にセットされていた。G6で声明発表をやってしまってはどうかとの声もあったが、さすがにそうはいかない。大臣には、9時過ぎに、円相場の動きについて一般的に強い懸念を示す形の会見をしてもらった。正午に「株式の空売り規制強化」についての会見が予定されていたことから、それと同時にG7声明を発表した。

［注］金融庁は、この時期、空売り規制強化、自社株買い規制の緩和等の株式市場安定化策を講じるとともに、中小企業金融円滑化のための対応（金融機能強化法の改正など）を順次進めていった。

27日（月）の為替市場は、朝方には政府の円高・株安対策への期待感があり、92～93円と若干の円安・株高に動いたが、昼間の為替と株空売りに関する発表で出尽くし感があったのか、午後は大きな動きはなかった。欧州時間に移り、仏ラガルド財務相が、「今回のG7声明は急激な円高（ユーロ安ではない）への懸念を各国が共有することを示したもの。介入する場合は協調介入ではなく、日本単独である」と記者に発言、また、独シュタインブルック財務相も、「円の上昇ペースを懸念」と発言したとの報道があった。

翌28日（火）になると、円相場と株価が連動する形で改善し、１ドル98～99円まで円安が進んだ。その後も円相場は、11月中旬まで97～98円台で安定的に推移することとなった。なお、29日に米ＦＲＢは政策金利を１・０％（▲０・５％）に引き下げ、ブラジル・メキシコ・韓国・シンガポールと通貨スワップ協定（ドル資金の各国への供給）を初めて結んだ。31日には、日銀が政策金利を０・３％（▲０・２％）に引き下げたが、決定会合の票は４対４に割れ、市場は必ずしも好感しなかった。

さて、Ｇ７特別声明の効果がどの程度あったのかは不明である。24日にみられたリスク回避の動きは極端であったと思われ、声明がなくても市場に巻き戻しの動きがおそらく出たであろう。また、ＦＲＢや日銀が利下げ検討との報道も、巻き戻しに寄与したと思われる。27日（月）早朝から我々がバタバタとしていたのが記者に漏れていたことも市場の期待感には寄与しただろう。

一つだけ明確だと思われるのは、Ｇ７が今回の市場の動きを過度なものとして理解を共有し、欧米当局の反対により容易には踏み込めないであろうと思われた円安対策としての為替介入が、相場の状況に応じて可能となったという、いわゆる介入警戒感が市場に目にみえる形で植え付けられたことである。

2 各国は財政刺激、IMFは中小国向けプログラムへ（11月）

11月は、市場は比較的静かであったように思う。ただし、国際会議への出張は多かった。11月8、9日には、サンパウロでG20財務相・中銀総裁会合、14、15日には、ワシントンで第1回のG20金融・世界経済首脳会合があり、これらに同席した。19日には、日豪経済コンフェレンス（シドニー）に出席。26～28日には、第1回の日中韓マクロ経済・金融安定化ワークショップ（三田会議所）と恒例のASEAN＋3非公式D会合（箱根）に議長として参加し、アジアの地域協力の促進などを話し合った。

11月9日、中国政府は、2010年末までに4兆元（約57兆円）の事業規模の投資をするという大規模な景気刺激策を発表した。「世界経済金融危機が激しくなる中で、中国へのネガティブな影響を食い止める」ための政策転換と説明された。当時の資料をみると、中央財政負担が1・2兆元、そのうち現下の第4四半期分で1000億元（1・4兆円）の増加と推計された。

米国では、11月10日、AIGに対する追加支援策が発表された。財務省による公的資本注入とNY連銀によるクレジット・ファシリティー等を組み合わせた総額1525億ドルの追加支援であり、９月17日の支援策を補強するものであった。ＡＩＧに対する追加支援は、２００９年春になっても追加されていく。

23日には、シティグループに対する救済策が発表された。Ｂ／Ｓ上の高リスク資産の一部についての損失補償、ＴＡＲＰによる２００億ドルの追加資本注入、ＮＹ連銀による追加的な流動性へのアクセスからなり、シティグループは不動産関連保有資産に係る価格下落リスクから一定程度遮断されるとともに、自己資本比率の上昇が見込まれた。

同23日、オバマ次期大統領は、次期財務長官にガイトナーＮＹ連銀総裁を指名すること等を発表、また経済チームが包括的な景気刺激策を策定中であり、就任後ただちに導入するとの声明を出した（当時の議会筋の情報として、総額７０００億ドル程度とされたが、翌年２月17日に成立した経済対策法では７８７２億ドルとなった）。

同25日、ＦＲＢは、新たな信用凍結緩和策を発表した。①ＧＳＥ債を最大１０００億ドル買い取り、②ＭＢＳを最大５０００億ドル買い取り、③家計・中小企業向け与信促進のため、消費者ローンなどを原資産とするＡＢＳ（Asset-Backed Securities）を担保とした最大２０００億ドルの貸付（ＴＡＬＦ＝Term Asset-Backed Securities Loan Facility）の導入などであった。後日、ＦＲＢのＱＥ１（Quantitative Easing 1）と呼ばれることとなる量的緩和策の始まりと位置付けられることとなる。

当時は、リーマン・ショック以降ＦＲＢ等が進めてきた金融市場の凍結緩和策が拡大されたとの認識であった。FRBがQE1のもとで長期国債の買い入れを開始するのは、翌年3月18日である。

12月2日には、EU財務相会合で、景気対策に向けGDP比1・5％の財政出動することで合意した。各国経済のリセッション入りは明確になっていた。

一方、IMF（国際通貨基金）も忙しくなってきた。IMFは、国際収支危機・金融危機に対応し、支援していくための機関である。前年まで数年間のグレート・モデレーションの中では危機がほとんどなく、IMFは失業状態となり、「支援融資プログラムの減少→利息収入減→人員削減などのリストラ策実行」にまで至っていた。

しかし、11月に入ってから、ウクライナ（5日）、ハンガリー（6日）、アイスランド（19日）、パキスタン（24日）、12月にはラトビア（23日）と、リーマン・ショック後の国際金融市場のプレッシャーを受けた欧州周辺国等へのIMFの国際収支支援プログラムが続々と承認されていった。

こうした各国へのIMFプログラムの交渉が大詰めを迎えるたびに、G7DはIMF（リプスキー副専務理事）を交えて意見交換を行った。G7はIMFの主要メンバーであり、事前に支持を取り付けておくことはIMFにとって重要であった。また、支援プログラムでは、IMFからの融資だけでなく、世銀等や各国からのバイの支援を組み合わせて、対象国の資金ギャップを埋めていく必要があり、その意味でもG7とIMFの非公式な会話は重要であった。

なかでもアイスランドの例は、驚きであった。銀行セクターの脆弱《ぜいじゃく》性が問題であった。2004年から2007年で、銀行セクターの資産規模は対GNP比で100％から900％へ急拡大。その資金調達は短期の対外債務に依存しており、三大銀行の対外債務残高は対GDP比約600％に達していた。家計債務は可処分所得の2倍以上であり、その多くはインフレ連動や外貨建てであった。

リーマン・ショックを機に、クローナ売りが急増し、10月になると為替市場は機能不全に陥った。既述のとおり、国内預金の全額政府保護を発表。ユーロとのペッグを実施するも、1日で放棄。ロシアに支援を求めているといった報道も流れた。

政府に対応能力はなかった。10月中にはIMFとのプログラムについて暫定合意。11月19日、IMF理事会の承認を得て、IMFは21億ドル（クォータ比1190％）の融資を決定。北欧諸国、ロシアからの融資と合わせ50億ドル近いパッケージとなった。

なお、当時はあまり気にする余裕もなかったのだが、この頃から、財政赤字の拡大が著しい欧州ユーロ圏諸国の持続可能性への懸念から、ギリシャ、アイルランド、イタリアなどの国債金利上昇（対独国債スプレッドの大きな拡大）がみられた。

これは数か月で一旦収まるのだが、2010年欧州債務危機へとつながる予兆の第一波であった。ギリシャがIMFプログラムを受け入れるのは、私がIMF副専務理事に就任した直後の2010年5月であった。

3 ビッグ3救済と円高（12月19日）

12月2日、米国11月の自動車販売高が発表されたが、GM前年比41・3％減、フォード同29・8％減、クライスラー同47・1％減という凄まじい不振であった。その数時間後、米自動車業界を代表するこの3社（ビッグ3）は、経営改善計画を発表するとともに、米議会に総額340億ドル（GM180億ドル、フォード90億ドル、クライスラー70億ドル）のつなぎ資金支援を要請した。4日には、「GMとクライスラーが破産法適用の申請を検討中」との報道が流れた。

米国全体の自動車販売台数は、9月以降激減し、12月には年率（基調済）で1027万台となった（2007年には月平均1600万台前後）。ただし、上記の米国籍自動車メーカー（ビッグ3）のシェアは、以前から低下傾向にあり（2005年には56・9％、2008年には49・0％）、GMは2006年第4四半期から、フォードは2008年第2四半期から債務超過状態であった。すなわち、ビッグ3の窮状は、必ずしも今次金融危機によってもたらされたわけではないとの見方が大勢であった。しかし、米国雇用に占める自動車産業従事者は、約260万人（全産業中1・9％、製造業中18・2％）であり、当然のことながらインパクトは大きかった。

5日には、米国11月雇用統計が発表された。非農業部門雇用者数が過去3か月で約125万人減となった。こうした中で、円相場は、対ドルで11月末95円台から92円台まで徐々に円高に動いていった。円はユーロに対しても若干の円高であった。NYダウは上下を繰り返しながら若干の下落であったが、議会での自動車法案成立への期待感から、比較的堅調であった。

10日（水）には、米議会下院で自動車業界救済法案を可決した。140億ドルを上限とするつなぎ融資であり、経営監視人を政府が指名するほか、3月末までにリストラ案を提出させ、不十分な場合には即刻融資の返済を求めるという内容であった。

国民のビッグ3に対する怒りを反映したはずであった。しかし、上院での民主党・共和党間の協議は難航。12日（金）正午頃（米時間11日深夜）、自動車業界救済法案は、上院内での調整がつかず廃案となってしまった。そのときの報道では、上院内で、ビッグ3の労働者の給料を外国メーカー並みに引き下げる点について合意が得られなかったとされた。

これを受けて、各国株価は下落、ドル安（円高、ユーロ高）という典型的な「リスク回避」の動きが生じた。円相場は、12日正午頃の91・5円台から2時間くらいの間に13年ぶりに90円を割り込み、**88円10銭**まで円高となった（1995年8月2日以来）。

しかし、90円を割ったのは極めて短時間で、すぐにドル買い・円売り需要が現れ、午後3時過ぎには90円を回復。NY時間に入り、米政府は自動車メーカー破綻回避のためにTARPの活用を検討すると表明、円は91円台まで値を戻していった。NYダウも最終的に前日比若干プラスに転じた。そして翌週初め（15日〈月〉）は、FOMC（連邦公開市場委員会）を16日に控え、様子見で始まった。

17日（水）朝（米国時間前日）、米FOMCは、予想以上の大幅利下げに踏み切るとともに、「量的緩和政策」が次の政策上の焦点になると明言した。

まず、経済活動の見通しがさらに悪化したとして、10月29日に1・0％（▲0・5％）としていた政策金利（FFレートの誘導目標）を目一杯下げ、0～0・25％（▲1・0％～▲0・75％）とし、事実上のゼロ金利政策に移行した。

また、弱い経済情勢を考えると、この低金利と水準は当分の間継続されるとした（時間軸効果）。さらに、次の政策の焦点は、連銀のバランスシートの活用であるとし、量的緩和政策の強化に言及。具体的には、①すでに11月に発表していたAgency債やMBSの購入の拡大、②2009年初めからのTALFの実施に加え、③長期国債の買い入れを検討することをあげた。

このFOMCの発表を受けて、ドル安がじりじりと進む。円は、対ドルで前週末91円近辺であったのが、17日（水）には、一時**87円13銭**（1995年7月25日以来）まで円高が進んだ。ユーロも、FOMC発表前の1・38ドルから一時1・47ドルまで上昇した。17日午前に、中川大臣が「介入は今のところ考えていない」「悪い円高ではなく急激な変化でない」と発言したとの報道が流れたことも流れを少し加速した面はあった。

翌18日（木）になると、日本当局（官房長官、大臣、財務官）が次々と介入警戒感を惹起させ

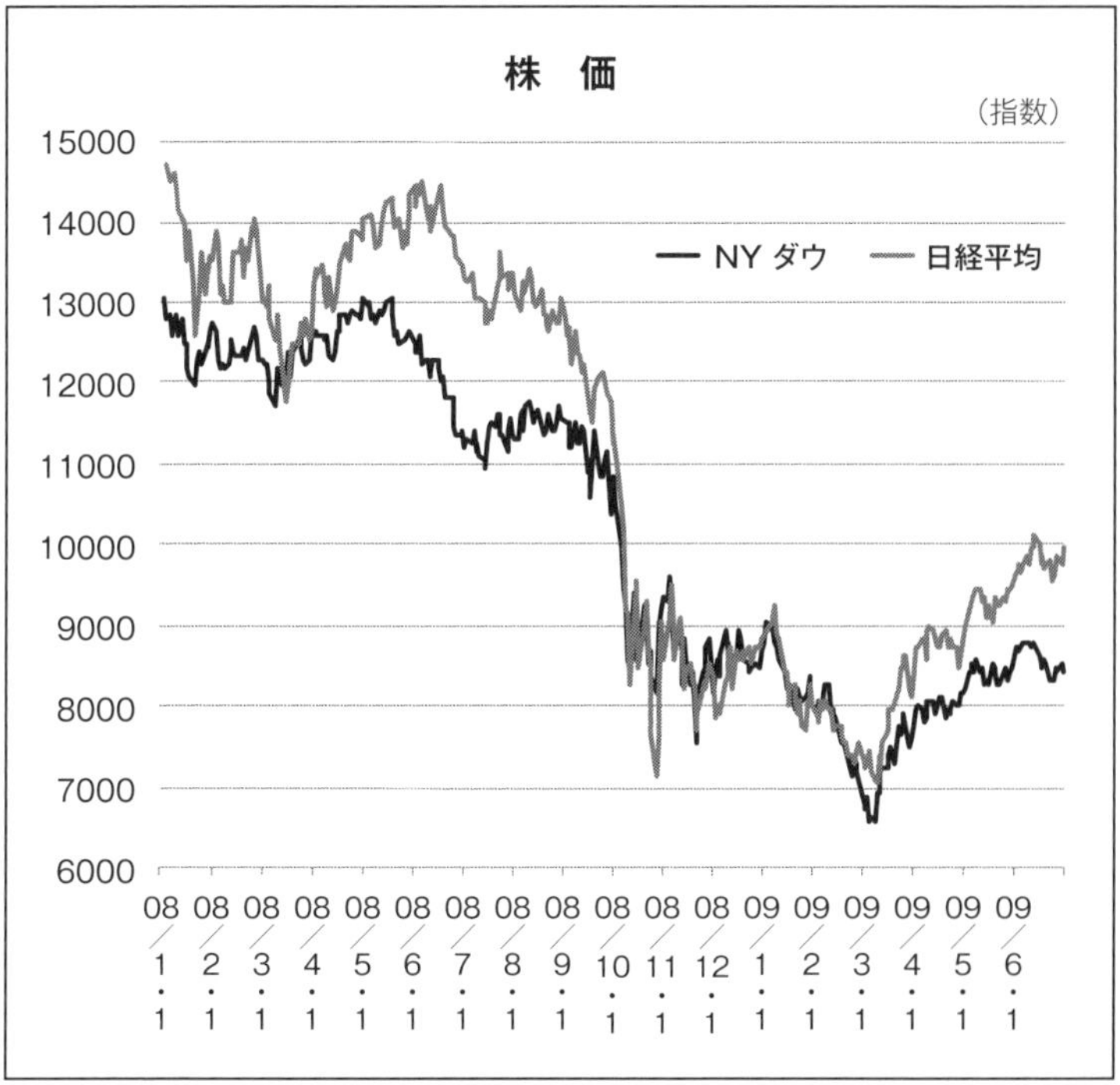

る発言（「口先介入」？）を始めた。欧州時間に入ると、仏中銀を通じた日本による介入（円売りユーロ買い）が実施されたとの噂が流れ、それをきっかけに円安、ユーロ高が進行した。ユーロは一時1・47ドルまで上昇した。その後短期筋のポジション調整と思える動きがあり、結局円は89円台半ばまで戻し、ユーロは1・42程度まで戻すという展開であった。

19日（金）、日銀金融政策決定会合は、政策金利0・2％の引き下げ（0・3％↓0・1％）、長期国債買入増額（月1・2兆円→1・4兆円）、時限的なCP買入実施などを発表した。これは、予想の範囲内と市場では受け止められ、相場に大きな動意はなかった。

同日、米政府は、TARP資金を使って、最大174億ドル（GM＝134億ドル。クライスラー＝40億ドル）のつなぎ融資を行う救済策を発表し、ビッグ3に係る当面の破綻が回避されることとなった。1週間前にTARP活用に言及して以降、調整されてきたものであるが、結局この内容は、前週に議会が廃案とした救済法案の内容と類似したものであった。

なお、本支援のためには、TARP7000億ドルの資金枠のうち、新たに議会の承認が必要な3500億ドルの一部をも活用する必要があり、そのための議会承認は1月に入り進められていく。

翌週は、クリスマスに近づき、市場の動きも鈍った。年内は、円は対ドルで90円を挟み、ユーロは1・40ドル内外で静かに動いた。

さて、我々のこの時期の為替相場への対応について、少し解説しておこう。

12月12日昼過ぎ、ビッグ3救済法案廃案により円が急騰した段階では、市場介入を準備し、省内の調整をした。1ドル88円を切りそうな段階を念頭に置いたが、水準だけでなく円高のスピードも考慮する必要があった。

一方、今回の円高は、米議会の不安定な動きに振り回されたものであり、少し展開をみたい状況ではあった。ユーロ圏当局の立場は明確ではなかったが、ユーロ高の状況でもあり、この時点では介入はしかたないというスタンスであった。

米国は、民主党オバマ政権になるとより保護主義的になるとして、できるだけ介入はやらないほうがいいとしていた。結局円高は短時間であり、米政府によるTARP活用のメッセージ発出とともに、相場は戻っていったため、実際の行動には移らなかった。

17日の米国金融緩和の際は、ドル安（円高）はじりじり進み、嫌な感じであった。米国からは、機先を制して、介入を今やるのは反対であると言ってきた。10月の際と異なり、単独介入は他国を犠牲にするものだとした。米国の経済に急ブレーキがかかり、失業率が上昇傾向にあり、金融の大規模緩和をし、ビッグ3救済をやっている中で、日本が勝手に動かれては困る。

一方、ユーロ圏当局については、依然スタンスが明確でなかったが、前週と異なり、ECBの立場が前面に出てきた様子であった。「今回の局面は円独歩高ではない（ドル安）」こと、ビッグ3救済のさなかに他国による「近隣窮乏化政策」（自国通貨安競争）という政治的雑音が出てくることへの懸念などをあげた。中国人民元が当時元安方向に動いており、日本の介入により中国当局が元安志向を強めることが心配だとした。また、当時ECBは欧州内で追加利下げのプレッシャーを受けており、日本が円安方向に介入すると、ECBへのプレッシャーが高まることも懸念していたようである。

いずれにしても、欧米から日本の介入についてサポートを受けるのは難しい情勢であった。

また、「金融市場の安定」（株価下落や短期市場逼迫との連動を断ち切る対策）のために市場介入をするという名目は使えなかった。

私としても、米国の金融政策変更により相場が動いた場合、それが乱高下的な動きでない限り、市場介入で対抗することは考えにくかった。防戦一方になる恐れがあった。金融政策の変更は、いわば経済ファンダメンタルズの変化であり、それに応じて為替相場の水準が動くことは当然のことであった。ＥＣＢは、当面の政策金利据え置きを憶測させるコメントを出していた。日銀の金融緩和には限界があるようだった。

18日には、意図的に市場を牽制するメッセージを出した。意図的にやったのはこれ１回であるが、当然のことながら、口先介入だと欧米からは内々文句が来た。市場は、10月に出したＧ７緊急声明により、日本が単独でも介入に入る可能性を意識していた。当局サイドのいくつかの動きから、１ドル88円前後が介入警戒感の出るレンジになっていた。

以上を振り返って、10月27日（Ｇ７緊急声明）時と12月後半の背景の違いという視点から、当時の状況をまとめておく。

①株式市場は、10月には、直近５営業日で、ＮＹダウが▲11・８％、日経が▲23％であったのに対し、12月はレンジの中でほぼ横ばいの動きであった。

②金融市場は、10月には、短期金融市場の逼迫感がまだ残っていたが、12月にはドルの過剰感も加わり、逼迫感は相当低下（米ＬＩＢＯＲ・ＯＩＳスプレッドは２・６％台→１・２％

台)、米国債金利は史上最低水準まで低下(10年国債は4%近辺→2%台前半)していた。

③10月は、市場のリスク許容度が下がると米株価が下落、これにつられて円独歩高であったが、12月は、株価への連動がみられず、金融政策スタンスの差異に着目したドル安(円高・ユーロ高)であった。

④10月は、各国が今後景気対策を講じることで足並みが揃いつつあったが、12月は、実体経済が予想以上に悪化しつつあることが判明し、自動車業界ビッグ3救済、米国失業率の上昇や中国での人民元安の動きなど、他国の近隣窮乏化策に対してより神経質になっていた。

4　2009年に入っての動き

2009年に入ってからの為替相場は、落ち着いてきた。ドル円のオプション・ボラティリティーも前年の10月下旬をピークに、かなり落ち着いてきていた。円相場は、前年末の流れを受け、2月前半までは90円台前後の動きを続けたが、2月17日の米国の景気刺激策としての経済対策法(7872億ドル規模)の議会承認や、2月25日の金融当局による「ストレステスト」(資産規模1000億ドル超の19行を対象に資産査定を4月末までに完了し、必要に応じ資本注入)の発表などを受けて、徐々にドルは持ち直し、2月下旬には1ドル97円台まで円安が進行した。さらに、4月2日のG20首脳会合において各国の政策協調(財政拡大、金融規制強化など）の大枠が示された。

日本では、前年2008年のQ2頃から景気が悪化し始めており、累次の景気対策等が打たれていたが、年末が近づくにつれてリーマン・ショックの影響が経済指標に出てきていた。

2月16日に発表されたQ4実質GDP速報値は、前期比年率で▲12・7％であり、欧米諸国よりマイナス幅が大きかった。リーマン・ショックの直接的な影響が相対的に小さいと思われていた中で、意外な数字であった。4月10日には、日本が過去最大といわれる追加経済対策（財政支出規模15・4兆円）を決定した。

4月にかけて、円は対ドルで100円前後まで戻っていった。リーマン・ショック前後にみられた金融市場の不安定からくる極端な「リスク回避」の動きは収まり、市場のボラティリティーもようやく低下をみせ、金融政策の動向や、経済指標によって相場が動くといういわば「通常の状態」になっていった。

この時期の為替相場での特記事項が二つある。一つは、1月21日（水）、円が一時87円10銭（1995年7月19日以来の高値）を付けたことである。この頃は、欧州（特に英国）金融機関の経営悪化懸念、欧州委員会のユーロ圏に係る弱い経済見通し（2009年の成長率は▲1・9％）、スペイン・ポルトガルの格下げ等を受け、ユーロ、ポンド売りが目立ち、円とドルが買われる局面であった。円ドルは89円台後半、ユーロドルは1・30前後になっていた。

1月21日NY時間で2円以上の急激な円高が起きたのは、オバマ新大統領就任翌日である

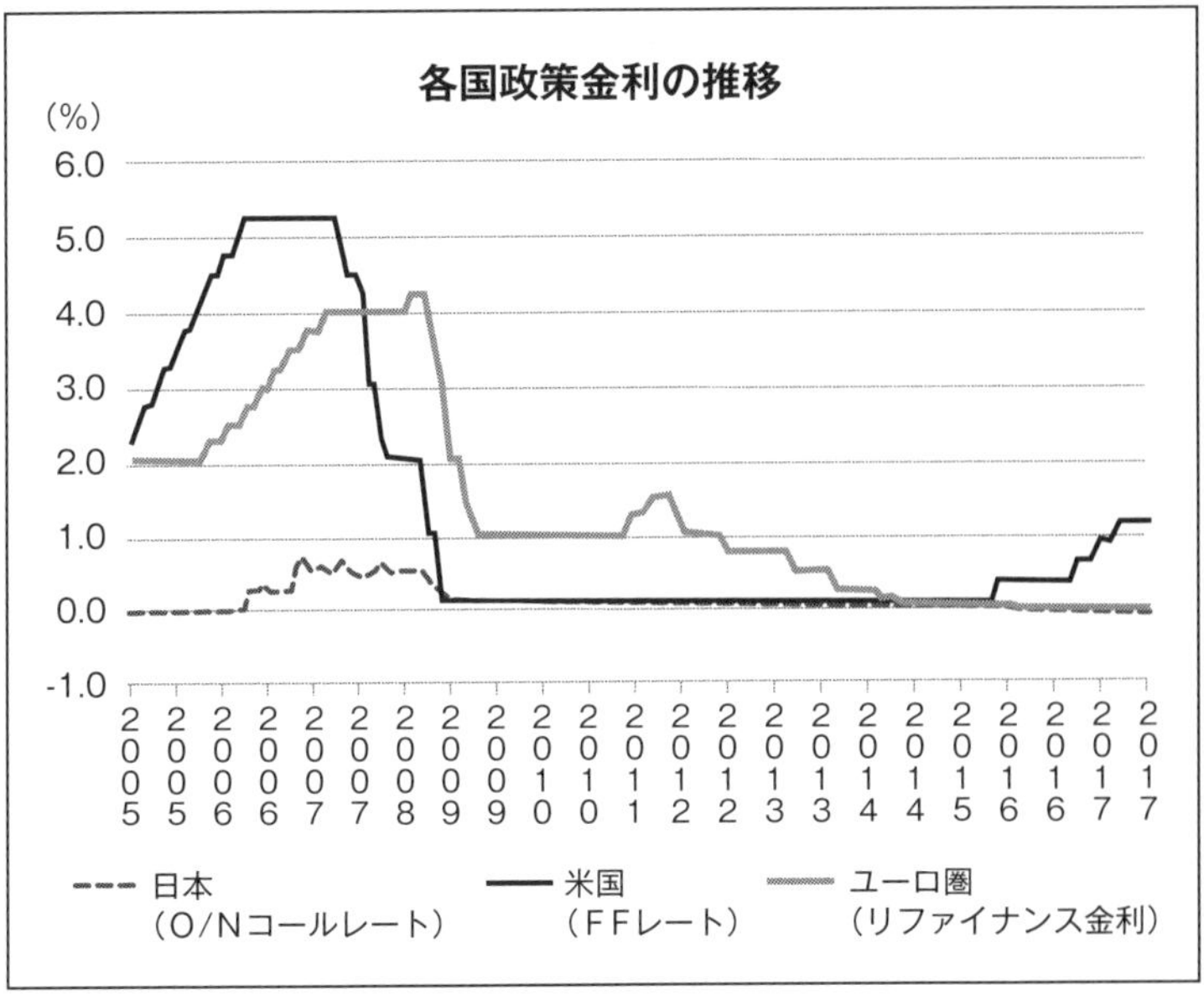

ＮＹ時間午前10時（東京時間22日午前0時）を行使期限、ドル円90円（ドルプット、円コール）を行使価格とする多額のオプション（数十億ドルとの観測）が行使期限を迎え、これまで控えられていたドル売り円買いフローがポジション調整目的で大量に出たことによるとの説明であった。

ＮＹ時間午前11時過ぎには、87円10銭を付けた。しかし、直後には、堅調な米株等を背景に、短期筋を中心にポジション巻き戻しの動きとなり、３時間ほどでドル円は89円半ばまで値を戻した。なにせ東京時間では深夜のことであり、ＮＹ事務所経由で連絡を受けたときはすでに巻き戻しが始まっていた。

もう一つの特記事項は、3月18日の米FRBの量的金融緩和の拡大である。FOMCは、政策金利を据え置き（0〜0・25％）、異例の低金利をかなりの期間維持するとしたほか、量的緩和の拡大を発表した。GSE債購入枠増額（1000億ドル→2000億ドル）、MBS購入枠増額（5000億ドル→1兆2500億ドル）、米国債購入開始（6か月間で3000億ドル）などからなる。

同日、日銀金融政策会合は、政策金利の据え置き（0・1％）と長期国債買入の増額（月1・4兆円→1・8兆円）を発表した。

日米の金融緩和ペースの違いを大きな要因として、円相場は17日の98円台から19日には94円台まで高くなった。しかし、翌週には97〜98円台に戻し、まずは一時的な動きであった。このFRBのQE1強化は、当時の記憶として、依然信用凍結を緩和する側面が強かったものの、ゼロ金利下で景気の先行きへの懸念にどう対応するかという意識が正面に出てきていたと感じる。QE2以降にみられるドル安要因としての認識はあまり強くなかったように記憶している。

最後に、2月14日発表のG7財務相・中銀総裁会議（ローマ）の共同声明のうち、為替関連部分を抜き出してみる。

『我々は、G7以外の世界中の国々の迅速なマクロ経済上の対応を歓迎し、評価する。特に、我々は、中国の財政措置及びより柔軟な為替レートへの移行に対する継続したコミットメントを歓迎する。これらは、実効ベースでの人民元の継続した増加をもたらすとともに、中国経済及び世界経済全体のより均衡の取れた成長の促進に寄与する。

我々は、強固かつ安定した国際金融システムが我々の共通の利益であることを再確認する。為替レートの過度の変動や無秩序な動きは、経済及び金融の安定に対して悪影響を与える。我々は、引き続き為替市場をよく注視し、適切に協力する』

前半の人民元の部分については、「中国当局が人民元の実効為替レートのより速いペースでの増価を許容するよう促す」というのが当時の原案であり、過去数回のG7声明でも使われた文言であったが、米国はこれをよしとしなかった。

オバマ政権になり、中国はもっと巻き込めるというか、対中融和的路線が強く出てきているのは感じていた。ブレイナード新財務次官と話した際も、人民元等の問題について中国とは協力できるだろうという楽観的な雰囲気が極めて強かったのに驚いた記憶がある。当時受けた印象としては、他のG7諸国等と同じ土俵で中国とも話ができるという感覚であった。

中国で為替を担当する中国人民銀行は、政府の一機関であり、国務院の指揮下にある。従って、例えば為替に関するコミュニケ文書を調整する際にも、人民銀行としてオフィシャルな立場は主張できても、その場でポジションの調整を行うことが難しいという問題点があった。

中国当局と話し合うことは重要であったが、なかなか同じ土俵で会話するのは容易でない。

この点、私も欧州勢も懐疑的であった。しかし、米国が新政権となり、結果を出せるというのであれば、あえて強く反対することもない。共同声明については、中国の措置を歓迎するという前向きのトーンに変えられた。

声明の後半部分は、主要通貨の為替に関する文言であるが、これは、前年10月10日のG7（ワシントン）の際に合意したが、簡潔な「行動計画」とするために声明には入れなかったものと同様である。事前の議論の中で、他国からは、通常の為替文書（ベア・スターンズ・ショック前）に戻すべきとの声もあった。

私からは、金融危機後の急激な円高で、実質実効為替レートでみても、前年9月以降の4か月間で30％近く円が増価していることや、これが株価低迷の大きな要因となっており、3月末の金融機関等の決算を控える中で、懸念材料であること等を伝えた。そして、為替についての我々の警戒意識が後退したような印象を与えることがあってはならないと主張した。その結果、10月のリーマン・ショック直後の文言を使ったわけである。各国間で大きな議論はなかった。

4月24日のG7（ワシントン）でも、共同声明の為替部分については、2月の文言を踏襲した。

私が財務官を退任した2009年7月初めの円相場は、96円台で静かであった。FRBの量的金融緩和の本格化などを受けて、円相場が70円台まで高騰していくのは、2年後の2011年夏のことである。

第2章

G20首脳プロセスと日本の貢献

２００８年９月のリーマン・ショックは、すでにみたように、世界的に金融市場の大混乱を招いた。金融危機直後の３か月ほどは、金融市場の安定化をはかるため、中央銀行による大量の流動性供給がなされ、金融機関の信頼性を回復するための財政資金を使った資本注入や金融機関借入の保証などの対応が矢継ぎ早にとられた。その後は、各国経済の急激な減速が認識されていく。いわゆるGreat Recession（大不況）である。

１９３０年代のGreat Depression（大恐慌）が連想され、マクロ経済政策（財政・金融政策）の発動、保護貿易の回避への結束、さまざまな金融規制の見直し・強化、国際金融機関（ＩＭＦや世銀等のInternational Financial Institutions）を活用した支援の強化などの取り組みが進んでいく。各国間の協調の枠組みの中心となったのは、２００８年11月を初回とするＧ20首脳会合である。

1 第１回Ｇ20首脳会合〈ワシントン〉（２００８年11月15日）

Ｇ20首脳会合の枠組みのベースとなったのは、Ｇ20財務相・中銀総裁会合である。この会合は、アジア通貨危機等を契機として、国際金融システムの議論を行うに際しては、Ｇ７に加え、地理的なバランスをとりながら主要な新興市場国を参加させることが望ましいとの認識から、１９９９年６月のケルン・サミットにおいて創設が合意されたものである。

1999年12月に第1回会合（ベルリン）が開かれ、それ以降年1回秋に開催されていた。私自身何回か会合に参加したが、ときがたつにつれ、大臣代理会合や作業部会でのワークショップを年何回か開催するなど、事務的作業量が膨らんでいく一方、テーマは、開発や環境問題等に拡散してきており、あまり実り多い会合とはなっていなかった。一方、議長国の負担は大変であった。

2008年は、ブラジルが議長国であり、11月8、9日にサンパウロで大臣会合を開くべく、さまざまな作業が進められつつあった。

［注］メンバーは、19か国の財務大臣・中銀総裁（G7各国、アルゼンチン、豪州、ブラジル、中国、インド、インドネシア、メキシコ、ロシア、サウジアラビア、南アフリカ、韓国、トルコ）に加え、EU議長国財務大臣、ECB総裁が入り、IMF、世銀も参加していた。

2008年10月11日、ワシントンでの一連の会合の際に、臨時のG20財務相・中銀総裁会合が開かれ、ブッシュ大統領が突然会場に姿を現したことはすでに述べた。その折に、リーマン・ショックへの対応のため、米国主導で首脳レベルでの会議を開くというアイデアがあるという内々の話が米側からあった。私からは、結構なことであるが、G20は多様な国が入っており、国の数自体も多すぎるという話をした記憶がある。

［注］このG7とG20プロセスの関係については、その後何回か、G7Dの会合でも議論に上った。2009年1月の会合（パリ）では、G20と我々（G7）では、民主主義の態様、マスコミとの関係など、かなり隔た

りのある国もあることから、G7がdriving forceになるように注意すべきとの意見が多かった。また、金融市場の問題をG20でやることについては、当面しかたないとしても、今後も中心的役割を果たすことには否定的な議論も多かった。しかし、G20首脳プロセスが確立されると、G7はメッセージを発信する機能を徐々に失っていった。

首脳プロセスになると、日本国内で主導する役所は外務省である。会合の流れについてのその後の詳細な経緯はよくわからなくなったが、10月末の米・仏・EU首脳会議後の記者会見で、G20メンバー国による首脳会議を11月中旬ワシントンで開催することが発表された。「金融・世界経済に関する首脳会合」とのタイトルであった。

11月14日夜、ホワイトハウスでのレセプションに始まり、15日には、午前のセッションからワーキング・ランチまで、国立建築物博物館で首脳会合が開かれた。参加国は、G20メンバー国(19カ国)に加え、EU(欧州委員会、オランダ、スペイン)、国連、IMF、世銀、FSFであった。オランダ、スペインの参加は、フランスの差し金によるものだった。

こういう国際会議になると、欧州勢(特に英仏)は暗躍する。各国からは、首脳と財務大臣がメーンテーブルに着き、あと2人がバックシートに座る(日本の場合、小田部外務審議官と私)という構成であった。

ブッシュ大統領は、終始上機嫌であった。大統領任期のフィナーレを飾るいい出番だという感じがあったのかもしれない。ホワイトハウスでのレセプションでは、首脳だけでなく、閣僚や我々出席者全員と楽しそうに握手を交わし、本会合の場でも、頻繁に陪席者等と無駄口を叩いていた。

首脳会合では、金融危機発生の原因、各国のとってきた措置や今後の政策方針、金融機関への規制・監督の原則・優先度の高い対応策などについての議論が多かった。

印象に残っているのは、①世界経済の減速の中で景気刺激策が必要とする意見が多かったこと、②金融監督における各国協調の必要性を唱えつつ、過剰規制を回避すべきとの声（欧州の一部）がすでに出ていたこと、③保護主義に対抗すべきというほぼ一致した意見表明があり、またＷＴＯドーハラウンド交渉を早急に進めるべきとの声が多かったこと、④ＩＭＦ等の国際金融機関（ＩＦＩｓ）について、途上国の発言権向上、資金基盤の確保の必要性を述べる国が多かったこと、などである。

特に途上国の首脳からは、今次金融危機に責任のない国々が、信用収縮の中で困難に陥っており、国際機関や先進国の支援を求める声が多く上がった。

首脳会合の宣言作りに向けて準備する時間はほとんどなかった。従来からＧ７で議論されていたこと、ＦＳＦで前年から作業が進んでいた金融規制見直しの作業をベースにして、米国が会議の宣言案を作り、各国がコメントするというあわただしい作業であった。

参加国が多く、宣言作りは雑然としていたという印象しかないが、こうした作業の中で、各国間で意見の相違点が多かったという記憶は残っていない。いわば、今後の課題について整理したものであったからである。新興市場国からは、自らの発言権を強めるチャンスであるという観点からのコメント（国際機関のガバナンス改革）が多かったように思う。

［注］金融規制見直しについては、前年のG7からの要請に基づき、FSF（金融安定化フォーラム）が、金融市場混乱の原因分析・再発防止策を提言した報告書を、4月のG7会合に提出しており、世界的に活動する金融機関ごとの監督当局間グループ（監督カレッジ）の設置等を提言していた。また、10月のG7には、フォローアップ報告を提出し、既存の監督・規制の外にある業態・商品等についての監督等の見直しなどに触れていた。

首脳宣言の内容については、公表されている宣言文を読んでいただくのが最もよい。概観すると、「今次危機の根本的な原因」「とられた措置及びとるべき措置」「金融市場の改革のための共通原則」「閣僚及び専門家への指示」及び「開放的な世界経済へのコミットメント」という五つの項目からなっている。

「とるべき措置」の中には、「財政の持続可能性の維持に資する政策枠組みを確保しつつ、状況に応じ、即効的な内需刺激の財政政策を活用」することや、「IMFや世銀等国際金融機関の十分な資金基盤の確保」などが盛り込まれた。

また、「金融市場の改革のための共通原則」が、今後G20が作業していくにあたっての共通原則といえるもので、①透明性及び説明責任の強化、②健全な規制の拡大、③金融市場における公平性の促進、④国際連携の強化、⑤国際金融機関の改革、からなっていた。

①から④は金融市場の透明性や金融機関規制の強化、各国間の規制の整合性（例えば監督カ

レッジの設立）など、いわば金融規制がらみであった。⑤では、途上国の発言権の拡大やFSF参加国の新興市場国への拡大など、新興市場国の関心の高いガバナンスがらみの事項が中心であった。

これは先の話になるが、この「共通原則」に基づいて、四つのG20作業部会が設けられ、2009年4月の第2回首脳会合に向けて、報告書をまとめていくことになる。四つの部会とは、「金融規制の向上及び透明性の強化」「国際連携の強化・金融市場の公正性の促進」「IMF改革」及び「MDBs改革」である。

なお、首脳会合で私の記憶によく残っているのは、実は第2回の首脳会合の開催地の件であった。外務省を中心に、第2回を東京で開催するよう各国に根回しをしており、首脳会合の場で次回は東京でと発言した途上国もあるなど、ある程度各国のサポートが得られるような雰囲気であった。

一方、英国のブラウン首相はロンドンでの開催を譲らない。G20財務大臣プロセスの2009年の議長国は英国であることが決まっていたことも背景にあろう。そこで、首脳会合中の休憩時間中であったが、日英両首脳のみの短い会談が持たれ、第2回は英国で行うことで合意したとのことであった。

G20首脳会合は、第3回が2009年9月に米国（ピッツバーグ）、第4回が2010年6月にカナダ（トロント）、第5回が2010年11月に韓国（ソウル）となり、それ以降は年1回の開催となる。2010年11月（第5回）の韓国開催は、G20財務相プロセスの議長国としての開催であった。

実は、2007年の半ばだっただろうか、私と韓国のシン次官との間で、2010年のG20財務大臣会議の議長国をどちらがやるか話をしたことがある。当時はまだ首脳プロセスの話はまったくなく、G20財務プロセス自体がマンネリ化していたため、日韓でいわば押し付け合いをしたのである。私は国際局の面々に議長国を受けてよいかどうか聞いたのだが、その年は日本がAPECの議長国となることがもう決まっていたことを理由に断ろうということになり、2010年のG20財務相会議議長国は韓国になっていた。

後日、シン次官からは、G20首脳会議をソウルで開くこととなり大変な騒動となったのは私のせいであるとして、冗談半分の嫌味を言われた記憶がある。

2　IMFへの1000億ドルの融資枠供与

リーマン・ショックが起きた直後の2008年9月26日、わずか1か月あまりで伊吹大臣は交代し、中川氏が大臣に就任した。この頃から、今回のリーマン・ショックに対応する日本の貢献策を何か打ち出せないかという検討を始めた。

そうはいっても、問題の震源地は米国であり、そこに直接手を出すのは難しい。わずか1か月前には、米国のＧＳＥ危機に際し、米国側からのＭＢＳ買入れ打診に応えて日本の貢献を大々的に宣伝する機会があった。ＧＳＥはすでに米政府の管理下にあり、その保証のついたＭＢＳを購入することは、外貨準備の運用として可能であった。

しかし、これを利用しなかった背景には、米国に元凶があるのにそれを助けるのは不愉快であるという感覚が省内の一部にあったのと、国民の税金を米国債等に比しリスクのあるＭＢＳ買入れに使うのには慎重であるべきという考えがあった。

いくつかの案のうちに、国際貢献として国内的に説明がやりやすく、かつ大ぶりなものとして、日本のＩＭＦに対する貸付があった。ＩＭＦの資金基盤は、加盟各国からの出資（クォータ）であるが、そのときどきの事情で、ＩＭＦはさまざまな借入のスキームを設け、資金基盤の補充に充ててきた。

古くは、１９６２年のＧＡＢ（一般借入取極）があった。１９６０年代、欧州主要国がＩＭＦ協定８条国に移行するに伴い、国際収支の変動が大きくなり、ＩＭＦへの資金支援の要請が大きくなると予想されたことを背景に、Ｇ10諸国（米・独・日・英・仏・伊・加・蘭・ベルギー・スウェーデン）とＩＭＦの間で借入取極が結ばれた。また、ＮＡＢ（新規借入取極）が１９９８年に創設された。これは、１９９０年代のメキシコ危機等の発生を教訓に、参加国を26か国（Ｇ10を含め）に拡大したものであった。

また、１９７４年には、当時の石油ショックを背景に、オイル・マネーの還流をはかるオイル・ファシリティーを設け、主としてサウジアラビア、イラン等からの借入を行った。その後も、加盟国からの借入取極はいくつか続いた。

日本独自のものとしては、1986年の「宮沢提案」があった。途上国の直面する国際収支困難に鑑み、IMFの資金ポジションを強化しようということで、30億SDRの貸付を行った。

2008年当時、IMFは、数年間続いたグレート・モデレーションの中で、いわば失業状態にあった。IMFに救済プログラムを申し込む国はほとんどなく、貸付に伴う金利収入が激減する中で、自らのリストラ（人員削減等）を進めていた。貸付可能資金は2000億ドル強と高い水準であった。

一方、金融危機を受けて、ハンガリー、アイスランド等欧州の周辺国ではIMF支援を求めようという動きが秋口から出始めていた。従って、日本がIMF資金基盤充実のための貢献を唱えても、さほど違和感のない状況には至っていた。また、IMFへの貸付も外貨準備から行うものではあるが、前例もあり、米国のMBS買入の際のような与信リスクを考える必要はなかった。

その際、私は二つのことを考えた。一つは、IMF増資による発言権の拡大である。日本は、IMFにおける発言権を引き上げるべく、長年苦労してきた。2008年4月に合意した特別増資においても、新興市場国とともに日本はクォータ・シェア（発言権）拡大を確保していたが、増資発効のための各国議会承認の動きは極めて遅かった。特に、米国議会の承認等は遅々として進まず、最終的に発効するには２０１１年３月まで待たなければならなかった。また、その次のクォータ見直し作業（第14次増資）も、ＩＭＦガバナンス改革の中で進めていく必要があった。日本の貢献策をこれへの誘導剤としたい気持ちがあった。

もう一つは、これを日本だけのイニシアティブにすることへの抵抗感である。従来、日本の国際貢献策は、国内対策的な面が強く、打ち出したら終わりという面が否定できなかった。何とか、他の国も参加するマルチのスキームを日本が主導するという形にもっていくことが、真の日本の国際的貢献として望ましいと思えた。

まず、２００８年10月６日のＧ７財務大臣代理テレコンで、私から、国際金融システムの安定のためにＩＭＦが積極的な役割を果たすべきであり、欧州小国や新興国を対象とした特別ファシリティーをＩＭＦに作ることを提案したいと考えている旨を説明し、各国に簡単な構想メモを送付した。

メモの中で、日本がＩＭＦに資金貢献する用意があるとしたほか、各国からの協力も必要と書いておいた。各国とも検討してみるとのことであったが、なにせ危機の真最中であり、各国が具体的な検討に至るには時間がかかると思われた。

10月10日のＧ７財務大臣会合の際は、中川大臣から「アジア通貨危機の教訓を踏まえ、今回の金融危機に積極的かつ柔軟に対応すべきであり、そのために必要であれば、日本からＩＭＦに対する資金支援を行う用意がある」旨を発言した。

11月14、15日のG20首脳会議を前にして、引き続き各国との意見交換を進めた。この時点では、構想に反対する国はなかったが、独などは、ＩＭＦの融資財源は潤沢であり、補充する必要があるか疑問であるといった意見を出していた。米国は、よい構想であるが、米国としてＩＭＦに新たに拠出をコミットするのは現政権では無理であり、新政権の誕生を待たなければならないとした。

当然のことながら、ＩＭＦ事務局は大変に乗り気であり、マルチのスキームにどうやって乗せるか内々議論を始めるとともに、日本とのバイの融資取極をまず締結すべく、準備を始めていった。

G20首脳会議の場では、麻生総理から、14日のワーキング・ディナーの冒頭で、「金融危機に対処するうえでのＩＭＦの積極的役割、特に、①新興国・中小国への支援、②早期警戒機能の強化、が重要と指摘し、各国がＩＭＦに対する出資を倍増することを提案。一方増資の実現には時間が必要であり、それまでの対応として日本としてＩＭＦに最大１０００億ドルを融資する用意があること、産油国を含めた各国からもこうした形での協力を期待する」旨の発言を行ってもらった。いくつかの首脳（特に新興国）からは、日本の提案を評価するとの意見が出された。

これに先立ち、11月13日の日本経済新聞は朝刊一面トップで、「外貨準備から10兆円」の途上国支援策として、ＩＭＦ強化のための日本提案を大きく報道した。日本の国際貢献に関する国内対策としては、十分に目立つ扱いとなった。しかし、首脳会議後の外国プレスの扱いは大きくなかった。他の国をも巻き込んだ枠組みを、もっと丁寧に説明していく必要があると感じていた。

例えば、２００９年1月14日のＧ７Ｄ会合（パリ）でも、私はこの話を持ち出したが、各国の立場に大きな変化はまだみられなかった。米国は、ＩＭＦのリソースは現状で十分ではないか、と言った。英国は、現金が必要でないとしても、contingencyとして用意しておくことはＩＭＦへの市場の信頼を維持するうえで重要だと当方をサポートした。仏は当方に同調したが、独は米国と同じようなことをぶつぶつと言っていたと記憶している。

２００９年2月13日、翌日のＧ７財務相・中銀総裁会合（ローマ）を前に、中川大臣とＩＭＦストロスカーン専務理事の間で、日本のＩＭＦに対する１０００億ドルの融資枠取極について署名が行われた。専務理事は声明を発表し、「日本政府の支援に心より感謝する。日本のリーダーシップと、世界経済並びに国際金融が直面している問題に解決に向けた多国間協調主義のアプローチに対する、日本の継続的なコミットメントを明確に示すものである」と評価した。

また、翌日のＧ７会合の場でも、専務理事は、新興市場国が深刻な資金難に陥りつつあり、ＩＭＦのニーズが大幅に増加しているとし、日本のリーダーシップを評価するとともに、他国が追随することで、今後資金量が増えることを期待すると発言した。大臣会合では、支援額について各国からの発言は特段なかったが、事前の代理会合では、欧州内で何らかの貢献を発表すべく議論をしているとの話が寄せられた。

その後の展開に若干触れておく。まず、3月11日、米ガイトナー財務長官は、13日からのG20財務相・中銀総裁会合（ロンドン近郊＝サウスロッジ）を前にして声明を発表し、その中で、「NABの拡大を通じてIMFの資金基盤強化を支持すべき。また、NAB参加国をより多くのG20諸国を含む形に拡大することが考えられる」とした。

米国は、バイでの融資は議会との関係もあり困難として、NABを活用した貢献（1000億ドル）の形を選好していた。新政権誕生直後で私の米財務省でのカウンターパートもまだ議会承認されておらず、米側と十分に打ち合わせる余裕はなかった。

3月20日から4月初めにかけて、EU（750億ユーロ）、ノルウェー（45億ドル）、カナダ（100億ドル）、スイス（100億ドル）がバイの融資を表明した。また、中国は、国内法上の制約から、バイの信用供与ではあるものの、貸付という形態でなく、IMF発行債券の購入（500億ドル）という形をとることを選好していた。

このように各国それぞれが事情を抱える中、4月2日のG20首脳会議（ロンドン）では、各国からのバイ融資等の貢献を既存のNAB（340億SDR）に組み入れること、すべてのG20諸国（中国等のNAB未参加国）を含む拡大NABとすること、各国の支援意図表明等をかき集め最大5000億ドル増額することで合意した。当時のIMFの貸付余力は2500億ドルとされており、その資金基盤を7500億ドルへと3倍増とするという説明となった。

また、拡大NABには、中国、ブラジル、ロシアなど、これまでNABに参加していなかった国も参加してもらうことから、ＮＡＢの取極（発動要件等）を見直すこととなった。そこで、４月以降、ＩＭＦで拡大ＮＡＢ参加国による会合（ＮＡＢ会合）が日本を議長として何回か開かれ、１年後の２０１０年４月12日には、ＮＡＢの増加と取極改定について、ＩＭＦ理事会で承認された。日本のシェア（ＮＡＢ発動等の発言権）は18％程度と第１位となった。

［注］ＮＡＢ参加国の国内手続きを経て、ＮＡＢ増額。取極改定が発効したのは、２０１１年３月であった。中国、ブラジルを含む13か国がＮＡＢに新規参加をし、信用供与総額は、３６７５億ＳＤＲ（５７６０億ドル）となった。

私は２０１０年３月にはＩＭＦ副専務理事に就任していて、この拡大ＮＡＢ取極を承認するＩＭＦ理事会で議長役を務めた。私は、２００９年７月初めには財務省を退任しており、ＮＡＢ会合における取極交渉の中身をフォローしていなかったことから、この理事会での議長役は億劫なものであった。

なぜなら、ＮＡＢ会合で事務的に合意されたＮＡＢの発動要件（ＩＭＦがＮＡＢ資金を活用できる要件）の一つに、ＮＡＢ参加国のシェア85％の賛成が必要というものがあったからである。ブラジル、中国等いわゆるＢＲＩＣＳのシェアの合計が15％を上回っていたことから、ＢＲＩＣＳが結束するとＮＡＢ発動の拒否権が生じてしまう。

このほかにも、ＮＡＢの発動にはいくつかの制約があり、取極改定の交渉の中で、新興市場国の発言権を強めようとするブラジルの強引な主張が入り込んでしまっていた。その後のＮＡ

B発動（いわゆるactivation）のたびに、理事会議長役として面倒な思いをすることとなった。

［注］IMFにおける投票権は、国連機関のような1国1票方式でなく、経済力の大きな国に大きな出資を求め、それに応じた発言権を与える仕組みになっている。協定改正等の重要案件には85％の特別多数決を必要とした（米国のみが15％超のシェアを持ち拒否権を有する）が、通常の融資案件等は50％の単純過半数で決められた。NABの場合も、貢献額に合わせた発言権を与えるという仕組みであったが、発動要件はシェアの85％で合意していた。

さて、この1000億ドル資金貢献についての印象を振り返ってみると、まず、2009年2月のG7会合（ローマ）でIMFと取極を交わした際が、海外向けには貴重なアピールの場であったし、IMF側も同調してくれていたのだが、その機会をうまく活用できなかったのは残念であった。

一方、ロンドン首脳会合（第2回）に際し、NABの拡大という形でバイの融資を組み込んでいったことは、当初「特別なファシリティー」として日本のイニシアティブであることの形跡を示そうと考えた当方の思惑どおりにはいかなかったが、これは私の思慮不足である。

しかし、各国の資金拠出への法的事情等が異なる中で、何とか大きなものをまとめようという各国やIMFの努力があった。マルチのスキームに向けて日本が先導できたということで、よかったのではないかと思う。各国からの評価も高かったと感じた。

拡大NABが承認された時期には、すでにギリシャ危機、それに続く欧州金融危機が表面化していた。当初想定していた米国発金融危機への対応としての欧州小国や新興市場国への支援の必要性という名目を超え、ＩＭＦの資金基盤としての拡大ＮＡＢの必要性はむしろ高まっていった。

［参考］私のＩＭＦ副専務理事としての所管の一つはＩＭＦの増資を含むファンディングの問題であり、ＮＡＢ等の運営についても、理事会の議長役として調整にあたることとなった。簡単に、その後の動きをまとめておく。

拡大ＮＡＢは、ＩＭＦ一般増資までのつなぎであるという性格は生き続け、２０１１年12月のＩＭＦ理事会決定で、第14次増資が発効する際には、増資相当分のＮＡＢの縮減（roll back）を行うことで合意した。しかし第14次増資の発効は、米国議会での承認がなかなかできないことから予想以上に手間取り、２０１６年１月となった。増資発効に伴うＮＡＢ縮減により、ＮＡＢの総額は、４０００億ＳＤＲ弱から２０００億ＳＤＲ弱となった（日本の信用供与額は、６６０億ＳＤＲ〈約１０００億ドル〉→３３５億ＳＤＲ）。

また、欧州金融問題が深刻化する中で、２０１２年、ＩＭＦは拡大ＮＡＢに加え、さらに各国からバイの資金協力を求めた。日本は、ＩＭＦに対し６００億ドルの融資枠を表明、各国の貢献と合わせ約４０００億ドルのバイ融資枠の束を設けた。各国の貢献額は、各国のＮＡＢ縮減（roll back）予定額にほぼ応じたものとなった。このバイ融資の束は、ＩＭＦの資金基盤としては、出資額、ＮＡＢ資金枠に次ぐ、第三線準備としての性格を持つものとなった。

3　Ｇ７財務相・中銀総裁会合〈ローマ〉（２００９年２月14日）

２００９年２月のＧ７会合は、オバマ新政権下で、ガイトナー米財務長官が初めて参加した

G7であった。また、前年11月のG20首脳会合以来初の国際的会合の場であった。会合の議題は、世界経済情勢、金融市場、国際金融機関改革が主たるテーマであったが、直近の経済情勢に関する議論に時間の大半を費やした。

先進国経済には急ブレーキがかかっていた。まだ正確な統計は出ていなかったが、2008年Q4のGDP(前期比年率)は、欧米で▲6%程度、日本が▲12%程度と思われた。IMFの当時の推計によると、2009年の成長率は、各国の景気対策等もあり、同年後半には景気がある程度持ち直すとの前提で、先進国全体で▲2%(米国▲1・6%、日本▲2・6%、ドイツ▲2・5%など)というマイナス成長を予想していた。世界経済全体の成長率も、2007年の5・2%から、2008年3・4%、2009年0・5%と減速していくと見込んでいた。

バーナンキFRB議長は、米国住宅価格はピーク時から4割下落し、自動車生産は通常の3分の2程度、失業率は5・0%から7・6%へと上昇、350万人の職が失われているとし、金融の緩和、銀行への資本注入や各種の金融市場対策について説明した。

ガイトナー長官は、1月15日に民主党が発表した8250億ドルに上る経済対策をベースにした景気対策法が近々議会で成立する旨を説明すると同時に、中期的に財政赤字を削減するための財政見通しを出すとした。

[注]2月17日、今後10年間で7872億ドル規模の景気対策法が成立。2月26日、2010年度予算教書を発

表し、２００９年度の財政赤字は▲１兆７５２０億ドルに達すると見通し、大統領任期終了時（今後４年間）までに財政赤字額を半減させる目標を示した。

欧州では、トリシェECB総裁が、累次の利下げ等について説明し、さらなる利下げの可能性もあるとした。独シュタインブルック財務相は、２００８年11月、２００９年1月と2回の景気刺激策（計１０００億ユーロ）、仏・伊などを含むユーロ圏全体では２０００億ユーロを超える景気対策を進めているとし、ドイツは十分にやっているのだと説明した。「ケインズ的に考えろ」といわれているが、一部の国では財政赤字が6～9％にも達しており、もはや大規模な財政出動を行うより、財政の持続可能性を心配すべきであるとしていたのが印象的であった。

中川大臣は、日本の場合、金融システムは棄損していないが、実体経済は悪くなっているとして、２本の補正予算と１本の当初予算を議会で議論しているさなかだと説明した。２００８年8月、10月、12月に閣議決定された経済対策（対策規模計75兆円、うち財政措置12兆円）である。

また、中小企業金融対策として、保証や貸付規模の拡大やCP買取スキームの開始等を説明した。白川日銀総裁から、政策金利の引き下げ、長期国債買入増額、CP買入、金融機関からの株式買入再開等の実施を説明した。また、中川大臣からは、IMFへの１０００億ドル融資枠のほか、アジアの貿易金融支援を行い、保護主義に対抗していくとして、各国も協力してほしいと述べた。

ＩＭＦストロスカーン専務理事は、先進国から始まった成長鈍化は、今やglobal recessionに達している。新興市場国が深刻な資金難に陥りつつあるとし、日本が１０００億ドルの融資を約束してくれたことは大変評価しており、他国が追随することを期待するとした。

議論はさまざまな方向に行ったが、独に加え、英や加も、当面の財政出動とともに、中期的な財政の持続可能性を示す必要性を訴えていた。また、全体として、保護主義的な措置が一部でみられる中で、保護主義には反対していかねばという強い意思表示が多くの参加者から聞かれた。

会合自体は14日午後1時半頃、共同声明を採択して無事終了した。その後の出来事については、私は大臣周りの仕事はしていなかったので、私自身直接知りえた部分はないが、記者会見は対外的にアピールする場であっただけに残念なことになってしまった。いわゆる「朦朧《もうろう》会見」である。

Ｇ７会合の会場にて（2009.2 ローマ）

当時これに関わった人は、押しなべて不幸であったと思っている。２週間ほどしてからだったろうか、財務省の廊下で、ローマに同行出張していたある女性記者とたまたま立ち話をした際、このときの話題に及んだとたん、彼女が急に涙を流し始めたことがあった。

4 Ｇ20財務相・中銀総裁会合〈ロンドン〉（３月14日）

日本からは、与謝野財務大臣が初参加、日銀からは西村副総裁が参加した。従来のような単独の会議ではなく、４月のＧ20首脳会合に向けての準備会合の性格を持つようになった。会議全体には触れないが、若干印象に残っている話に言及しておく。

一つは、財政出動による景気刺激策についてである。

ＩＭＦの経済見通しは、時とともに悪化を続け、この時点では、２００９年の成長率は、先進国全体で▲３・２％（米国▲２・６％、日本▲５・８％、ユーロ圏▲３・２％）とかなり弱気なものになっていた。

ガイトナー長官は、Ｇ20会合を前にした声明（11日発表）の中で、「ＩＭＦは、世界全体で２００９、２０１０年の各年において対ＧＤＰ比２％の財政出動を求めており、これは各国が取り組みを進めていくうえで合理的な基準であるといえる」としていた。

［注］ＩＭＦの当時の試算では、Ｇ20諸国の裁量的財政措置の規模（対ＧＤＰ比）は、Ｇ20全体で２００９年が１・８％（うち米国２・０％、ＥＵ１・０％、日本１・４％）、２０１０年が１・３％（うち米国１・

8％、EU0・8％、日本0・4％）であった。なお、中国は前年末に発表した大規模景気対策により、2009年が3・2％、2010年が2・7％であった。

13日夕に、与謝野大臣とガイトナー長官の面会が行われた。大臣は、「現下の経済状況に対し、財政出動による景気刺激が重要なことに賛成する。昨日麻生総理が追加の経済対策を作成するよう指示を出した。何％になるかは今話せないが、対GDP比で2％をはるかに超えることになると思う。自分は、財政タカ派といわれているが、もう少し寛大にならなければいけないと思っている」旨説明した。

ガイトナー長官は、危機のときはアクセルを踏まないといけないとしつつ、「2％はG20全体としてのベンチマークであり、各国に数値目標にコミットせよというものではない。その国の不況の深さや、政策対応の余地の大きさによって決まってくるもの。ただ、一緒にやったほうがより強力になる」と応答していた。

G20の本会合では、米国が大規模な対策を迅速に打ち出すことを重視するのに対し、独、仏はこれまで大きな対策を打ち出してきたので、当面はその効果をみるべきとのスタンスの違いがあった。日本からは、累次の経済対策に加え、さらなる対応策の検討が始まっていることを発言した。

議論の結果、G20声明は、「財政拡大が死活的に重要な支援を与えており、成長回復のために必要な規模の継続した努力を行う」とした一方、「成長の回復と長期的な財政の持続可能性

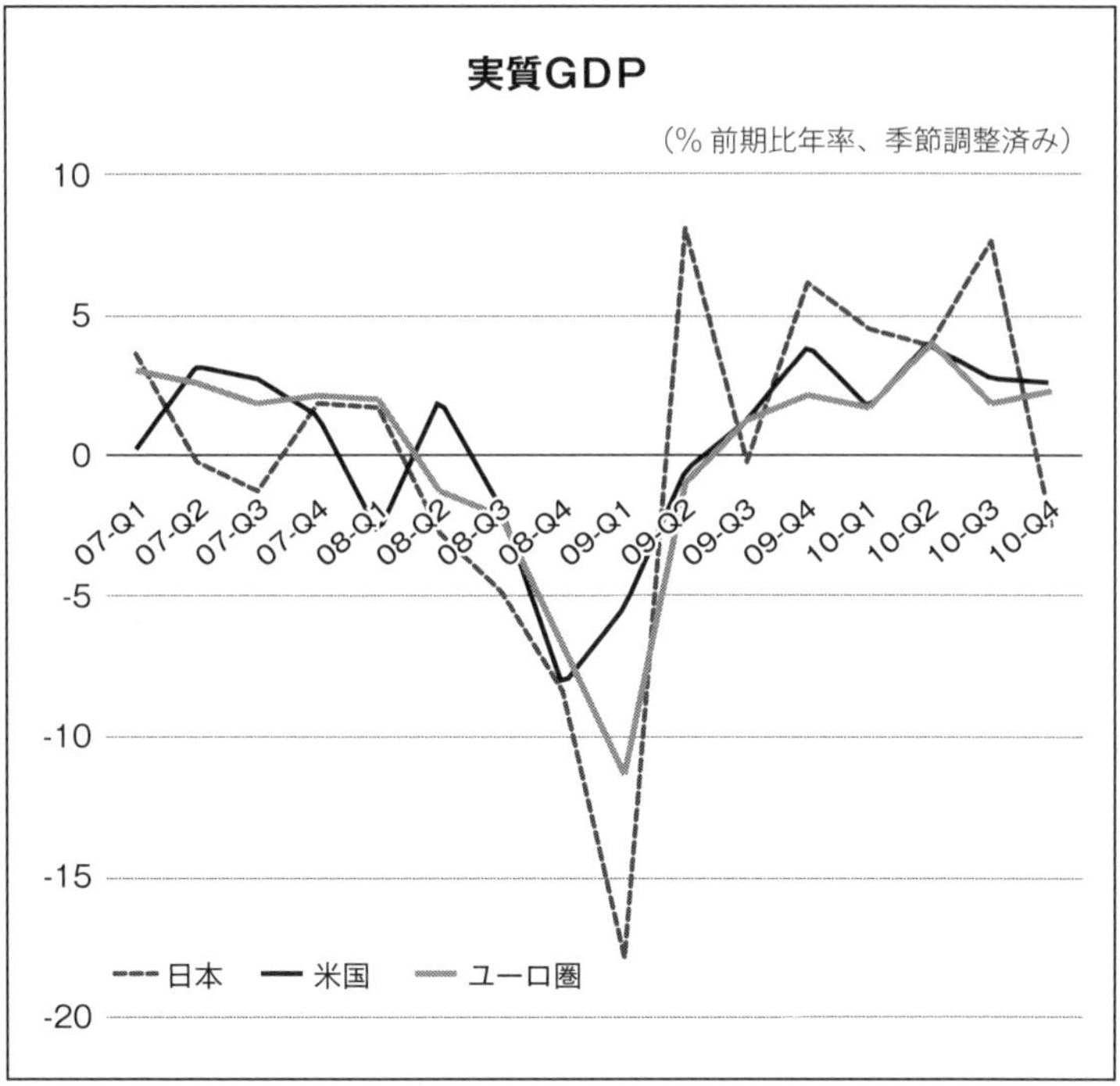

を確保する」とうたい、いわば折衷的な表現となった。

もう一つ印象に残ったのは、銀行の自己資本比率規制に関する問題であった。金融規制の再構築については、4月の首脳会議に向けて、作業部会等でさまざまな議論が進んでいた。その中で、一部の国々は、最低自己資本比率の引き上げを主張していた。

日本（金融庁）は、①今回の金融危機は、証券化商品等についてリスク評価が不十分であったことが原因であり、最低比率が低かったためではない、②現時点で引き上げを打ち出すことは、銀行の信用収縮を起こし、実体経済の悪化、さらには銀行健全性の悪化につながる恐れがある、と主張してきた。

本会合では、この「景気循環増幅効果」(pro-cyclicality) の恐れについては、金融規制全体の話として、下手に抑制するとデフレ的な効果が出かねないので慎重にすべきという意見が思いのほか多かった。声明では、「好況時における資本バッファー積み増しやレバレッジを抑制する措置などにより、金融規制が経済循環を増幅するのでなく、抑制するようにすること。ただし、回復が確実になるまで、所要自己資本を変更しないことが死活的に重要」とまとめられた。

なお、この会合では、IMFの資金基盤の増強の必要性、ADBの200%増資について合意したほか、FSF（金融安定化フォーラム）のG20への参加国拡大について12日にFSF会合で決定がなされており、それを歓迎した。

[注] FSFは、1999年4月、主要金融市場間の当局者の協力により、システム上のリスク軽減をはかることを目的としてG7により設立され、豪、香港、蘭、シンガポール、スイスのほか、IMF、世銀やバーゼル委の代表等で構成されてきた。G20首脳会合（第1回）では、新興市場国から参加の要請が強くなされた。2009年4月、G20の新興市場国に拡大することで、FSB（Financial Stability Board＝金融安定理事会）となった。

5 第2回G20首脳会合〈ロンドン〉（4月2日）

２００９年４月１日から２日にかけて、第２回のＧ20首脳会合（ロンドン）が開かれた。出席したのは、Ｇ20の19か国以外では、タイ（ＡＳＥＡＮ議長国）、エチオピア（ＮＥＰＡＤ議長国）、チェコ（ＥＵ議長国）、ＥＵ（欧州委員会、オランダ、スペイン）、ほか国際機関であった。首脳クラスだけで30人余、財務大臣が入ると50人規模の大きな会議であった。

１日の夕食会は首脳のみの会合、２日朝食会は１時間半程度だったが、これも首脳のみの会合、その後の本会合は財務大臣も同席して行われたが、ランチを挟んで４時間程度の会合であった。私が陪席したのは、財務大臣が出席した部分のみであるが、会合での議論についての記憶はあまり残っていない。

全体会議の午前の部では、金融監督・規制見直しと国際金融機関の強化の件が話し合われ、午後の部では主としてコミュニケの文言の一部について議論が交わされた。金融監督及び規制の強化については、ほとんど議論が交わされなかった。技術的な面が強かったことが主因であろうが、先進国間ではＦＳＦなどを通じて詰めた議論を展開してきた一方で、新興国側としては、これから金融規制の問題にどう対応していこうかという段階であったためであろう。

発言が多かったのは、Ｇ７以外の新興国のメンバーとＩＭＦやＷＴＯといった国際機関の長であった。朝食会では、ブラウン英首相の議長のもと、麻生総理が最初に発言し、財政出動の重要性（4月末までに新たな経済対策を策定）、新興国や途上国への必要な流動性供給（IMFへの1000億ドル、NAB増額、30億ドルの緊急財政支援円借款、ADB増資など）で、各国と手をつないで経済危機を乗り越えていきたいと発言したとのことであった。

時間がかかったのは、首脳会合の準備段階である。ワシントンでの第1回首脳会合を受けて、四つの作業部会が設けられ、①金融規制の向上及び透明性の強化、②国際連携の強化・金融市場の公正性の促進、③IMF改革、④MDBs改革、についてそれぞれ年明けから専門家が集まり、報告書の作成作業が行われた。

その報告書を受けて、ロンドン首脳会議では、その成果物として、首脳コミュニケ及び二つの付属文書（金融システムの強化に関する宣言、国際金融機関を通じた資金供給に関する宣言）がまとめられた。

私は、首脳会合が始まる2日前に現地入りし、首脳コミュニケのドラフティングの作業に関わったわけであるが、大変な混乱ぶりで、G7財務プロセスの粛々とした作業（全参加者の合意を得ようとする努力）とはまったく異なったものであった。

首脳会合の事前の準備は、シェルパと称される各国代表（日本は外務審議官）が中心となって行われる。それに加え、財務サブ・シェルパがいて（日本は財務官）、特に経済分野をカバーしていく形である。これは、G8／G7首脳会合と同じプロセスである。

大変な混乱の原因の一つは、参加国が極めて多かったことであり、これだけ数が多いと会議は動かない。もう一つは、シェルパ・プロセスと財務サブ・シェルパ・プロセスが別々に動くことが多く、結果として財務プロセスの意見がシェルパ・プロセスに反映されないことがままあったことである。

G20ロンドン・サミットの控え室にて（2009.4）

議論の大筋に影響はない些細な表現の話ではあったが、財務プロセスに関わった者は、一様に不愉快そうにしていた。その裏には、イギリスの議長ぶりがあった。ブラウン首相のシェルパは、実に強引に（非民主的に）議事を進める人物として前科があったのだが、ここでもその本領を発揮したのである。

【首脳会合の成果】

公表されたコミュニケ等をみていただくのが一番いいのだが、以下で簡単に首脳会合の成果の概要を、コミュニケに沿って述べるとともに、若干のコメントを付しておく。

(1) 成長と雇用の回復

●前例のない連携した財政拡大を実施中。成長を回復するために必要な規模の継続した財政努力を行うことにコミット。

[注] 2010年末までに各国の財政刺激は5兆ドルに上り、GDPを累計で4％拡大するとの数字がコミュニケに載った。これはIMFが試算として提出したものであったが、実は英国が事前にIMFに内々依頼したものであった。試算の信頼性については我々の間で大いに議論になったのだが、とにかく大きな具体的数字が欲しい議長国英国によってコミュニケに入った。英国は、IMFスタッフとの間で強い人的つながりを持っており、それを活用するのが巧みであった。

●多くの国で金利は大胆に引き下げられてきている。非伝統的手法を含むあらゆる金融政策の手法を活用しながら、金融緩和政策を維持する。

●金融システムを通じた通常の与信の流れを回復し、システム上重要な金融機関の健全性を確保するために必要なあらゆる行動をとる。

●長期的な財政の持続可能性及び物価の安定を確保する決意。合意された政策を実施することが、長期にわたって必要な財政再建の規模を縮小させることを確信。

このように、マクロ経済政策の部分については、特に財政拡大について協調して実施している点を中心に述べる一方、財政の持続可能性にも触れ、先のG20財務相・中銀総裁会合で合意した内容に沿ったものであった。

(2) 金融監督及び規制の強化

〈主なもの〉

●規制及び監督を、システム上重要なすべての金融機関、商品及び市場に拡大する。これには、ヘッジファンドが含まれる。

●景気回復が確実になれば、銀行の資本の質、量及び国際的な整合性を改善させるための行動をとる。将来的には、規制は、過度のレバレッジ防止、好況時の資本バッファー積み増しを求めねばならない。

●質の高いグローバルな会計基準の実現に取り組む。

●タックスヘイブンを含む非協力的な国・地域に対する措置を実施。

●規制監督及び登録を信用格付会社に拡大。

●FSB及びIMFに進捗状況を監視し、次回財務大臣会合に報告するよう要請。

その後の話になるが、FSB（金融安定理事会＝各国の財務省、中央銀行、金融監督当局で構成）及びその傘下に置かれたバーゼル委（銀行監督委員会）、IOSCO（証券監督者機構）及びIAIS（保険監督者機構）において、金融危機の再発防止に向けた改革に係る具体的な国際基準が作成され、順次各国当局において規制の導入等がはかられてきている。そしてその進捗及び課題については、毎年のG20首脳会議で報告されてきた。

具体的には、改革は、いわゆるバーゼル規制（自己資本比率の強化、レバレッジ比率・流動性規制）、Too-Big-To-Fail問題への対応（円滑な破綻処理の枠組み、G-SIBsバッファー、TLAC）、シャドーバンキング規制（MMF規制改革、証券化リテンションなど）、店頭デリバティブ規制改革（清算集中義務、証拠金規制）の各分野で進められ成果をあげてきた。しかし、依然として議論が決着していないものや実施を待っているものがある。

また、特に米国では、2010年の包括的な金融規制改革法（ドッド・フランク法）により、複雑だった金融監督体制の整備、自己勘定トレーディングなどリスクの高い業務に対する規制（ボルカー・ルール等）、消費者・投資家保護等を中心とした改革が実施された。

こうした中、ここ2、3年の動きとして、金融規制改革を受けて、銀行等の健全性は大きく向上した一方、収益性の低下、シャドーバンキングの拡大、レポ市場など市場流動性の低下等の副作用を指摘する声が大きくなってきた。

特に、トランプ政権下では、経済への資金供給を阻害しているとして、中小銀行の規制負担軽減、ボルカー・ルールの緩和等、ドッド・フランク法の修正を行おうという動きがある。バーゼル規制の仕上げの遅れも、これが影響していたようである。

バブルが形成され、それが崩壊するという危機のプロセスは、今後も繰り返される。他人のお金を右から左に動かして利益を得るという行為は、効率的な資金の流れ、ひいては経済の活力にとって必要悪ともいえるものであろう。

一方、リーマン・ショックの教訓は、こうしたレバレッジングが行きすぎ、バブルの崩壊が経済に潤滑油を供給する銀行システムのコアな部分まで棄損することは避ける必要があるということである。金融規制の強化により近年の経済成長率の低迷（長期停滞）が起きている、といった乱暴な議論に与《くみ》する必要はない。世界的な成長率の低下は、技術革新の質の変化や人口動態など、もっと基礎的かつ長期的な構造変化から生じていると考えるのが一般的である。

リーマン・ショックから10年、喉元過ぎれば……とならないよう、金融規制・監督の強化に着実に向き合うとともに、その副作用について慎重な分析と議論を望みたいものである。

(3) 国際金融機関の強化

以下に列挙するように、新興市場国及び途上国に資金が引き続き流入することを確保するため、ＩＭＦ及び国際開発金融機関を通じて８５００億ドルの追加的資金を利用可能とするとともに、融資制度やガバナンスの見直しについて言及した。

〈主なもの〉

● ＩＭＦのＮＡＢを最大５０００億ドル増強する。２５００億ドルの二国間貸付（うち日本１

000億ドル）をこれに組み入れる。

●ＳＤＲ（特別引き出し権）の一般配分（うち途上国向けは1000億ドル）を行う。

［注］ＳＤＲとは、ＩＭＦが加盟国に配分する準備資産であると定義されている。実際には、ＳＤＲ保有国は、ＳＤＲと引き換えに自由利用可能通貨（ドル、円等）を取得できる「請求権」を持っている。従って、途上国は配分されたＳＤＲと交換にドル等を取得し、対外債務返済等に充てることができる。ただし、ＳＤＲ金利という安い金利を払う。

●ＩＭＦの次期出資比率見直し（第14次増資）期限を、2011年1月に前倒しする。

●国際開発金融機関（ＭＤＢｓ）の低所得向け融資を少なくとも1000億ドル増加。

●ＡＤＢの増資（資本増加額は約1000億ドル）。他の開発金融機関の増資も要検討。

●ＩＦＣ（国際金融公社）等を通じた貿易金融支援。

●ＩＭＦにおける新規融資制度（ＦＣＬ）の創設を歓迎。

●世界銀行融資の国別限度額の引き上げ、その他。

上記のうち、ＩＭＦ関連の事項について、いくつか触れてみる。

まず、新規ＳＤＲ配分の話は、ロンドンに至る最後の過程で、突如出てきたものであり、英国が各国との首脳ベースでの電話に際し、了解を取り付けてしまったものである。日本の場合も、麻生総理にブラウン首相から電話でＳＤＲなどの話が出ると外務省から直前に聞いた。英国から事務的な連絡は一切なく乱暴なプロセスであった。

ＳＤＲの配分とは、すべての加盟国になされるのだが、途上国は、それと引き換えに、ドルを安い金利で、しかも条件付け（コンディショナリティー）もなく借りられることを意味する。通常のＩＭＦ貸付は、当該国の経済政策等に条件（コンディショナリティー）を付けて融資するのが決まりであるが、ＳＤＲ配分ではモラル・ハザードが生じうる。従って、私からみると、好ましい判断とは思えなかった。英国のアフリカ途上国への過度な思い入れが入っているようであった。

ロンドンＧ20の事前ドラフティングの際、この点を発言したのだが、誰も他国は発言しなかった。会合が終わってから、米国と独の代表が、私のコメントは正しい発言であったと言ってきたのには驚いた。各国とも、首脳レベルでの突然の話であったとのことであった。

ＩＭＦの出資比率（クォータ）見直しについては、加盟国の世界経済に占める相対的地位をクォータ・シェアにより反映させる努力が数年に一度続けられており、２００８年４月に特別増資が合意（２０１１年発効）されていたが、次の増資（第14次クォータ見直し）の検討期限を２０１３年1月から２０１１年1月に前倒しすることが合意された。

Ｇ20の枠組みに相対的経済地位の上昇著しい国（中国、インド、ブラジル等）が参加することにより、こうした国際機関のガバナンス問題により焦点が当たる構図になったといえる。

結局、第14次増資は、２０１０年秋のＧ20財務相・中銀総裁会合（ソウル）で実質合意した。過大代表国から過小代表国へ6・2％のシェア移転を行うなどのほか、欧州先進国の理事席を新興国・途上国へ二つ移転するなどが内容であった。日本のクォータ・シェアは、6・46％（▲0・1％）に低下するが、シェアが上昇した中国（6・39％）をわずかに上回るレベルで決着した。

当時、私はすでにIMFにいたが、IMFの内部の会議で、交渉の先頭に立っていたストロスカーン専務理事から、英仏が同じクォータ・シェアで常に固定しているように、日中も同シェアで握るというアイデアについてどう思うかという話があったのをよく覚えている。

私からは、日中は、シェア決定の重要な要素であるGDPの水準は今後開いていくし、英仏のような落ち着いた関係ではないと説明し、今回増資は日本がシェアを少し上回ることが説明可能な最後のチャンスだろうと話をした。

この第14次増資（いわゆる2010年改革）は、米国における議会承認手続きのみがなかなか完了せず、2016年1月、約5年越しに発効した。米国議会のIMFを含む国際機関への関心は極めて低い。次の見直し（第15次増資）の完了期限は、すでに何回か延長され、現在では、2019年に再設定されている。

最後に、IMFにおける新規融資制度（FCL＝Flexible Credit Line）であるが、これはリーマン・ショック直後の2008年10月に設けられたSLF（短期流動性ファシリティー）が、返済期間が3か月と短く、また予防的な利用（借り入れる権利を保有する＝precautionary）が認められなかったため、この点を改善したもので、2009年3月に設立された。

これは、経済ファンダメンタルズが強固で、優れた経済政策運営を維持することにコミットしている国に、コンディショナリティーを課すことなく融資（または融資枠）を提供するものである。設立後、メキシコ、ポーランド、コロンビアの3か国に相次いで承認された。

FCLは、事前に資格検査（pre-qualification）を通っていれば、いつでも実際の資金借入ができるという仕組みであり、アジア通貨危機以来のスティグマ（IMFからの借入に伴い生ずる国内政治的汚名）対策の要素が強いのだが、実際には、次章でインドネシアのSLFに係る議論でもみるように、IMFを政治的に回避したい心情への解決にはなっていない。

もう一つの問題は、メキシコ等は現在も依然としてFCLの延長適用を受けている。一度FCLを使いだす（事実上、外貨準備をその分積み上げなくてすむ）と、そこから卒業するのは簡単ではない側面もあるように思われる。

(4) 保護主義への対抗と世界的な貿易・投資の促進

- 「新たな保護主義的な行動をとらない」とのワシントン首脳会議での誓約を堅持し、2010年末まで延長する旨合意。
- WTOドーハ・ラウンドの野心的でバランスのとれた妥結にコミット。

(5) その他

●ミレニアム開発目標やODA公約達成へのコミットメントを再確認。年末までに再度首脳会合を持つ。

【G20首脳プロセスについて】

第3回G20首脳会合は、2009年9月にピッツバーグで行われ、それ以降も毎年行われているが、その後のG20首脳会合と比べると、第2回の会合(ロンドン)は、極めて成果の多い会合であったといえよう。各国とも経済危機モードにあり、大きな方向性で異なることはなかったことがその背景として大きい。また、初めての新興市場国の参加で、国際機関のガバナンス改善(途上国の声の拡大)に寄与した面もあった。

この会合は、いわゆる政策協調の成功例であったといえようが、若干の留保も必要である。なぜなら、通常「政策協調」は、マクロ経済政策に関連して議論されるものであるが、すでに各国とも財政金融政策をフル活用していた中で、G20では各国のとってきた措置の重要性を確認したにすぎないともいえるからである。

一方で、金融システム強化や国際金融機関を通じた途上国への資金供給については、首脳プロセスに関与させる(首脳に報告する)ことで、さまざまな動きが促進された面は十分あったと思われる。首脳会合が、膨大な事前の事務的作業を経て行われるセレモニー的な様相を呈することが多い中、この会合は、十分な成果を出した会合であったといってよいと考えている。

６月27～28日には、G20財務相・中銀総裁会合の代理会合（スイス・バーゼル）に参加したのだが、その中で、米国はピッツバーグ（G20第３回首脳会合）への道として、マクロ経済やＩＭＦ、ＭＤＢｓといった議題に加えて、気候変動ファイナンス、貧困国の成長促進といった議題を追加したいとしてきた。

すでに、G20会合の肥大化は始まっていた。参加国の数は明らかに多すぎる。議論の対象分野は、当初はマクロ経済と金融規制改革に大きな焦点が当たっていたが、爾後毎年の議長国のもとで徐々に拡大してきている。会議に備えるための事前の準備作業も膨大になり、非効率化しているようにみえる。これはG７首脳会議が、当初はまさに首脳間の率直な議論の場として提供されたものが、巨大なイベント化してしまったのと似ているようである。

石油ショックやアジア通貨危機など、世界的な経済ショックのたびに、新たな国際的枠組みが作られ、古い枠組みはなかなか消えていかない。次のグローバルなショックのときは、どんな枠組みが提起されるだろうか。

6 G8財務大臣会合〈イタリア・レッチェ〉(6月13日)

4月初めのG20首脳会合以降、4月中旬には、定例のIMF世銀関連会議の一環で、G7とG20財務相・中銀総裁会合がワシントンで開かれたのだが、ほとんど私の記憶には残っていない。G7のほうは、共同声明が発出されたが、その内容は直前のG20首脳会合をなぞった内容で、特段の新味はなかった。

私が財務官として出席した最後の主要会合は、6月12日～13日のG8財務大臣会合（イタリア・レッチェ）である。翌7月のG8首脳会合（イタリア・ラクイラ）に向けての閣僚会合として開かれた。会合の主たるテーマは、**世界経済情勢**の問題であったが、**ラトビア**（バルト三国の一つ）情勢が非公式に話し合われる場ともなった。そのときはまだ十分意識されていなかったが、翌年春のギリシャ危機に始まる欧州金融危機に至る道が始まっていた。

レッチェは、イタリア南部、ちょうど「かかと」のところに位置する都市である。古代ギリシャ時代以来2000年以上の歴史を持ち、バロック様式の建築が多いことから、「南イタリアのフィレンツェ」と呼ばれるところである。

12日のワーキング・ディナーは聖ドミニク修道院で、13日の本会合はカルロ5世城で開かれた。イタリアで国際会議があるときはおおむね楽しい。のちにIMFの副専務理事としてAS

ＥＭ（アジア欧州財務大臣会合）に参加した際も、夕食会はミラノのある美術館で開かれた。

前年Ｇ８財務相会合は日本が議長として大阪で開催したのであるが、いわば大阪城の中で閣僚会合を開くようなことをイタリアでは当たり前のように行っていて、羨ましかった。いろいろ問題はあるのだろうが、日本でも、もっと美術館や博物館を使って外国の要人をもてなすような工夫が欲しいものだと思った。

Ｇ８財務相会合　ガイトナー財務長官等と懇談
（2009.6.13　レッチェ）

まず、世界経済情勢に関する議論では、全体としては、株式市場の回復、金利スプレッドの縮小、企業の景況感や消費者心理等一部の先行指標の悪化が和らぐなど経済の安定化がようやくみられる兆候があったが、状況は依然として不確実であり、経済・金融の安定に対する大きなリスクが引き続き存在するといった共通の認識が各国間にあった。

ＩＭＦの２００９年、２０１０年に係る世界経済見通しは、次ページの表に掲げるように、4月時点の見通しを底として、この6月になると、2年ぶりにようやく成長率見通しを若干ながら上方

（単位：％）

	2010年見通し		
2009.6時点	2009.3時点	2009.4時点	2009.6時点
▲ 1.3	1.5 ～ 2.5	1.9	2.4
▲ 3.8	0.0 ～ 0.5	0.0	0.6
▲ 2.6	0.2	0.0	0.8
▲ 4.7	0.1	▲ 0.4	▲ 0.3
▲ 6.0	▲ 0.2	0.5	1.7
1.6	3.5 ～ 4.5	4.0	4.6
5.6	—	6.1	6.9
—	—	7.5	—

出典：ＩＭＦ

修正（ただしユーロ圏を除く）するものとなっていた。

ショックの震源地である米国では、上記のように先行指標に若干改善はみられるものの、5月の失業率は9・4％（対前月比＋0・5％）となっており、住宅価格は引き続き下落が継続していた。

一方、オバマ政権下での新たな対策はおおむね出揃い、実施段階に移っていた。2月に成立した経済対策法による景気対策の執行は徐々に進んでいた。5月12日には、2010年予算教書が発表され、2009年度の財政赤字は▲1兆8400億ドルに達すると見通し、2013年1月までに財政赤字を半減させるとの目標を表明していた。

また、5月7日には、一定の経済シナリオを前提に大手金融機関の将来損失を見積もる「ストレス・テスト」の結果が公表され、検査対象19社のうち10社について総額746億ドルの資本増強が

ＩＭＦによる世界経済見通しの推移

	2008年	2009年見通し		
		2009.1時点	2009.3時点	2009.4時点
世界計	3.1	0.5	▲1.0～▲0.5	▲1.3
先進国計	0.8	▲2.0	▲3.5～▲3.0	▲3.8
米国	1.1	▲1.6	▲2.6	▲2.8
ユーロ圏	0.8	▲2.0	▲3.2	▲4.2
日本	▲0.7	▲2.6	▲5.8	▲6.2
途上国計	6.0	3.3	1.5～2.5	1.6
アジア	7.6	5.5	―	4.8
うち中国	9.0	6.7	―	6.5

必要とされ、各金融機関は民間からの増資等の資本増強策を相次いで表明していた。また、財務省は、システミック・リスク監督機関の創設やデリバティブ規制などを含む金融規制改革案を発表し、議会での審議を待つ状況であった。

日本経済については、与謝野大臣は、会合の場で、２００８年Ｑ４と２００９年Ｑ１はいずれも大幅なマイナス成長になったが、前年後半以降の景気対策、特に４月10日発表の経済危機対策（事業規模56・８兆円）により、２００９年度の日本の成長率は、主要先進国なみの▲３・３％程度と見込まれると説明した。特に、失業率について触れ、現在の失業率は５・０％であり、何としても戦後（混乱期を除く）最悪の５・５％にしないようにしたいと強調した。

会合で議論になった項目の一つは、「出口戦略」の問題であった。ＩＭＦは、金融セクターに対する大規模な公的介入（特に政府の金融機関債務への保証が過度のリスクテイクを招かないか）、非伝統的金融政策（明確な出口戦略が市場機能の正常化やインフレ・リスクの回避をスムーズにする）、財政赤字（財政刺激からの早すぎる撤退と、中期的な財政持続可能性の間のバランス）の三つの出口について論じ、実際の出口のタイミングは金融情勢や景気回復の状況によるが、信頼できる出口戦略は議論され策定されるべきとした。

米国は、ブレーキを踏む（出口戦略を実行に移す）のは時期尚早であるが、出口を考えておく必要はあるとし、財政について中期的なアンカーを作ったことを例にあげた。

独は、巨額の市場での流動性をどう脱するかという問題をあげ、デフレは大きなリスクとは考えないこと、グローバルなインフレが心配であるというドイツの伝統的な立場から発言した。ＥＵは、そろそろ出口戦略を考える時期に来ているとし、２０１０年には財政刺激を緩められる国が出てくるだろうとする一方、中長期的な雇用対策を強調していた。

各国とも、出口戦略を考えるという概念を重要視している点では一致していたが、その実行は先の話であり、真剣な議論にはならなかった。ユーロ圏諸国も、当面の危機を何とか乗り越えつつあるとの雰囲気だった。

与謝野大臣は、直近の景気刺激策に触れた後、その一方で、財政の持続可能性への目配りも不可欠であるとし、これまで掲げてきた２０１１年度までのプライマリー・バランスの黒字化という目標は達成困難な状況となったが、今月中にそれに代わるフロー・ストック両面の今後

10年程度の中期目標と、これに向けたもう少し短期の目標を設定する予定であるとした。政府が財政健全化への熱意を失ったとみなされれば、政府に対する信認が低くなってしまうことを忘れてはならないと結んだ。

［注］２００９年６月23日の「経済財政改革の基本的方針」で、債務残高対ＧＤＰ比を２０２０年代初めには安定的に引き下げる等の新たなめどが示された。

Ｇ８財務大臣会合声明では、この出口問題について、以下のように触れた。

『我々は、危機に対応するためにとられた例外的な政策を、景気回復が確実となった際には元に戻すための適切な戦略を用意する必要について議論した。これらの「出口戦略」は、国により異なりえるが、長期的に持続可能な回復を促進するために不可欠である』

なお、財政健全化に向けたその後の国際会議での動きをフォローしておこう。２０１０年６月のＧ20首脳会議（トロント）での首脳宣言は、『先進国は、２０１３年までに少なくとも赤字を半減させ、２０１６年までに政府債務の対ＧＤＰ比を安定化または低下させる財政計画にコミットした。日本の状況を認識し、我々は、成長戦略とともに最近発表された日本政府の財政健全化計画を歓迎する』とした。

日本の財政健全化計画の目標は、他の先進国に比べ、目標年次が遅く、内容も緩やかなもの

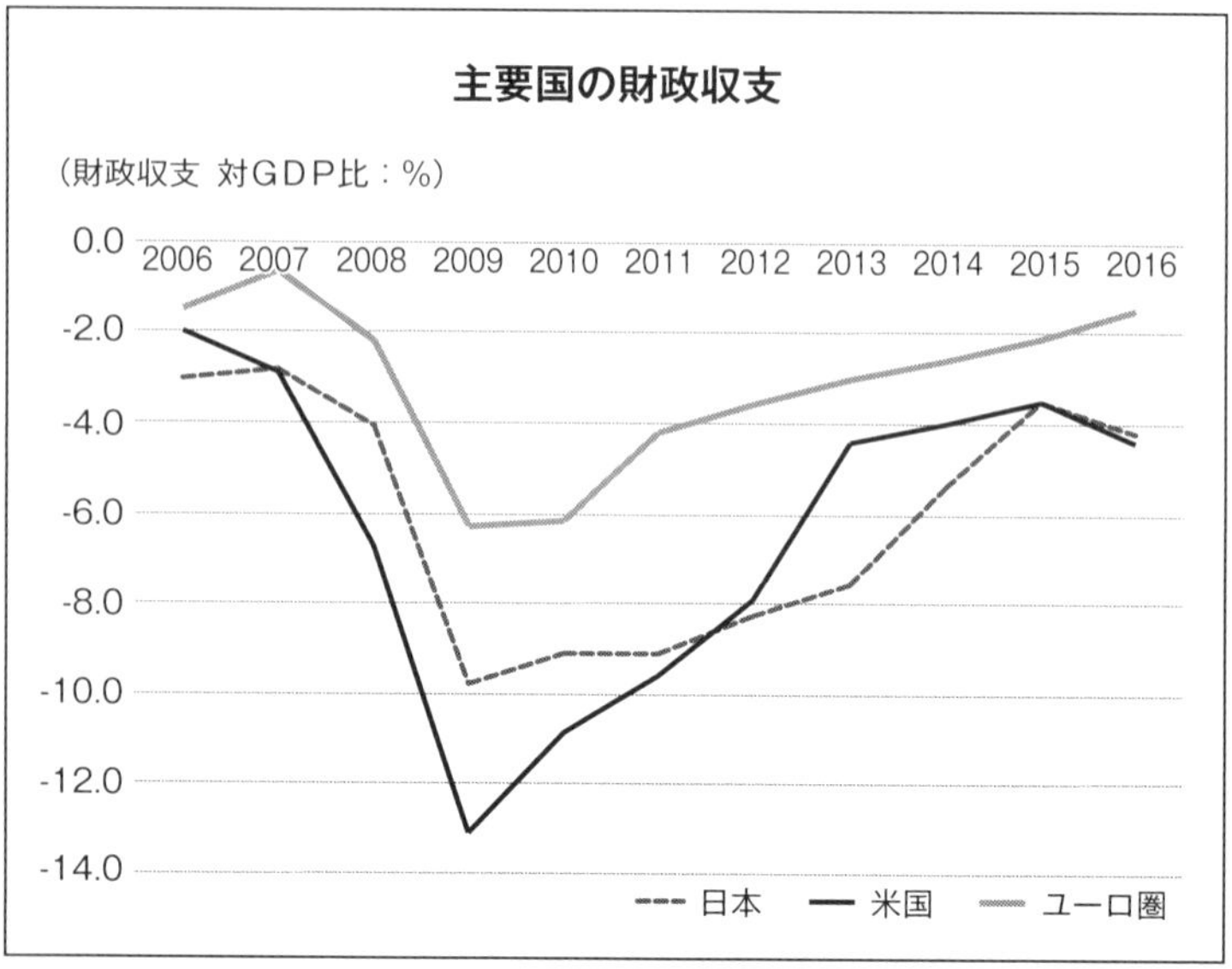

であった。すなわち、フロー目標としての赤字半減は、プライマリー・バランスの対GDP比半減を2015年度（黒字化は2020年度）に、ストック目標としての債務残高対GDP比の安定化は、2021年度以降とされた。

当時の出口に関する議論は、財政赤字問題が中心であり、金融政策について突っ込んだ議論は一部の国（ドイツ等）を除きみられなかった。金融政策の「非伝統的」量的緩和は、米FRBで始まったばかりであり、また、量的緩和への批判は、主としてインフレを招くリスクという点から議論されていた。

リーマン・ショックとそれに続き欧州金融危機を経て、世界経済が低成長・低インフレに陥っていくことが明確に意識されるのは、２０１３年頃になってからである。ラリー・サマーズ教授がＩＭＦのセミナーで、長期停滞（Secular Stagnation）の議論を紹介し注目されたのが、その頃であった。

次に、**ラトビア**について触れておく。ラトビアは、ユーロ導入を目指し、通貨ラトをユーロにペッグしていた。世界経済危機の煽りを受け、経済が低迷し、自国通貨への売り圧力がかかる中、２００８年12月、通貨ラトのユーロへのペッグを維持しつつ、財政赤字を縮小するとのシナリオのもとで、ＩＭＦが支援プログラムを承認。同時に、ＥＵや北欧諸国も支援していた。しかし、年が明けてから、経済回復の兆しはなく、財政赤字が支援プログラムの上限である対ＧＤＰ比５％をはるかに上回り、20％に近づく状況になっていた。

［注］この時期（２０１０年３月のギリシャ危機前）のＩＭＦ支援は、ラトビアを含め中東欧諸国が中心（ウクライナ、ハンガリー、アイスランド等）であった。いずれも、危機前数年間にわたり、海外からの資金流入を享受し、高い経済成長を維持していた国である。この結果、対外債務（特に短期の外貨建て借入）の比重が大きく、リーマン・ショックに伴う信用収縮に耐えられなかった。そのため、ＩＭＦプログラムの中心は、金融セクターの再建であった。アイスランド等では、資本流出規制を容認するという過去に例のない措置もとられた。

会合の場で、ＩＭＦは、ラトビアについて、「巨額の支援にもかかわらず経済はひどい状況であり、年金改革を含め財政均衡に向けた努力は必ずしも実施されていない。成長戦略も存在せず、為替切り下げが早晩必要になるのではないか」と警告した。

ＥＵはこれに反論し、直近の政府の対策については、政府の強いコミットメントを感じており、よい印象を持っているとした。また、ラトビアがユーロとのペッグを維持することは、EUのためでもあり、ラトビアを支持するメッセージを各国が出すのが大事だと力説していた。

自国通貨をユーロにペッグしている一部の東欧諸国やユーロ圏諸国への波及がありはしないか、すでに懸念は生じていた。ラトビアは、IMFとの財政赤字の許容範囲に係る合意に至り、2回目のIMF融資は実施される。そして、ユーロへのペッグを維持しつつ、財政赤字のコントロール、経済の立て直しに成功していく。

しかし、ユーロの導入（あるいはユーロへのペッグ）により低金利での資金調達を享受し、財政赤字を安易に膨らませてきた国は、ラトビアだけではなかった。わずか半年後にギリシャ危機が起きる。欧州金融危機へと一気に波紋が広がっていくという予感は、まだなかった。

蛇足であるが、レッチェでの会合の際、与謝野大臣に再度お願いして、IMFストロスカーン専務理事（MD）とIMF副専務理事（DMD）の後任問題について面談していただいた。

専務理事は、一筋縄ではいかない。DMDポストは地域や国の間でローテーションすべきとの声が強いとか、DMDのもとの局長ポストでさえ閣僚経験者がいるなどとしつつ、日本のためにぜひ戦いたいと言った。結論には至らず、引き続き相談していくことになった。

第3章

リーマン・ショック後の日本のアジア支援

1997～98年のアジア通貨危機を経て、東アジア経済はショックへの耐性を強くしていたが、それでも新興市場国からの資金流出や欧米経済の失速に伴う景気減速など、リーマン・ショックの影響は強く受けることとなった。

ここでは、リーマン・ショック直後の動きとして、アジアとの関連で、韓国・インドネシアという個別国との協力、サムライ債発行支援・貿易金融支援といった日本のイニシアティブ、及びアジア開発銀行の3倍増資に係る話に触れておく。

東アジア経済は、1997～98年のアジア通貨危機後、世界経済成長のエンジンとして力強い成長を遂げてきていた。アジア通貨危機の経験を踏まえ、経常収支黒字構造への転換、短期ドル建て借入の抑制、金融セクター改革、外貨準備の蓄積、チェンマイ・イニシアティブへの取り組みを通じたセーフティー・ネットの増強などを各国が進めてきていた。今回の金融危機に際し、サブプライム関連商品やリーマン関連商品の保有は少なく、欧米諸国に比して、直接的な影響は限定的であった。

しかし、国際的な「リスク回避」の流れの中でデレバレッジングが生じ、アジアからも急激な資金引き上げが発生した。2008年に入り、東アジア各国への資金流入は減少を始めていたが、Q3・Q4と、流出に転じた。各国国債のCDSスプレッドは10月には急騰し、その後数か月間は高止まった。為替相場も、韓国、インドネシア等一部の国では大幅な下落を経験す

アジア諸国の貿易依存度

（輸出額 対GDP比：%）

	1997年		2007年	
		（対米・EU）		（対米・EU）
中国	19.5	6.0	38.7	15.2
韓国	26.4	7.5	38.3	10.4
シンガポール	31.5	43.0	187.2	38.2
タイ	38.1	13.5	62.1	16.5
日本	9.9	4.2	16.3	5.7

ることとなった。

［注］新興市場国・途上国全体への資本流入は、２０００年代に増え続け、２００７年には６６００億ドルに達したが、２００８年には１１５０億ドルに急減した。しかし、２０１０年には７０００億ドルにまで復活する。この資本移動のボラティリティーの問題は、現在でも大きな課題であり続ける。

当時人気の議論に「デカップリング論」があった。アジア経済は、その急激な成長とともに域内各国の内需で支えあう構造になってきており、欧米経済がくしゃみすると風邪をひくという従来の関係からは脱してきているのではないかというものであった。

しかし、実体経済面への影響は、予想以上であった。特に貿易依存度の高いシンガポール、韓国、タイなどでは、２００８年Ｑ４から翌年にかけ成長率がマイナスに陥った。ＧＤＰに占める輸出（特に対米・ＥＵ）の割合は、各国とも、アジア通貨危機時と比較してかなり大きくなっていた。世界経済の国際化が進む中で、欧米経済の失速は、貿易を通じても大きな影響をアジア各国に与えた。

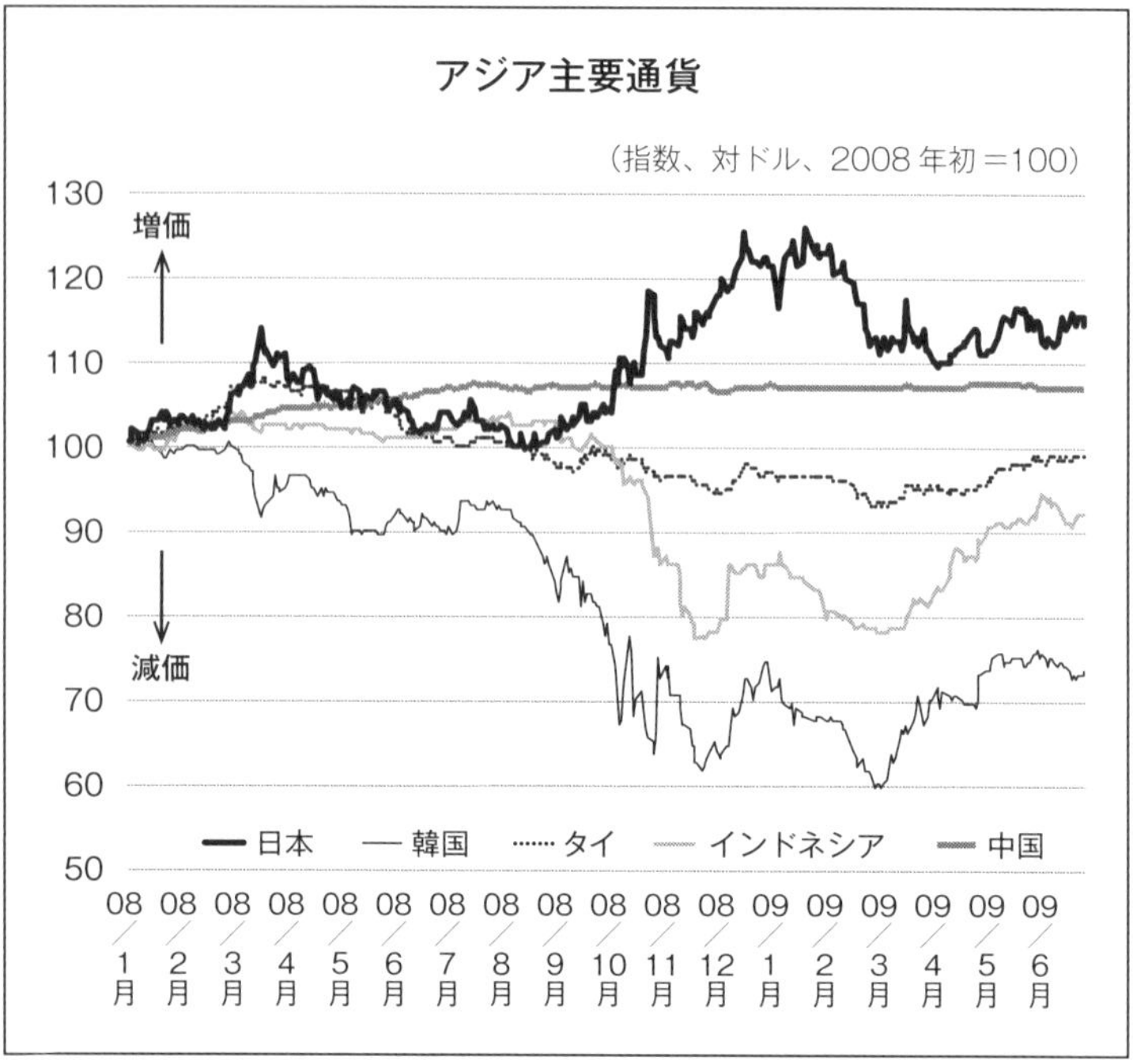

各国は、リーマン・ショック後、金融システムの安定化をはかるため素早い対応を行った。金融機関対外債務の政府保証（韓国）、銀行預金保護の拡充（インドネシア、マレーシア、シンガポール）、流動性供給（インドネシア、韓国）などである。さらに、中央銀行による政策金利引き下げ（中国、韓国など）が10月に始まり、また景気後退に応じるように財政政策の出動（中国、韓国など）も各国の状況に応じ進めていった。韓国とシンガポールは、FRBとドル・スワップ取極を締結し、国内の金融市場にドル資

金を供給した。

こうした状況の中で、日本として国際金融面でどういう協力ができるか検討を進め、具体化していった。

一つは、地域のセーフティー・ネットとしてのチェンマイ・イニシアティブのマルチ化と規模の増額の作業である。２００８年10月24日ＡＳＥＭ首脳会議（北京）の際開かれたＡＳＥＡＮ＋３首脳会合（非公式）において、金融危機に係る議論の中で、各国首脳からこの検討プロセスを加速化すべきという声が多く出たことは、それまで進めてきた各国間での検討に弾みをつけた。

その後のさまざまなプロセスを経て、２００９年5月のＡＳＥＡＮ＋３財務大臣会議で、マルチ化の主要事項について合意することができ、各国の国内手続きに進んでいった（この経緯は、第4章に記載してある）。

以下では、それ以外の分野で進められた協力策のうち、印象に残っているものを掲げてみたい。

1 韓国との協力

２００８年9月21日付の韓国経済新聞は、前日大統領府で開かれた「金融状況点検会議」において、李大統領が「経済の突発的状況には機敏、積極的に対応することが必要」との指示を行ったことを伝えた。

また、その会議の中で、カン・マンス企画財政部長官が、「シン国際業務管理官、米財務省ロワリー次官補、日本財務省の篠原財務官、中国財政部の李副部長の間で、随時国際金融市場動向の情報交換をしており、協力方策を協議するホットラインが本格的に稼働している」と報告したとのことであった。

韓国企画財政部のシン管理官は、私の韓国側のカウンターパートとして、ASEAN+3や日中韓プロセス等さまざまな場で議論する相手であり、いわばホットラインというべき関係ではあったが、こうした記事が出たことには若干驚いた。これまで、米国のサブプライム問題やリーマン危機に関心を集中していたのだが、東アジアで何が起きているか理解が及んでいなかった。

韓国経済は、アジア通貨危機を経て、近年はその耐性がかなり強くなっているという印象であった。シン管理官との話の中でも、懸念を感じるようなものはなかったのである。

直近の韓国経済の状況をみると、2008年春までは、外需主導の順調な成長（5%超）を示していたが、Q2以降景気の減速がみられていた。経常収支は2008年に入り原油価格高騰等により赤字化、短期対外債務はアジア通貨危機以降は減少していたが、2006年以降再度徐々に拡大してきていた。

外貨準備は、アジア通貨危機時の10倍以上あったが、3月頃から、ウォン下落が徐々に始まり、累次の介入等により500億ドル程度減少（10月末で2100億ドル強の残高）していた。9月のリーマン・ショックは、2008年春からのウォン安、株安を加速していた。ウォンの対ドル相場は、10月時点で、年初から40％近く下落していた。

10月19日、韓国政府は、「外国為替及び金融市場安定化対策」を発表した。その内容は、①韓国の銀行の新規対外債務を政府が保証する、②外貨準備を用いて、新たに300億ドルの流動性を供給する、③中小企業への金融支援を行う、④株式投信に対する税制支援を行う、⑤国際的な協力（G20、日中韓を中心とした地域協力、チェンマイ・イニシアティブのマルチ化を2009年末までに達成）を推進する、などであった。

対策発表を前に、シン管理官から私に対策の内容について事前の説明があった。アジア通貨危機の際は深刻な金融危機を経験したが、現在の状況はそれと比べればはるかに良好であり、短期的には問題はない。日本を含め、外からの支援は必要ではないとした。

日本と韓国の間には、チェンマイ・イニシアティブにおける韓国との二国間スワップ取極があり、韓国に対外支払いの問題が生じた際に、100億ドル（うちIMFプログラムとリンクせず出せるのは20％の20億ドル）をウォンとのスワップで供給できることとなっていたが、こうした危機対応は必要な状況にはないとした。

他方で、世界的なクレジット・クランチの問題が、韓国の実体経済まで波及する可能性への対処は必要になるだろう、としていた。韓国銀行は、8月から政策金利の引き下げを徐々に進めていた。

その際、シン管理官からは、国際的な協力として、米国FRBのドル・スワップ取極を、主要先進国だけでなく韓国を含むG20諸国全体に拡大したいので、支持してほしいとの話があった。

私からは、もちろん支持するとしつつ、これは米当局が新興国のクレジット・リスク等をどう判断するかという問題であることと、ロシア・アルゼンチン等を含むG20全体にくまなく広げていくのは無理があり、韓国等いくつかの主要新興国への取極拡大に焦点を当てるのが実践的であることを述べた。米国とはすでに話し合いを始めているとのことだった。

また、私からは、世界的な「リスク回避」の動きの中で、資本が流出し為替が減価している側面が強く、為替介入によりこれを止めようとしても際限がなくなり、外貨準備のさらなる減少や市場の不信を招き、むしろ自分の首を絞めることにならないかと指摘した。シン管理官は言葉少なに、理解していると答えた。

10月29日、FRBは、ブラジル、メキシコ、韓国、シンガポールとの間のスワップ・ラインの創設を公表した。韓国との上限は300億ドルであった。経済ファンダメンタルズが健全で、経済運営が適切な国が外貨資金調達に困難をきたしている状況が広がることを防止しようというものであった。

これを受けて、韓国ウォンや株価は一時的に上昇したが、11月に入ると、再びウォンの下落が始まってしまった。

シン管理官は、日中韓の地域協力を推進するという観点から、日韓・韓中間のスワップ取極の拡大をも実現するよう指示されていた。あくまでも、対外支払いには問題ないことから、他国から支援を受けるという色彩を消し、地域協力の一環であるとの説明がなされることが韓国にとって大切であった。この間、韓国の議員団が訪日し財務大臣との面会で日本の協力を求めるなど、韓国国内は少々バタバタしている様子が感じられた。

日韓の間では、中国やASEAN各国との間と異なり、チェンマイ・イニシアティブの枠組みの中で、①対外支払いの困難に対応するためのドルと自国通貨のスワップ取極（危機対応型）と、②対外支払いが困難でない段階での金融安定化のための中央銀行間の円・ウォンのスワップ取極（平時型）、という二つのスワップ取極が日韓双方向で締結されていた。

日本サイドでは、①は財務省（外貨準備）、②は日銀の担当であった。シン管理官との間では、日本としてはどちらでも対応可能であるが、韓国側の状況に照らせば、平時型のスワップのほうが、説明がしやすいだろうという話をした。

また、危機対応型（日→韓100億ドル、韓→日50億ドル）は、IMFプログラムとのリンクなしに発動できるのは20％までであるのに対し、平時型（30億ドル相当の円・ウォン）は当然のことながらIMFリンクがなく、金額的にも大きくみせることができた。

11月7日、G20財務大臣会合（サンパウロ）の前日夕方、ヒルトンホテルで、日中韓の財務大臣代理（中国＝李財政部副部長、韓国＝シン管理官）で会合を持った。アジア開発銀行（開銀）の増資、チェンマイ・イニシアティブのマルチ化、FSF（金融安定化フォーラム）のメンバーシップのG20への拡大など、当面の課題を話し合った。その際、バイのスワップの拡大についても、今後の段取りやスワップ枠の増加額について議論した。韓国では、大統領府（青《チョン》瓦台《ワデ》）が今回の危機対応に強い関心を持って主導していることが改めて感じられた。

11月14日、第1回G20首脳会議（ワシントン）の際、日中韓財務大臣会合（中川大臣、謝財政部長、カン・マンス企画財政部長官）を開催した。共同メッセージを発出し、アジア開銀増資やチェンマイ・イニシアティブのマルチ化の早期合意を求めるとともに、日中韓の各二国間スワップ取極の規模の拡大について検討する旨、初めて公表した。

12月12日に至り、日本銀行及び韓国銀行から、中央銀行間の円・ウォンスワップ（平時型）を30億ドル相当から200億ドル相当に増額する（2009年4月までの時限措置）と発表、目的は東アジアの金融為替市場の安定に資するものとした。ドル・ウォン間スワップ（危機対応型）100億ドルは現状維持であり、総額130億ドルから300億ドルへの規模拡大という形になった。

同日、中韓においても、従来の危機対応型の元・ウォンスワップ（40億ドル相当）に加え、平時型の元・ウォンスワップ（260億ドル相当）を設定し、総額300億ドル相当に増額するとの発表もなされた。韓国側は、日本と中国が同額となるよう気にしていた。翌12月13日、日中韓首脳会合が福岡（九州国立博物館）で開催され、二国間スワップ枠拡大を歓迎した。また、翌2009年1月12日の日韓首脳会議（青瓦台）後の記者会見で、李大統領は、「昨年末の通貨スワップ規模拡大は、域内金融市場の安定と金融協力に大きく寄与したとして評価した」と発言した。

韓国の金融市場は、3月危機説（インターネット上で流布された3月決算の邦銀が資金を引き揚げることを原因とする韓国金融機関の危機説）などもあり、落ち着かない状況が3月初めまで続いたが、政府によるさまざまな対応が打たれたこともあり、徐々に安定を取り戻していった。

2 インドネシアとの協力

インドネシアも、他のASEAN諸国と同様、アジア通貨危機後、経済環境はかなり改善されていた。GDP成長率は、2007年には6・3％と通貨危機以来の最高水準を記録した。2008年に入り、原油価格高騰や欧米の金融危機の影響により年央から成長率は鈍化したが、通年では6％程度を確保する状況であった。経常収支も黒字基調で、2008年央から輸出の伸び悩みはあったが、黒字は維持していた。

インドネシアの懸案であった財政赤字も、財政再建の取り組みが続けられ、財政赤字（GDP比）は1％程度で推移していた。しかし、財政赤字のファイナンスを対外借入に依存する状況は続いており、民間部門の対外資本取引のコントロールが制度上難しい中で、「リスク回避」等による資本流出にはまだ脆弱な部分を残していた。

２００８年11月8日早朝、G20財務大臣会合（三ツ矢政務官参加、サンパウロ）を前にして、私はスリ・ムリヤニ財務大臣と面談した。インドネシアへの日本の支援を要請したいとのことであった。

財政赤字は53億ドル程度であり、約半分は既定のバイ（日本のODAを含む）や世銀等の国際機関からの借入で対応できているが、残りの部分は、国債発行で賄う予定でいたところ、海外の市況が悪化しているため、援助資金で対応可能な部分を増加させたいとした。すなわち、財政赤字を賄うための資金調達計画の達成が怪しくなったので、助けてほしい（外貨準備の急減等への対応ではない）ということであった。

具体的には、世銀や日本、豪州、欧州から協力を得て、金融市場の悪化で資金調達が困難になった場合のバックアップ・ファシリティーとして50億ドル規模のスタンド・バイの財政支援措置を提案するので、日本政府からも開発援助で支援してほしいとのことであった。

［注］スリ・ムリヤニ大臣は、その後、世界銀行に転職する。IMFに移っていた私の世銀でのカウンターパートとなり、そこでも一緒に仕事をすることとなった。その数年後、彼女は、世銀から再度インドネシアの

我々は、同時に、民間市場からの資金調達力を回復するための方策について議論した。スリ大臣からは、できるだけ市場からの資金調達で賄いたいとしつつ、例えば、サムライ債（日本市場での円建て債）を定期的に発行できるような仕組みはできないかとした。

私からは、「市場からの資金調達に向けたインドネシアの自助努力を支援するのは当然であり、一つの方法として日本のＪＢＩＣ保証を付ければ、コストは安くなる。一方、市場に対してよいシグナルとは受け止められない可能性があるので、少し検討してみる」として引き取った。

また、チェンマイ・イニシアティブに基づく日本とインドネシア間の通貨スワップ（60億ドル）のＩＭＦデリンク分（12億ドル）を発動することはどうかと聞かれたが、私からは、実際に発動すると、外貨準備不足と認識され、かえって危険かもしれない、通貨スワップは見せ金の面が強く、枠を拡大して見せ金を大きくすることなら検討できると答えた。

通貨スワップを発動することは、日本の外貨準備として米国国債等に運用されているドルを、インドネシアへの貸付に振り向けることであり、実際に発動（貸付）する場合、そのクレジット・リスクを意識せざるをえない面もあった。

さらに、私から、ＩＭＦが最近設立した「短期流動性ファシリティー（ＳＬＦ＝Short-term

Liquidity Facility）」を活用することは考えているかと聞いたところ、ＳＬＦについては、インドネシアは適格性があり、その利用がロジカルな選択肢となりうることは理解するが、問題は、政治的な副作用、国内に依然として残っている強いトラウマ（アジア通貨危機の際に課された過剰なＩＭＦプログラムへの強い政治的反感）であるとした。

ＩＭＦは、10月29日、短期流動性ファシリティー（ＳＬＦ）の創設を発表していた。これは、強固な経済政策を実施しているものの、国際資本市場において一時的な流動性の問題を抱えている国を対象とし、迅速かつ柔軟に資金を提供できる手段と説明された。

アジア通貨危機以降各国に残っていたＩＭＦからの借入（プログラム）に対する強いスティグマを回避するため、健全なマクロフレームワークを有し、資本市場へのアクセスの実績もある国に対しては、厳格なプログラムを条件としない流動性の供給を行おうとの趣旨であった。

インドネシアは、同日発表されたＦＲＢの新興市場国（ブラジル、メキシコ、韓国、シンガポール）とのドル流動性供給のスワップ・ラインには入れなかった。ＳＬＦのいう「健全なマクロフレームワークを有する」という適格性が認められるか定かではなかった。この「適格性」の基準は明確でなかった。

また、ＩＭＦから勝手に適格であるとお墨付きが与えられるものではなく、ＩＭＦへの申請が必要であった。ＩＭＦから支援してもらうこと自体に、国内的なスティグマがあったが、それ以上にＳＬＦを申請して「適格性」がないとＩＭＦから判断されることは、到底政治的に受け入れられなかったと思われる。
スリ大臣との会談の後、アンギット財政政策庁長官（財務大臣代理）が寄ってきて、日本からＩＭＦに対し、インドネシアへのＳＬＦ適用につき申請してもらうことはできないだろうかとの話があった。これは筋違いであった。ＩＭＦからの支援は、要請が当該国から行われることが前提であり、それを日本が代理することはできない。冗談みたいな話だったが、アンギット長官は真剣だった。我々の横には、ＩＭＦのシン・アジア太平洋局長が寄ってきていた。この11月時点では、世界的な金融混乱が収まっておらず、インドネシアも最悪のケースを想定して議論していた。

［注］ＩＭＦのＳＬＦは、韓国、ブラジル、メキシコなどが当時候補国として報道されていたと記憶しているが、人気はなかった。ＩＭＦからみると、融資を行うにはしっかりした政策枠組み（コンディショナリティー）が担保として必要との原則から完全には抜け切れていなかった。対象国からみると、まずＩＭＦに申請する必要があり、そのうえで「適格性」の判断を下してもらう必要があった。翌２００９年に創設されたフレキシブル・クレジット・ライン（ＦＣＬ）は、ＳＬＦをより魅力的にしたものではあるが、この「適格性」の問題は依然解決されていない。

この会談を受けて、インドネシア支援の在り方について省内で議論した。最大限の協力姿勢をみせようということで省内に異論はなかった。
11月28日、スリ大臣は訪日し、中川大臣と会談した。中川大臣からは、サムライ債にＪＢＩＣの保証を付すことでお手伝いできるだろうと伝達した。ＩＭＦによる支援については、スリ大臣は、ＩＭＦのプログラムはインドネシアでは特に政治家の間でトラウマとして残っており、今や開放的な民主主義体制となっているインドネシアでは、改革を他者から押し付けられることは受け入れがたいとした。一方、チェンマイ・イニシアティブの強化（二国間の流動性支援）についても相談を続けたいとした。

２００９年２月22日、ＡＳＥＡＮ＋３財務大臣会議の特別会合（末松政務官参加、タイ・プーケット）が開かれた。この会合は通常年１回であるが、世界的な金融危機の影響が及ぶ中、チェンマイ・イニシアティブのマルチ化に係る「行動計画」（首脳への報告）を合意した会合である。

その前日夕方、シェラトン・ホテルで、インドネシアとの二国間会談が開かれ、①インドネシアが日本で発行するサムライ債に対し、ＪＢＩＣの保証を付与する（２年間で最大15億ドル）、②チェンマイ・イニシアティブに基づく二国間の通貨スワップ取極の規模を60億ドルから１２０億ドルに拡大する、の２点に合意し発表した。

また、日本からは、インドネシアが世銀等と協議中のスタンド・バイの共同融資ファシリティー（財政支援）については、ＪＢＩＣを通じて参加する（サムライ債保証を含め最大15億ドル）用意があると表明した。

［注］この共同融資ファシリティーは、3月4日、世銀より、歳出支援ファシリティー（ＰＥＳＦ）として、2年間で総額55億ドル（世銀20億ドル、日本15億ドル、豪州10億ドル、ＡＤＢ10億ドル）の枠組みが発表された。

7月初旬、私が財務省を去る数日前であるが、スリ財務大臣に代わり、アンギット長官が訪日した。サムライ債の東京でのロードショーのためであった。私との面会で、先方からは、5月に日本が発表していた円スワップ提案（円とASEAN自国通貨との緊急時型スワップ）について、ぜひ交渉に入りたいと言っていた。

3 その他の日本の支援策

2008年末から2009年前半にかけて、主にJBIC（国際協力銀行）を通じた金融危機への対応策がいくつか打ち出された。世銀グループのIFCとJBICが中心となった**「途上国銀行資本増強ファンド」**、IFCやADBとも協力した**「貿易金融支援イニシアティブ」**、アジアの省エネ事業等を支援する**「環境投資支援イニシアティブ」**、ASEAN諸国を念頭に置いた**「サムライ債発行支援」**などであるが、ODA関連のイニシアティブなどもあり、すべてが私の記憶に残っているわけではない。貿易金融支援イニシアティブを中心に、若干触れておきたい。

「アジア諸国のサムライ債発行支援」については、すでに述べたように、2009年2月には、インドネシア政府に対し、日本市場でサムライ債を発行する際、2年間で最大15億ドル相当円の保証をJBICが付与することを表明した。

この支援策は、その後フィリピン等他の国からも関心が寄せられた。また、日本のサムライ債市場の活性化につながる面もあった。そのため、対象をASEAN諸国全体に拡大する形で、5月のASEAN＋3財務大臣会合及びADB年次総会の際に、与謝野大臣から、サムライ債へのJBIC保証により最大5000億円規模の支援を行うことを表明した。

「貿易金融支援イニシアティブ」は、アジアを中心とした途上国の金融機関に対するJBIC融資を通じて貿易金融の円滑化をはかろうというものである。世界的金融危機の影響で、貿易量は大きく減少してきていた。貿易量の減少は、主として経済の減速による実体面からの影響によるものであると思われたが、金融危機に伴う金融機関の信用収縮が、貿易金融の円滑な供給を抑え、貿易取引を抑え込んでいるのかは、正直にいって定かではなかった。

しかし、貿易金融の問題は、G20プロセスでも議論の俎上《そじょう》に載り始めていた。WTO／世界銀行は、貿易金融の資金ギャップが1000億～3000億ドル程度あると推計し、いわば議論を煽っていた。欧米金融機関が金融危機で苦しみ、与信に慎重になっている中で、日本として、IMFへの1000億ドル融資に次いで、イニシアティブをとれるよい材料であると考えた。

そこで、2009年2月14日のG7財務相・中銀総裁会合（ローマ）に際し、中川大臣より、本イニシアティブを発表した。会合の場で、「貿易金融の停滞は、民間資金調達市場が未発達な途上国において、とりわけ影響が大きい。JBICの、アジアの途上国の金融機関に対する10億ドル規模の追加的な融資を通じて、途上国の輸出入業者への貸付がなされる形での資金フローの活性化をはかりたい。日本は貿易金融支援を率先してやっていくので、各国も協力してほしい」旨を述べた。

しかし、残念なことに、記者会見等を通じて、内外に日本のイニシアティブを十分にアピールすることはできなかった。その後、４月のG20首脳会合（第２回）に向けて、貿易金融についても支援額の拡大競争が起きてきた。

最終的に、G20首脳会合に際し、麻生総理大臣から、日本の貿易金融支援としてＪＢＩＣによる支援規模を２年間で60億ドル規模に拡大することを表明したが、ＩＦＣや各国からの貿易金融に係る支援表明が重なってしまっていた。

なお、G20首脳会合の声明では、「貿易金融支援のため、２年間で最低２５００億ドルを利用可能とする」との文言が入った。２５００億ドルという数字は、国際開発金融機関や各国の支援規模を集めたものとされたが、追加の支援額だけでなく、平時の貿易金融額を含めて数字を大きくみせようとした議長国英国の主導によるものであった。どうしてこういう規模になるのか、よく理解できなかった。

4 アジア開発銀行の増資

アジア開発銀行（ADB）は、世界銀行の弟分の一つとして、アジア・太平洋の開発途上国の経済開発や貧困削減のための融資等を行う国際開発金融機関である。ADBの増資（第5次）問題は、数年来の懸案であった。私がまだ国際局長であった2006年当時、すでにADB総裁は、融資余力が枯渇しつつあり、早期に増資交渉を始めたいとの話をしてきていた。ADBは私がかつて理事として3年間勤務していたこともあり、愛着のある銀行であった。またADBは「日本の銀行」として代々総裁を日本人が務めてきた、日本にとって重要な国際機関であった。

しかし、当時は、私は二つの理由から増資には消極的であった。一つは、ADBのガバナンス問題である。ADBの投票権をみると、日本と米国がともに15・6％で第1位、中国・インドが6・4％と6・3％で、第3位と第4位であり、世界銀行（WB）と比べて各国シェアの見直しができていない。15年ぶりの増資となると、こうした出資比率の議論が浮上するのを避けることは困難と思われたが、ADB内でそれに対する準備はなされていなかった。

第二は、ADBに限らず、国際開発金融機関にはlending cultureと呼ばれるものがあり、融資を増やすことがいわば自己目的化する傾向がある。貧国撲滅を目的とするADBの支援対象であるアジアの開発途上国が高い成長を遂げ、開発援助資金への依存を減らし民間資金をより使った経済開発に移行する必要があるのだが、ＡＤＢ自身の方針や自助努力も不明確な中で、財源がなくなってきたから増資するという理屈はなかなかすんなりとは入ってこなかった。中国へのＡＤＢからの開発融資が引き続き拡大しているのも気になった。欧米諸国が特に気にする点であった。

[注] ADB増資については、2008年春には、アジア各国の感触を探るべく、カウンターパートと意見交換はしていた。中国の李財政部副部長には、ADBでのシェア・アップのためには、ADF（各国からの拠出金で貧困国へ超低利の融資または贈与を行う勘定）への拠出増が大切という話をしたが、李副部長は、ADFへの拠出増への予算的余裕はなく、ADFについてインドが中国を上回ってもかまわないという言い方をし、中国の複雑な立場を説明していた。なお、中国では、IMFは人民銀行の担当、世銀・ADB等は財政部の担当であり、人民銀行は外貨準備を振り回せるのに対し、財政部は予算制約を受けやすいという側面を持っていた。のちに話題となるAIIB（アジア投資銀行）は、人民銀行のイニシアティブである。

しかし、２００８年9月の金融危機は、状況を一変させた。アジア諸国も金融危機のインパクトを受けざるをえない中で、それに対応するための足の速い支援をＡＤＢが行えないという状況になることが懸念された。

ＡＤＢにとっては、１９９０年代末のアジア通貨危機以来の出番であった。また、こういう緊急時の対応であれば、時間のかかるガバナンス改革を議論している余裕は当面はなくなるものと思われた。

そこで、２００８年11月7日、Ｇ20財務大臣会合（サンパウロ）の前日に開かれた日中韓の財務大臣代理の会合で、ＡＤＢの増資を緊急の課題として取り上げた。アジアの新興市場国が金融危機の影響を受けつつある中で、緊急に増資しないと、ＡＤＢの融資規模（通常資本）は、２０１０年には年90億ドルから40億ドルに減少してしまうと訴えた。

中韓は積極的な反応であった。世界銀行では、長い議論を経て、10月の開発委員会で投票権シェアの改革（意思決定における開発途上国の意見をより一層反映させる）について合意していたが、ＡＤＢのガバナンス問題を特段気にとめる様子はなかった。

ＡＤＢでは、増資の必要性について前年から各加盟国に徐々に説明を始めていたが、米国やいくつかの欧州諸国が増資は不要として消極的であるというＡＤＢからの情報も両国と共有しておいた。アジアの声をＧ20プロセスに反映させようという、恰好の投げかけができると感じられた。

11月14日の日中韓財務大臣会合（ワシントン）において、中川大臣は１５０％増ないし２００％増の増資が必要と述べた。会合の共同メッセージでは、日中韓の通貨スワップ拡大等と合わせ、「ＡＤＢの第5次増資に関し早期に合意が得られることを求めた」と謳うことができた。

15日のＧ20首脳会合（ワシントン）では、その合意文書において、日本のＩＭＦへの１０００億ドルの資金貢献に主に触発されたものであったものの、「ＩＭＦ、世銀、国際開発金融機関が危機克服で引き続きその役割を果たすために、十分な資金基盤を確保する」ことを、当面とるべき措置の一つとして加えることができた。

ただし、この時点では、ＡＤＢ増資については、ＡＳＥＡＮ諸国だけでなく、欧米諸国にも必要な根回しはできておらず、その後のＡＳＥＡＮ関連会合やＧ７Ｄ会合等を通じて、支持を確認していく作業を行った。

２００９年1月中旬にパリでＧ７各国の財務大臣代理と話をした際は、米国は、「ＡＤＢは貸しすぎではないか、と国内では評判が悪い」として態度を明らかにしなかった。米国の方針決定には、オバマ新政権を待つ必要があった。欧州では、フランスはポジティブ、ドイツはネガティブという伝統的な姿勢であったが、強く異議を唱えるという感じではなかった。

２００９年2月22日のＡＳＥＡＮ＋３財務大臣会合（プーケット）では、その「行動計画」の中に、「ＡＤＢは早期かつ大幅な増資をすべき。２００９年5月の年次総会までに合意が得られることを求める」と挿入することができた。

一方、この時期英国は、4月の第2回Ｇ20首脳会合（ロンドン）に向けて、会合の成果として、ＩＭＦや国際開発金融機関による資金供給の規模など、数字の大きなパッケージを作ることに腐心していた。ＡＤＢ増資はこの波に乗ることができ、Ｇ20の準備会合等の場でも広範にコンセンサスが形成されていった。

3月14日のＧ20財務相・中銀総裁会合（ロンドン近郊ホーシャム）において、新興国・途上国が国際的な資本フローの反転に対処するのを支援するためとして、ＩＭＦの資金基盤充実とともに、「アジア開発銀行の大規模な資本増加をはじめとして、すべての国際開発金融機関が必要とする資本を有し……」として、ＡＤＢの大幅増資に合意した。

事前の米国との接触で、米国は反対しないと連絡してきたため、私自身は会合の場では気楽であったが、インドや中国の大臣が次々とＡＤＢ増資の必要性を唱えたため、与謝野大臣にも一言、ＡＤＢ増資について支持する旨の発言をお願いした。久しぶりに、アジアの連帯を感じた一コマであった。

4月2日のG20首脳会合（ロンドン）のコミュニケにおいて、ＡＤＢの２００％増資が成果の一つとして言及された。そして、5月5日のＡＤＢ総会（バリ）において、ＡＤＢ第5次増資は正式に決定された。

第4章

東アジアの金融協力の行方

チェンマイ・イニシアティブのマルチ化を巡る交渉を中心に

チェンマイ・イニシアティブは、東アジアにおける域内金融協力の象徴である。域内のある国が、対外支払いに支障をきたすような流動性の困難に直面した際に、他の域内国が米ドルを融通するという「相互扶助」のメカニズムであり、各国の外貨準備という第一線準備、IMFというラスト・リゾートを補完する、第二線準備（セーフティー・ネット）である。

1997年に勃発したアジア通貨危機は、まず「アジア通貨基金（AMF）」構想を生んだが、これは早々に頓挫した。こうした経験を踏まえ、日中韓とASEAN諸国は、危機時には、域内国の二国間で、通貨交換（借入国通貨とドルのスワップ）の形で米ドルの短期的な供給を行うという、二国間通貨スワップのネットワークを構築した。

2000年5月のタイ・チェンマイでの第2回ASEAN+3財務大臣会合で合意したことから、「チェンマイ・イニシアティブ」（CMI＝Chiang Mai Initiative）と呼ばれる。2003年末までには、当初想定していた8か国（日中韓とASEAN5）間で16本の二国間通貨スワップ取極が締結され、一通りのネットワークを完成させた。

その後、CMIを強化するための議論が続いた。2009年5月には、より発展した枠組みとして、「チェンマイ・イニシアティブのマルチ化」（CMIM＝Chiang Mai Initiative Multilateralisation）が合意され、翌年発効した。

多数の域内参加国が単一の通貨スワップ取極に合意しマルチのメカニズムとすることで、参加国が保有する外貨準備を危機時に一斉に他の域内国に動員することが可能となった。また、

ＡＳＥＡＮ５以外の５か国も新規に参加し、ＡＳＥＡＮ＋３の全13か国が参加するスキームとなった。域内国の経済サーベイランスを行う組織も設立された。

ＣＭＩに合意した２０００年頃は、東アジア地域の貿易・金融における日本の比重が依然として極めて高かった時期である。ＣＭＩのマルチ化が発効した２０１０年は、中国のＧＤＰ（市場レートベース）が初めて日本を上回った年である。中国の存在感はますます高まり、東アジアの経済地図は大きく変化しつつある。東アジアの金融協力は、経済統合のプロセスではなく、相互扶助のメカニズムである。こうした協力は、今でも有効なのだろうか、どう進んでいくのだろうか。

本稿の主たる目的は、私の財務省時代の経験をもとに、過去を振り返ってみることである。東アジアの金融協力について、アジア通貨基金（ＡＭＦ）構想、ＣＭＩ、ＣＭＩＭと、時間の流れを追いながら経緯をたどり、今後の展望についても若干言及してみたい。

最初に触れておきたいのは、２００９年、ＣＭＩのマルチ化に向けての各国間の交渉の最終局面である。最も厄介な問題は、特に日中間の拠出額（投票権シェア）をどうするかであった。

１　ＣＭＩマルチ化を巡る日中間交渉の最終局面

２００９年４月11日、タイ・パタヤで開催が予定されていたＡＳＥＡＮ＋３（日中韓）首脳会合と東アジアサミットは、当時のタイ・アピシット政権に対するタクシン派の大規模デモによって会場が包囲されたため、各国首脳はすでにパタヤ入りしていたものの、会合は直前に中止されてしまった。しかし、日中韓首脳の宿泊先は会場から若干離れたところにあり、日中、日韓、日中韓の首脳会合は何とか開催することができた。

日中首脳会談の直前、中国側から外務省に、首脳会合本体の後、少人数で非公式に話し合いをしたいとの申し出があった。私（財務官）は、佐々江外務審議官とともに麻生総理の部屋を訪ね、これまでのCMIのマルチ化に係る交渉過程を簡単に説明するとともに、中国は、日中の拠出額（投票シェア）を同額にしたいとおそらく提案してくるであろうと申し上げた。

総理からの質問に答え、私からは、同額になるのはやむをえないだろうが、今日返事をする必要はない旨を申し上げた。後述するように、これまでの日中の事務ベースでは、互いに相手を上回るシェア獲得が必要だとの主張を繰り返してきていた。

事務ベースの長い交渉の中で、いずれ中国側からこの種の提案があることはわかっていたが、私は不覚にも、中国が直接首脳会合の場でこの提案を持ち出すとは想定していなかった。

この少人数会合には、両首脳のほか、先方から財政部長と外交部長、当方から外務審議官と私が陪席した。

まず、温首相から、「これから話すことは私たち2人で決めなければいけない。日本の経済力や科学技術の力はわかっている。日本も、中国のこれまでの努力や巨額の外貨準備のことも理解してくれると思う。CMIには日中とも貢献していきたい。そこで、中国（香港含む）と日本で同額ずつ、シェア32～33％で貢献してはどうか」といった内容の話があった。

麻生総理は、「マルチ化にあたって一番貢献してきたのは日本であり、今後も貢献していく必要がある。現下の経済危機からの脱却にあたり、アジア経済の成長以外これを埋めるすべはない。CMIの資金増額の必要性に同意する。中国がさらなる貢献をしたいという認識は理解する。日中の比率については、これまでの経緯もあるので、今後検討したうえで返事する」という趣旨の返答をされた。

この会合を受け、私と李中国財政部副部長との間で、主要点の最終確認作業を行った。ASEAN+3のメンバーではない香港のステータスをどうするか、日中韓合計でシェア80％との合意がすでにある中で韓国のシェアをどうするかなどの問題であった。また、日中が同額になることに対して、日本国内の世論がどう反応するかについても、内部で議論を行った。

2009年4月29日、麻生総理は中国を公式訪問し、北京の人民大会堂で、日中首脳会談が開催された。首脳会合では日中間のさまざまな懸案につき話し合いが行われたが、その本体会合の後、パタヤの際と同様、会議場を移し、両首脳による少人数会合が再び行われた。

会合の冒頭、麻生総理から、CMIのマルチ化に際する各国の貢献額について、政府内にも慎重論がある中、日中戦略的互恵関係を重視する考えから、パタヤでの中国提案に同意する旨を発言した。これに対し、温首相は、日本側の積極的な対応を評価したいと述べ、5月3日の

チェンマイ・イニシアティブのマルチ化における各国の貢献額

			貢献額（億ドル）		全体に占める割合（%）	
日中韓				**960**		**(80)**
	日本			384		(32.0)
	中国	香港を除く	384	342	(32)	(28.5)
		香港		42		(3.5)
	韓国			192		(16.0)
ASEAN				**240**		**(20)**
	インドネシア			47.7		(3.97)
	タイ			47.7		(3.97)
	マレーシア			47.7		(3.97)
	シンガポール			47.7		(3.97)
	フィリピン			36.8		(3.07)
	ベトナム			10.0		(0.83)
	カンボジア			1.2		(0.10)
	ミャンマー			0.6		(0.05)
	ブルネイ			0.3		(0.02)
	ラオス			0.3		(0.02)
合 計				**1200**		**(100)**

ＡＳＥＡＮ＋３財務大臣会合でマルチ化合意について公表できるよう、他国との調整にお互い協力していくこととなった。

なお、会合では、東シナ海資源開発や食の安全（ギョウザ）問題を引き合いに、両国の相手国に対する国民感情の悪化を改善することの重要性などについて、率直な議論がなされていた。

２００９年５月３

日、インドネシア・バリ島において、アジア開発銀行総会に先立ち、一連の財務大臣会合が行われた。まず、与謝野財務大臣の議長のもと、中国の謝財政部長と韓国のユン企画財政部長官が参加する日中韓財務大臣会合が開催され、残された課題であった韓国の貢献額もセットされた。日本と中国がそれぞれ３８４億ドル（中国のうち42億ドルは香港）、韓国が１９２億ドルで、２対２対１の比率となった。

午後にはＡＳＥＡＮ＋３財務大臣会合が開催され、ＣＭＩのマルチ化の主要事項（各国の貢献額や借入限度額、意思決定の方法など）について合意することができた。また、ＣＭＩＭのもとで、ＡＳＥＡＮ＋３各国経済のサーベイランス（経済状況の監視）強化のため、独立したサーベイランス・ユニットをできるだけ早期に設立することで合意した。

その後、各国で国内手続きが行われ、２００９年末までには各国の署名が完了、２０１０年3月にＣＭＩＭは発効した。なお、サーベイランス・ユニットについては、２０１１年4月、ＡＭＲＯ（ＡＳＥＡＮ＋３マクロ経済リサーチオフィス）としてシンガポールに設立された。

２　ＣＭＩ前夜――アジア通貨基金（ＡＭＦ）構想

東アジアの金融協力の枠組みを語る場合、「アジア通貨基金（ＡＭＦ）構想」から始める必要があろう。このアジア通貨基金（ＡＭＦ）構想とは、いわばＩＭＦ（国際通貨基金）のアジア地域版を作ろうというものであり、1997年のタイ通貨危機後に日本の財務省が内々に、域内国に提唱したが、わずか1か月あまりで頓挫した構想である。

東アジア域内の国々が相互に協力して緊急時に支援し合う枠組みを作ろうとの発想はそれ以前からあった。私が財務省のIMF担当の課長（国際機構課長）をしていた1996年後半には、黒田財政金融所長の音頭で、国際通貨研究所の篠原氏らと小さなチームを作り、アジア通貨基金の私案を作る作業を内々行った。

そのときは、私案を政府外の人から提案してもらい、各国にじっくり議論を広げていくことを想定していたが、そもそも米国抜きの枠組みを作ることへの慎重論があり、お蔵入りとなった。東アジア太平洋中央銀行総裁会議（EMEAP）でも、メンバーの構造調整プログラムを支援する融資制度のための取極の必要性が議論されていた。

1997年7月2日、タイ当局の必死のバーツ防衛策は市場の圧力に破れ、対ドル固定相場制を断念し、バーツの暴落が始まる。タイ当局は当初日本に対し支援を要請するも奏功せず、7月29日にはIMFに支援を正式に要請、8月5日にはIMFプログラムの内容につき基本合意に達した。これを受け、8月11日に、東京でタイ支援国会合が開かれた。

日本は、IMFと同額の40億ドルの支援を発表、ASEANの主要国や韓国、オーストラリア、中国（後日発表）、及び世銀・アジア開銀と合わせ、支援総額は172億ドルに達し、当初IMFが必要としていた支援額140億ドルを大幅に上回った。

このタイ支援国会合は、記憶に残る盛り上がった会合となった。インドネシア、マレーシア等のアジア諸国は、支援額を発表する際に、これは東アジア諸国の連帯（solidarity）のためであると力強く表明していたのが今でも記憶に残っている。盛り上がった大きな背景には、米国が支援を発表できなかったということもある。

米国は、１９９４年のメキシコ危機の際、当初４００億ドルの支援につき議会承認を求めたが、これを拒絶され、議会承認の必要ない為替安定化基金（Exchange Stabilization Fund＝日本の外貨準備に相当）から２００億ドルの支援を行った。その結果として、米国議会は政府に勝手に支援することを制限する議決（いわゆるダマト条項）を行い、当時米国当局はその制約下にあった。

もちろん、タイという東アジアの一角で起こった金融危機は、メキシコの危機とは比較にならず、また韓国、インドネシア、ロシアなどにも波及していくであろうという認識もなかったであろうと思われる。

こうした会合の勢いを駆って、アジア域内各国へのアジア通貨基金（ＡＭＦ）構想の根回しが榊原財務官を中心に始まった。ＡＳＥＡＮ諸国や韓国はおおむね賛同したが、オーストラリアは距離を置き、中国は態度を明確にしなかった。その中で、蚊帳《かや》の外に置かれた米国はこの構想に強く反対し、関係国へも圧力をかけた。米国抜きの枠組みへの拒否反応は強かった。

米国の表向きの反対理由は、地域ファンドができるとアジア以外の国（欧米）からの支援のインセンティブが弱まること、地域だけで支援プログラムを作るとコンディショナリティー（貸付の条件）が緩くなり、規律の喪失（モラル・ハザード）に陥りやすいこと（投資家がプログラムを信用しなくなる）、欧米中心に運営されているＩＭＦの、経済のラスト・リゾートとしての機能を損なう（重複する）こと、などであったと思われる。

ＡＭＦ構想の根回しは拙速であった。基金の概要は、①ＩＭＦ（国際通貨基金）を補完する役割を有する独立した常設機関（独自の事務局を持つ）であり、②通貨危機を未然に防止するため普段から域内サーベイランスを行い、③通貨危機が生じ、ＩＭＦの支援だけで不十分な場合、域内各国がＩＭＦを補完する形で支援する、というものであったが、構想の具体的内容が提示されることはなく、特にＩＭＦを補完するものだという性格は、当時の議論では十分に強調されていなかった（理解されなかった）ように記憶している。

このＩＭＦとの関係という点は、その後のＣＭＩやそのマルチ化のデザインを考えるうえで、常に重要なポイントの一つとなった。

本構想は、日米の財務相代理レベルでの議論のほか、9月18日のタイでのＡＳＥＭ財務相会議や20日の香港でのＧ７財務相会議等の際に根回しが行われたが、9月21日に非公式に開かれたＡＭＦ構想参加10か国財務相代理会議をもって攻防が終わるというわずか1か月あまりの短期戦であった。この会合でも、オブザーバーとして参加を要求した米国は強く反対を表明、オーストラリア・香港は賛否を表明せず、中国は発言をしなかった。

数年後、私が中国当局の幹部に経緯を質《ただ》したところ、彼は、「中国は反対したわけではない。内部で検討中だったのであり、時間があれば賛成した可能性はあった」としていた。真偽のほどは定かでないが、中国の場合国務院という存在があり、新しい方針を出すにはかなりの時間がかかることは事実である。この点は、その後のさまざまな中国との交渉においても、感じられた点である。

なお、蛇足であるが、米国は、この会合では、AMF構想について反対するとともに、米国を入れた域内のサーベイランスの仕組みを作ることを提案した。これが、日本、米国、オーストラリア、ASEAN諸国など（代理レベル）による「通貨・金融の安定に向けたアジア地域協力強化のための新フレームワーク」となり、第1回は1997年11月にマニラで開かれた（いわゆる「マニラ・フレームワーク」）が、さまざまな会議の重複が目立つようになり、2004年には、所期の目的を達成したとして終了した。

AMFが断念された後、日本は、マルチの枠組みでなく、バイ（二国間）の支援に重点を移していく。1998年10月に発表された「新宮沢構想」であり、アジア諸国の経済回復のための中長期の資金支援（輸銀融資や円借款）と、短期の資金需要が生じた場合の備えという二本柱の支援スキームであった。

この支援スキームは、二国間資金支援が中心であったが、翌年発表された新宮沢構想第二ステージでは、民間資金活用により重点が置かれ、アジアの債券市場の育成を通じ、域外からの短期資金への依存を減らし、域内貯蓄を域内投資に活用すること等を日本が支援する方向が示された。これが、のちにＡＳＥＡＮ＋３財務大臣会合プロセスにおけるアジア債券市場イニシアティブ（ＡＢＭＩ）に結びついていくこととなる。

3 チェンマイ・イニシアティブ（ＣＭＩ）の誕生

ＡＳＥＡＮ＋３（日中韓）という枠組み自体は、アジア通貨危機勃発直後の１９９７年11月に、クアラルンプールで開催されたＡＳＥＡＮ首脳会合に日中韓の首脳が招かれたことから始まる。１９９９年11月マニラで開催された第3回ＡＳＥＡＮ＋３首脳会議において、通貨・金融分野での東アジアにおける自助・支援メカニズムの強化の必要性が合意されたことから、ＣＭＩは動き出した。

これを受けて、２０００年5月にチェンマイで開催されたＡＳＥＡＮ＋３財務相会議（第2回）において、「チェンマイ・イニシアティブ」（ＣＭＩ）の枠組みが合意された。

ＣＭＩとは、対外支払いの困難に陥った国に対して、外貨準備を使って短期的な外貨資金（ドル）融通を行う二国間の通貨スワップ取極のネットワークであり、①ＡＳＥＡＮスワップ網（ＡＳＡ）の拡大と、②ＡＳＥＡＮ各国と日中韓それぞれとの二国間通貨スワップ取極のネットワークの構築、という二つで構成された。ＡＳＥＡＮスワップ網（ＡＳＡ）とは、ＡＳ

EAN5か国の間で米ドルと自国通貨を交換することにより、緊急時に米ドルを融通し合うメカニズムであり、1977年に設立された。1970年から80年代にかけ何回か発動された例もあったが、1997年から98年のアジア通貨危機という資本収支型の危機では、規模が極めて小さいこともあり発動されなかった。

[注]2000年11月、ASEANスワップ網（ASA）は、ASEAN10か国に対象を拡大するとともに、スワップの規模を従来の2億ドルから10億ドルに引き上げた。

一方、日中韓とASEAN諸国とのスワップ取極の二国間交渉は順次進み、2003年末までには、当初想定されたASEAN5か国と日中韓の間で、合計16本のスワップ取極が結ばれた。

このチェンマイ・イニシアティブ（CMI）の特徴について、いくつか述べてみる。

第一は、CMIは、あくまでも二国間の取極であり、その規模や使用する通貨も二国間の交渉で決められるという、弾力的なアレンジメントであった。

CMIは、日中韓とASEAN5の8か国の間で、計16本のスワップ取極が結ばれ、総額640億ドルにまでなったが、例えば、2009年2月には、リーマン・ショック後の金融混乱への対応として、日本とインドネシアとのスワップの規模を予防的に60億ドルから120億ドルに引き上げた。融通する通貨も、ほとんどの場合は米ドルであるが、日中間のように自国通貨を融通し合う形もとられた。

第二に、このスワップ網全体を管理・意思決定する主体は存在しないという点である。スワップ発動時に貸出国側で調整し合う仕組みは一応合意されていたが、スワップ発動の決定を行うのはあくまで各貸出国独自であり、貸出国がオプトアウトすることも可能で、ＡＳＥＡＮ＋３全体としてスワップ発動を決定する仕組みはなかった。

第三に、ＣＭＩでは、ＡＳＥＡＮスワップと同様、外貨資金（ドル）をどこかにプールするという「基金」の性格は持っていなかった。すなわち、各国の持つ外貨準備を、必要なときに他国に貸してあげるという方式であり、「基金」（例えばＩＭＦ）のように、各国が出資をし、基金に管理運営を任せるという方式はとらなかった。

最後に、既存の国際金融機関（ＩＭＦ）を補完するものであるとの性格が強く打ち出され、借入国がＣＭＩを通じて資金融通を受けるには、ＩＭＦとの間でプログラムをすでに合意しているか、あるいは合意が近いことが条件とされた。すなわち、ＣＭＩによる資金融通に、ＩＭＦの定めるコンディショナリティーを条件付けることで、ＩＭＦとの補完性を確保したのである。これを「ＩＭＦリンク」と呼んでいる。

しかし、ＣＭＩ交渉の過程で、マレーシア等は１００％のＩＭＦリンクに強く反対し、スワップ額の10％はＩＭＦリンクなしに融通できる仕組みとなった。この「デリンク」枠は、その後20％に拡大した。

なお、２０００年5月のＡＳＥＡＮ＋3財務大臣会合では、通貨スワップ以外にも、今後の地域金融協力の方向性に係る重要な方針が示された。

一つは、地域経済のサーベイランスの強化のための協力である。ＡＳＥＡＮ＋3プロセスにおける、財務大臣会議での各国経済状況に係る意見交換に加え、2002年から、年に2回開かれる財務大臣中銀総裁代理会議において、ＡＤＢ、ＩＭＦ、世銀、ＡＳＥＡＮ事務局などからの報告を交えた、域内の経済情勢に関する政策対話が実施されてきた。

私自身何度も出席したが、議論の内容自体は、ＩＭＦのサーベイランス（いわゆる4条協議）に比べると、形式的で深度の浅い議論であったといわざるをえない。やはり、多くの国がいる中で、Ａ国がＢ国の経済政策運営上の問題点を指摘するのはためらわれるのが当然のことであり、ＩＭＦのような各国からある程度独立した組織が議論を引っ張らないと、突っ込んだ議論は困難であった。

こうしたことから、ＣＭＩマルチ化の一環として、2009年、独立した事務局として地域サーベイランス・ユニット（ＡＭＲＯ）を設立することで合意することとなる。

もう一つは、資本フローのモニタリングについての協力である。アジア通貨危機の原因の一つが、不安定な資本の動きにあるとの認識から、資本フローをどうやってモニターしていくかは各国の関心事であった。2000年代前半、数か国の間では、二国間で資本フローのデータを交換し合う試みが行われたが、資本流出入の数字は、そもそも把握が容易ではなく、また各国にとって機密にあたることから、実際にはほとんど機能しなかった。

2004年5月の第7回ASEAN+3財務大臣会合（韓国・済州島《チェジュ》）では、2003年末までに一応の二国間通貨スワップ網が完成したのを受けて、CMIの有効性を強化する方策についての検討について合意。集団的意思決定手続きの導入、域内経済サーベイランスの強化（専門家グループの設置等）、スワップ規模の拡大などの作業が進められた。

2006年5月の第9回ASEAN+3財務大臣会合（インド・ハイデラバード）では、上記の作業の進展を確認するとともに、地域における流動性支援のためのより発展した枠組み作り（CMIのマルチ化）に向けて、可能な選択肢の検討を始めることで合意した。

4 CMIのマルチ化（CMIM）

CMIのマルチ化とは、従来二国間ベースの通貨スワップ契約のネットワークであったCMIを、ASEAN+3の全メンバー国が参加する1本の契約に基づく仕組みとすることである。多数のメンバー国が単一の通貨スワップ取極に合意することで、通貨スワップ発動に必要な手続きが共有され、メンバー国が保有する外貨準備を危機時に迅速・円滑に融通し合うことを可能にすることを目的としていた。

また、従来のCMIに参加していなかったブルネイ、カンボジア、ラオス、ミャンマー、ベトナムも加わり、ASEAN+3の全13か国が参加するネットワークとなった。

既述のとおり、２００６年5月のＡＳＥＡＮ＋３財務大臣会合（インド・ハイデラバード）において、ＣＭＩマルチ化（ＣＭＩＭ）の検討を開始し、そのための検討部会が設置された。当初は、各国の拠出額をプールして「基金」とし、アジア開銀等の信託勘定で管理してもらうという姿、すなわち「アジア通貨基金（ＡＭＦ）」構想に類似のもの、も有力な案の一つとして議論された。

しかし、法的手続き面での複雑さ、自国の拠出額を自国の外貨準備として引き続きカウントしたいとの意向、アジア開銀等が管理することへの抵抗（アジア開銀には米国や欧州がメンバーとして入っている）、大きな事務局を抱えることへの抵抗感などから、早い段階で立ち消えとなった。

２００７年5月の第10回ＡＳＥＡＮ＋３財務大臣会合（京都・国際会議場）では、ＣＭＩＭについて、１本の契約のもとで、各国が、運用は自ら行いつつ、外貨準備の一部をプールする（共通目的に使う）ことが適当であることで合意。また、①域内の短期流動性問題への対応、②既存の国際的枠組み（ＩＭＦ）の補完、というＣＭＩの二つの中核的目的を維持しつつ、検討を進めることで一致した。

ＣＭＩの持つ特徴として、①あくまで二国間の契約の積み重ねであること、②集中的意思決定メカニズムがないこと、③ドル資金をプールする「基金」でないこと、④ＩＭＦを補完するものであること、があるが、ＣＭＩＭは、このうち①と②の是正をはかり、③は諦め、④は継続する、という形で、CMIの有効性の強化をはかろうとするものであった。

こうした交渉にあたり、ASEAN+日中韓は複雑な立場の違いをみせる。まず、CMIMにあって、資金の出し手は日中韓であり、受け手はASEAN諸国が想定される。特に新たに枠組みに入ってくるASEAN5以外の低所得国（ベトナム、カンボジア、ラオス、ミャンマー）は、このCMIMのメカニズムを通じ経済援助（財政ギャップの支援）を受けられるのではないかという誘因がある。

従って、大臣会合では、CMIMの目的が「短期流動性問題への対応」であること、IMFの補完であることを、明確にしておく必要があった。こうした立場の違いについては、さらにIMFデリンク部分の扱いを議論する際に登場する。

2008年5月の第11回ASEAN+3財務大臣会合（スペイン・マドリード）では、CMIMの総額を少なくとも800億ドルとすること、ASEANと日中韓の拠出割合を20対80とすること、その他CMIMのいくつかの主要な要素（各国の借入限度の考え方、貸付の期間や金利など）について合意が進んでいることを確認したが、意思決定のメカニズムなどハードコアな論点については、なかなか議論が収束できないように思えた。規模の具体的金額を提示することで、交渉が進んでいる雰囲気を醸し出したいという背景があった。


［注］当時のCMIの規模は、双方向の二重計算を含めた合計で840億ドル、一方向のみで合計した場合580億ドルであった。「800億ドル」とは少なくとも現状以上にすることを意味した。当時、日本として

現行CMIとCMIマルチ化（比較図）

【現行CMI】

- 複数の二国間取極（8か国間、16本の取極）
- 発動時には、二国間で各国の外貨準備を融通

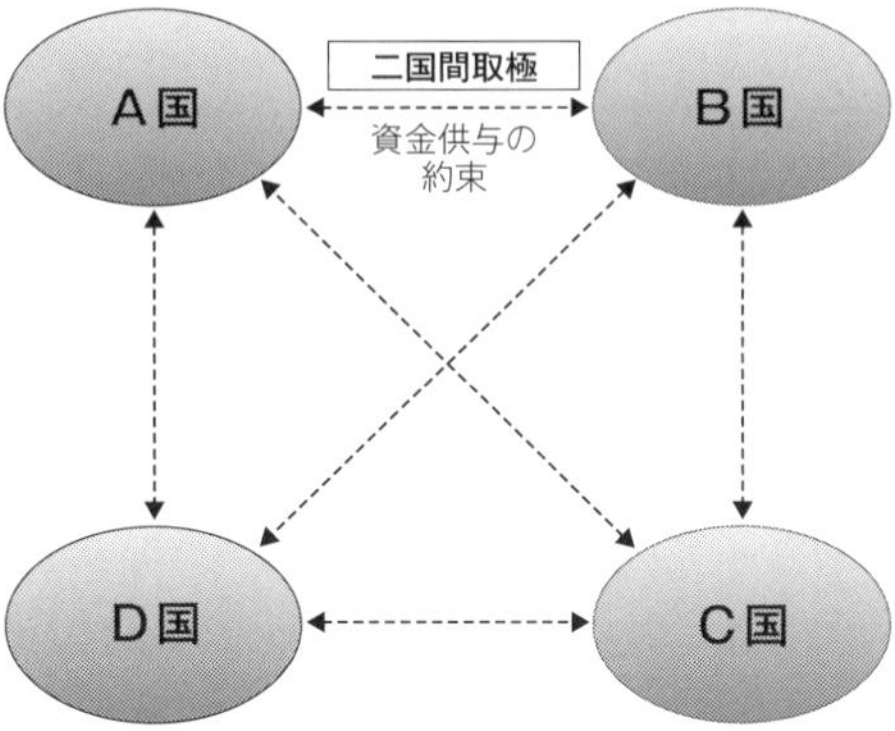

【CMIマルチ化】

- 1本の多国間取極
- 発動時には、二国間で各国の外貨準備を融通

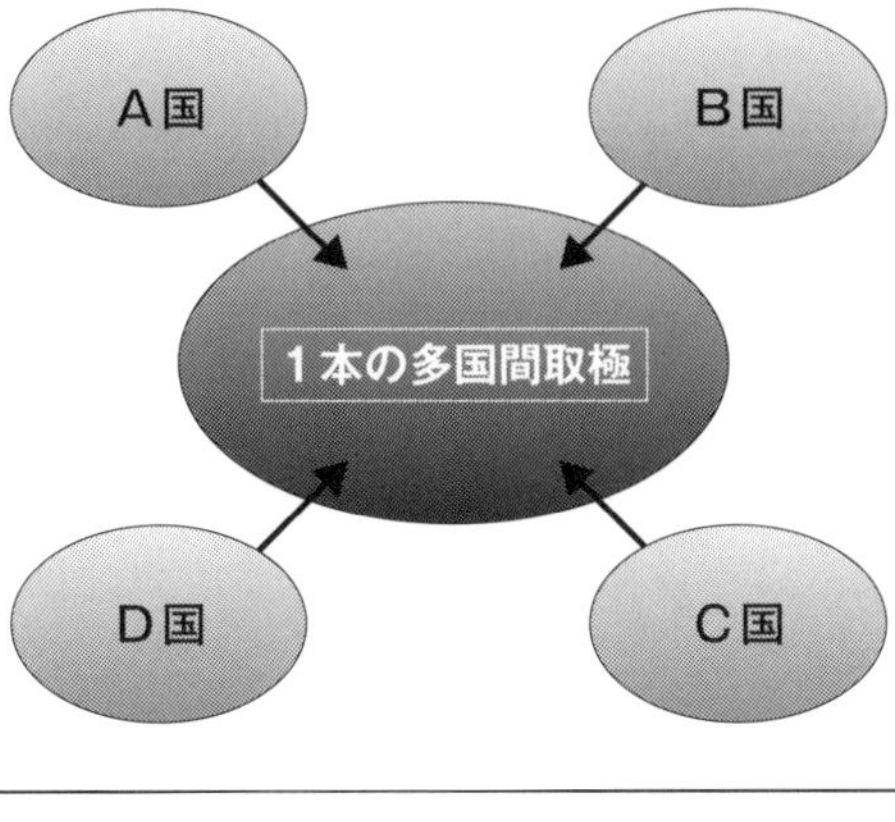

は規模拡大については柔軟に考えていたが、いくつかの重要な要素が確定しない中では、具体的に踏み込むことは早計と思われた。

このように、ASEAN＋3各国間の事務レベルでの交渉は、3年目に入っていた。交渉加速の契機となったのは、2008年9月のリーマン・ショックである。

10月24日のASEM首脳会議（北京）の際、ASEAN＋3首脳の非公式朝食会が急遽開かれ、地域経済金融情勢について議論を行った。その際合意されたプレス・ガイドラインでは、「地域経済は減速しつつも依然堅調である」としつつ、「アジア通貨危機の経験を踏まえ、ASEAN＋3は、チェンマイ・イニシアティブやアジア債券市場育成イニシアティブなどの協力の枠組みを推進してきており、その強化のため共に努力していく」とした。

実はその直前、タイのオラーン副首相は、CMIMの規模を1500億ドル（5月のASEAN＋3財務相会合の合意は800億ドル）にすべきと発言。また、フィリピンのアロヨ大統領は、CMIMを2500億ドルに拡大し、2009年前半に完成するべき等とメディアに発出していた。また、ASEANの中に流動性の供給や資本注入を行うファシリティーを設立すべしとの提案等、各国とも賑やかな感じになっていた。

こうした提案は、ASEAN＋3首脳の場では実際には出なかったが、その後のCMIM決着への各国の動きを活発なものとしていった。

11月14日、G20首脳会合（ワシントン）の際開かれた日中韓財務大臣会合では、共同メッセージとして、「日中韓の二国間スワップ取極の規模拡大について検討することで一致」「チェンマイ・イニシアティブのマルチ化（ＣＭＩＭ）を最優先の課題とし、そのプロセスを加速するため取り組んでいく」「地域のサーベイランス・メカニズムの強化策に関する検討を求めた」とした。

そして、２００９年2月22日のＡＳＥＡＮ＋３財務大臣会合の特別会合（タイ・プーケット）において、域内の金融協力の枠組み強化の必要性があるということで一致し、ＣＭＩＭの規模を１２００億ドルとするとともに、５月にバリで開催されるＡＳＥＡＮ＋３財務大臣会合でマルチ化の主要事項について合意を得るよう確認された。

こうした大臣会合の動きの裏で、主としてＡＳＥＡＮ＋３財務相代理会議をベースに、議論が詰められていった。その過程を細かく記載することはできないが、最終段階まで残った主な論点は、⑴意思決定方式と各国の拠出額、⑵ＩＭＦデリンク部分の取り扱い、⑶サーベイランス・ユニット、⑷香港問題、⑸借入可能額、⑹使用通貨などであった。以下では⑴を中心に振り返り、⑵及び⑶についても若干触れることとしたい。

⑴ 意思決定方式と各国拠出額

意思決定を集中的に行う以上、各国の発言権にウェートをつけ、多数決を導入することが必要であった。マルチ化交渉当時の経済規模を比べてみると、ＧＤＰ（２００８年）の規模で日本と中国はほぼ同じ、購買力平価ベースのＧＤＰで日本は中国の半分強、外貨準備高でも日本は中国の半分であった。

中国は、ＧＤＰ等経済力の増大を反映し、日本を上回る拠出割合となるべきと主張した。日本は、当時のＣＭＩへの貢献額は日本が中国の倍以上であること、ＩＭＦ等の国際機関への出資等も日本が中国を大幅に上回ること、これまで日本がアジア支援や金融協力で果たしてきた主導的な役割という実績を尊重すべきことなどから、中国を上回る拠出割合を主張し続けた。

この間、日中間のシェア争いが激化するのを避けるため、意思決定方式を多数決ではなく、コンセンサス方式にすべきとの提案も行ったが、韓国・マレーシア等がＣＭＩＭの集団的意思決定の精神に反するとして反対した。

２００９年5月のＡＳＥＡＮ＋３財務大臣会合に間に合わせるべく、永長国際局審議官や吉田地域協力課長などが中心となり、事務ベースでの議論は続いたが、なかなか出口がみつからなかった。

そんな中、その前年の終わり頃から、私は中国側のカウンターパートである財政部の李副部長と2人だけで何回となく話し合っていた。私も李副部長も、お互いに自国のシェアが下にくることは国内で説明をつけられないことを説明し合った。私自身、現在ほど日中関係は悪化している時期ではなかったものの、日本人の対中観との関係を大いに意識せざるをえなかった。また、中国の経済力の急激な増大の現実を、日本の世論全体がどこまで消化しているか、自信がなかった。

こうした時間の流れの中で、最後は日中同額で落とすしかないのであろうという雰囲気が徐々にできていった。私としては、今後中国の経済力がどんどん大きくなる中で、今回CMIで日中同額を合意することが、将来さらなる地域協力の仕組みを作っていく際の、一つのカンヌキというかアンカーとして機能してくれるのではないかとの期待もあった。

一方、中国側の意思決定プロセスはわかりにくかった。財政部だけで判断できる種類の話でないと思われたが、上層部（国務院）まで話が通っているかどうか不安であった。そのため、私は、中国側から具体的に日中同額を言いだすのを待っていた。

２００９年3月21日、中国大連で、特別の日中韓財務相代理会議が開かれ、主としてCMIマルチ化のうち未決着な論点について議論した。

会議での各国拠出額に関する議論は従来からの立場を繰り返したもので進展はなかったが、会議の休憩中に中国財政部の李副部長が寄ってきて、日中同額ではどうかと囁《ささや》いてきた。私からは、私のレベルでは返事ができないが、日中同額の提案は高いレベルで中国側から行うこと、香港からの拠出（及び投票権）は認めるが中国の一部としてカウントすること（すなわち中国本土は日本よりシェアが若干下がること）が大事であろう旨を伝えた。また、4月初めのロンドンG20サミットの際にも、2人で同様の会話を行った記憶がある。

その後の展開は、冒頭に記したとおりであり、日中首脳の2回にわたる非公式会談の中で決着していくこととなった。

［注］香港の参加問題は、２００７年秋の財務大臣代理会合のときであったと記憶するが、中国より、「香港外貨管理局を、中国とは独立した主体としてＣＭＩのマルチ化のスキームに参加させ、同スキームへの拠出、独自の投票権を保持させたい」と提案してきた。私としては、①ＡＳＥＡＮ＋３は主権国家の協力の枠組みであるが、香港は中国の独立行政区であり、ＡＳＥＡＮ＋３の枠組みの根幹に関わる、②香港はＩＭＦのメンバーでなく、仮に香港がＩＭＦから支援を求めるとすると、中国人民銀行を通じてなされることになる、③香港は確かにＩＭＦのＮＡＢ（新規借入取極）に参加しているが、ＮＡＢはＩＭＦへの資金貸与のメカニズムであり、ＩＭＦでの投票権等には関係ない、などと反論した。しかし、中国側にとって、これは上層部から下りてきた指令の様子であり、妥協できるものではないと思われた。ＡＳＥＡＮ＋３の他の国は、様子見を決め込み、ポジションをとらなかった。日中の拠出額と同時に、日中間で決着するしかなかった。

日中以外のシェアについて簡単に触れておく。ＡＳＥＡＮと日中韓の間の拠出額の比率は20対80とすることで事前に合意していた。

日中韓では、日本は全体の32％、中国も32％（うち香港が３・５％）、韓国が16％で、４対４対２という機械的な姿となった。韓国は、当時のＣＭＩへの貢献額と同程度を確保したいので20％のシェアが必要と強く主張していた。しかし日中間の合意を先行せざるをえず、韓国側のカウンターパートであるシン財務次官には申し訳ないことをした。

［注］韓国のシェア（日中韓合計との比較）は、当時のＣＭＩ下への拠出は25％程度あったが、一方、ＧＤＰは市場レートでもＰＰＰでも９％強、外貨準備は６％程度の水準であった。

韓国側に最終的に説明をしたのは、２００９年5月ＡＳＥＡＮ＋３財務大臣会合（インドネシア・バリ）でＣＭＩＭを最終合意する直前に開かれた日中韓財務大臣会合の際となってしまった。

与謝野大臣が議長を務め、機械的な拠出割合にしたという説明を行ったことで納得してもらった。実は、韓国のユン財務大臣は、私がアジア開発銀行で日本代表理事をしていた頃の韓国代表理事であり、何度も一緒にゴルフをした仲間であったことから、揉めても何とかなるのではないかという一種の甘えというか楽観論が私の中にはあった。

ＡＳＥＡＮの20％シェアの配分については、ＡＳＥＡＮのスモール５（ブルネイ、カンボジア、ラオス、ミャンマー、ベトナム）がそれぞれの外貨準備の５％分を貢献し、残りをＡＳＥＡＮ５（インドネシア、マレーシア、フィリピン、タイ、シンガポール）で均等配分するという原則でＡＳＥＡＮ内が合意した。最終段階では、各国の外貨準備の状況をみながら微修正が行われていた。

なお、２００９年5月当時は、リーマン・ショックの影響で市場がいまだ不安定になりがちな状況にあった。そこで、ＣＭＩＭ合意発表と同時に、日本はアジア市場安定のための日本独自の取り組みとして、アジア諸国との「円スワップ取極」を締結していく旨発表した。

これにはいくつかの背景がある。一つは、ＣＭＩＭを補完するバイの取り組みが望まれたことである。ＣＭＩＭの持つ、やや弾力性を欠く側面、例えば、米ドルを使用通貨とすること、マルチの枠組みゆえに、規模の増額にも各国の合意が必要であることなど、を補完したいと考えた。また、円を使用通貨とすることで、円の国際的な利用を促進する側面も期待できた。さらに、中国は人民元スワップ網の拡大を各国と進めており、その目的が貿易の人民元建て決済を支えるという面が強かったにせよ、CMIMを日中同額とするうえで、日本としてもさらに貢献しているという姿を作っておきたかった。

実は、円スワップは、平時の金融秩序維持を目的として、日銀がすでにいくつかの国と締結していた。

一方、通貨危機時の国際金融市場安定のための支援は、政府（外為特会《がいためとっかい》）の役割であり、「円スワップ取極」はこの観点から導きだしたものであった。しかし、外為特会は、外貨準備（ドル）を保有する会計であり、そこから円スワップを出すことには、担当する国際局の中には抵抗を感じる人もいたようである。

日本と中国がCMIMで同額の発言権を持つという点については、合意が発表された際、あまり国内メディアが批判的扱いをすることはなかった。中国の経済力増大を考えるとこんなものなのかな、という雰囲気であったのだろう。私は若干懸念しすぎていたのかもしれない。

(2) IMFデリンク部分の取り扱い

CMIMが発動され融資が行われる場合、借入国が借入可能限度に対してIMFプログラムなしで借入できる割合（デリンク割合）をどうするかという話には、二つの側面がある。

一つは、ＡＳＥＡＮ＋3諸国内での、潜在的な貸出国と借入国の立場の違いである。日中韓は、危機時にはＡＳＥＡＮ諸国に対する貸出国の立場となることが想定されることから、貸出の健全性を重視せざるをえない。地域内のサーベイランス（経済の相互監視）機能が十分に確立されていない状況では、ＩＭＦのお墨付きなしに国の財産を貸し出すことについては当然抵抗がある。一方、ＡＳＥＡＮ諸国の多くは、潜在的借入国の立場であり、資金融通を受ける際の制約は小さいほうがいいのは当然である。

もう一つの側面は、アジア通貨危機におけるＩＭＦプログラムへの苦い経験からくるＩＭＦに対する反感（いわゆるスティグマ問題）である。ＣＭＩＭマルチ化交渉時は、アジア通貨危機からすでに10年が経過していたが、ＡＳＥＡＮ諸国の一部（タイ、インドネシア、マレーシア等）では、依然としてこの問題は政治的にもセンシティブな問題であった。

このＩＭＦデリンク部分は、２０００年のＣＭＩ合意時に、マレーシアのマハティール首相の強い意向で導入が決められたといわれている。その後も、ＡＳＥＡＮ諸国からは常にデリンク割合の引き上げが要望され続け、これを日本や韓国が押し戻すという経過であった。

ＣＭＩマルチ化交渉に際しては、日中韓は、地域サーベイランスの強化のための事務局の設置が急務との立場を主張した。２００９年のＣＭＩＭ合意の際は、当時の20％のＩＭＦデリンク割合は当面変更せず、今後のサーベイランス機能の強化の状況をみながら、デリンク割合の引き上げを検討するということとなった。

なお、２０１４年、ＣＭＩＭの発動可能総額が２４００億ドルに倍増されたが、その際、ＩＭＦデリンク割合は、30％に引き上げられた。

(3) サーベイランス・ユニット

ある国が相手国を二国間で金融支援する際、相手国の経済政策の問題点を指摘し、支援に条件（コンディショナリティー）を付けるというのは容易ではない。仮に可能であったとしても、二国間だと経済以外の要素を考慮するなど、どうしても支援が甘くなってしまう（モラル・ハザード問題）ことは大いにありうる。こうなると、貸し手の側も債権保全の観点から問題であるし、借りる側にとっても、経済の持続的回復をはかるうえで得策とならない可能性がある。また、市場（特に投資家）は、支援の仕組みが甘いとして、借入国に資金を投入したがらないであろう。

ある国が経済危機に陥った際のＩＭＦの存在意義は、ここにある。ＩＭＦの役割は、単に金融支援をするのではなく、第三者の独立した客観的立場から、経済政策に対する冷徹なアドバイスを行い、危機からの脱出を導くことである。そして、そのためには、日頃からその国の経済情勢について把握し、当局との会話を行って（コンサルテーション）おく必要がある。

もちろん、ＩＭＦが経済状況の分析や政策アドバイスを間違えることはよくあることであり、「独立した客観的立場」がどこまで維持できているか怪しいときもある。しかし、ＩＭＦの経済危機に陥った国に対する素早い処方箋の作製能力については、あまり異論のないところであろう。

ＣＭＩＭは、集中的意思決定メカニズムで合意した。しかし、将来の姿として、できるだけＩＭＦに頼らない姿を描くのであれば、この地域として、独自に各国経済の相互監視（サーベイランス）を行うプロセスを作り、それが市場からも一定の信頼感を得ることが大切である。

ＡＳＥＡＮ＋３各国とも、こうした要請自体には理解を示し、いくつかの試みが行われたが、ＡＳＥＡＮ諸国の多くは、強力なサーベイランス機能ができ、自国の政策運営に注文が出ることには、必ずしも積極的ではなかった。いわば潜在的な借入国として、ある意味で当然の対応ではある。

いくつかの国は、サーベイランスという言葉自体、ＩＭＦを想起させるとして嫌がった。日本は、従来から地域サーベイランスの重要性を唱えており、中国韓国も類似の立場であった。

こうした中、ＡＳＥＡＮは、恒久的なサーベイランス・ユニットを作るまでの暫定的な仕組みとして、既存のリソース（国際機関や民間銀行の分析資料など）を使って、ＡＳＥＡＮ＋３大臣会合のもとに置く専属スタッフがサーベイランス作業を行うという方式を提案した。

これに対し、日中韓は、恒久的なユニットを早急に設置するよう強く要請した。中国はＡＳＥＡＮ事務局からは独立した組織を作ることを希望し、韓国はユニットをソウルに誘致したいとした。

こうした議論を経て、２００９年2月、タイ・プーケットでのＡＳＥＡＮ＋3財務大臣特別会合において、ようやく独立した地域サーベイランス・ユニットを早急に設けることで合意した。

この会議では、このほか、ＣＭＩＭの規模を１２００億ドルとすること、サーベイランスのメカニズムが有効に機能を果たすようになれば、ＩＭＦデリンク割合を20％から引き上げることもありうることについて合意した。


［注］なお、この会議に出席した末松財務大臣政務官とインドネシアのスリ財務大臣の間で、日・インドネシア間の既存の二国間スワップ取極を１２０億ドルに倍増するなどの日本による支援が決定された。


AMRO（ASEAN+3 Macroeconomic Research Office）がシンガポールに設立されたのは、２０１１年4月である。ＡＭＲＯ所長は、第一代が中国、第二代が日本（根本氏）、第三代が中国と、たすき掛けになっている。ＡＭＲＯの設置場所は、ＡＳＥＡＮ諸国間の交渉に任され、当初マレーシアとタイが争ったが、痛み分けだろうか、シンガポールに落ち着いた。

これは脱線になるが、タイ中銀がＡＭＲＯのために用意していたオフィスは、現在ＩＭＦが利用している。私のＩＭＦ時代、ＡＳＥＡＮ各国は私の担当国の一部であった。２０１２年だったと思うが、アジア通貨危機後追い出されていたタイにＩＭＦのオフィスを作りたいという私の希望と、当時開かれつつあったミャンマーへのＩＭＦからの技術支援を増やしたいという考えから、タイの中銀総裁等と協議を行い、地域の技術支援促進のために開設したオフィス

（TAOLAM）である。


［参考］通常、ASEAN＋3財務大臣会合（現在は中銀総裁も参加）は、年1回であり、アジア開銀の年次総会の際にASEAN財務大臣会合の後に開かれた。その代理会合（財務官レベル……当時から中央銀行も参加）は、春と秋の2回開かれ、春はASEAN側の議長が、秋は日中韓側の議長が主催するのが通例であった。2008年は、春は4月初めにダナン（ベトナム）で、秋は11月末に箱根のホテルで開催した。ちなみに、2007年11月は麗江（中国）で開かれた。代理以外にも各国からそれぞれ数名参加する会合で、親睦をはかる意味でも大変に思い出に残るものであった。

また、日中韓でも、大臣会合などさまざまなレベルで随時会合が開かれたが、傑作だったのは、いわゆる3局長会議で、日中韓の国際担当局長が集まって懸案を話し合うことを名目にしたものであった。私も、国際局長時代に北海道の洞爺湖で会議を主催したことがあった。会合の準備をした国際局のスタッフには迷惑をかけたが、北海道は中韓の面々には大変好評であった。

5 東アジア地域金融協力の今後

チェンマイ・イニシアティブは、マルチ化により、東アジアで新しい金融危機が起きたとき、より効果的かつ迅速に対応しうる枠組みを作った。しかし、いまだ一度も実際に機能するかどうかのテストは受けていない。

2008年秋のリーマン・ショックの際には金融市場の不安定化がさまざまな形で表れたが、東アジアで金融支援が必要となるような危機に陥った国はなかった。これは、アジア通貨危機後の各国のさまざまな政策努力によるものであり、歓迎されることである。

２００９年にかけて、韓国とインドネシアに関しては、市場の不安定化に対応して、予防的な支援措置がとられたが、それはＣＭＩＭが発効する前の時期であり、従来型の二国間の通貨スワップの枠を拡大することにより、市場に安心感を与える（実際の発動はしない）という形をとった。

こうした経験もあり、２０１２年、ＣＭＩＭに危機予防機能（Precautionary Line）を付加することで合意した。これはＩＭＦのＰＬＬ（Precautionary and Liquidity Line）をモデルにしたものであるが、残念ながらＩＭＦにおいてすらＰＬＬはうまく利用できていない。

ＣＭＩＭをさらに有効なものにしていくには、何が求められているのだろうか。

(1) 日中韓の連携

これまでみてきたように、ＡＳＥＡＮ＋３プロセス、そしてＣＭＩは、アジア通貨危機を起爆剤として成長してきたものであり、その基本的性格は、日中韓が協力してＡＳＥＡＮ諸国を支援する枠組みを作るというものであった。

ＣＭＩをマルチ化まで築いてきたベースには、日中韓３か国の財務・中銀当局のさまざまなレベルにおける密接な連携があった。

東アジアのどこかで将来金融危機が起きたとき、ＣＭＩＭというマルチのシステムで支援することが望まれるのであれば、平時から、危機対応資金の事実上の出し手となる日中韓の間で一定の信頼感を醸成し、連絡を密にしておくことが大切であり、そのための努力を継続していく必要がある。

ＡＳＥＡＮ＋３財務大臣のメカニズムでは、ＣＭＩＭの他に、ＡＢＭＩ（アジア債券市場イニシアティブ）などのイニシアティブも進めてきた。しかし、ここ数年は、東アジアの金融協力をさらに進める方向の具体的な動きは出ていない。

［注］なお、ＡＳＥＡＮ10か国が入っている地域協力メカニズムとしては、ＡＳＥＡＮ＋３のほか、２００５年に生まれたＡＳＥＡＮ＋６（インド、豪、ニュージーランドが入る）や東アジアサミット（さらに米・ロシアが入る）などがあるが、これらは主として外交的プロセスの面が強い。

いずれにせよ、日中韓それぞれの国が、東アジアにおける金融協力の将来の姿を見定めていく必要があるのだろう。ここで、安全保障や外交の視点に触れることはしない。

しかし、例えば次にＡＳＥＡＮのどこかで金融危機が起きたとき、日中韓それぞれが従来型の二国間の支援（例えば二国間の資金融通など）で競い合っていくのか、あるいは、東アジア地域の経済・金融の統合を将来の方向性として目指し、より複層的な視点から、一つのツールとしてＡＳＥＡＮ＋３のような多国間のメカニズムをさらに活用する意思を持つのかは、ＣＭＩＭの将来にとって基本的な課題である。

今回の欧州金融危機の勃発に際し、ユーロ圏は、ユーロ圏内の国をお互いに支援するメカニズムを持たなかったが、各国の立場の鋭い違いを粘り強く調整しながら、時間をかけて欧州安定メカニズム（ＥＳＭ）という域内のセーフティー・ネットを構築してきた。もちろん、金融規制や監督の統合（Banking Union）や財政統合（Fiscal Union）へは道半ばであるが、欧州諸国には、欧州統合は後退させられないという強い政治的意思が依然ある。

東アジアにはすでにＣＭＩＭというセーフティー・ネットが存在する。有効な地域セーフティー・ネットは、各国の持つ外貨準備（第一線準備）、ＩＭＦというラスト・リゾートとともに、いわば第二線準備として、危機の伝播を予防する効果を持つ。また、アジア通貨危機の際のように、ＩＭＦの考え方と域内の考え方に違いがあるとき、ＩＭＦと意見を戦わせることができる。欧州危機の際の、ギリシャ問題に係るＩＭＦと欧州委員会（ＥＣ）の議論のように。今後域内国が危機に見舞われたとき、域内各国がsolidarityを合言葉に密接に協力できることが、この地域セーフティー・ネットが機能する前提である。

(2) ＣＭＩＭの運営〈サーベイランス機能の強化〉

ＣＭＩＭを機能させるうえで、その運営上、現時点で最も大事な課題は、サーベイランス機能の充実である。すでに述べたように、危機時に迅速に対応するためには、平時から各参加国の経済状況や政策運営を綿密かつ公平に分析する能力が必要である。

また、貸出の際のＩＭＦデリンク割合をさらに上げていく（さらには撤廃する）には、サーベイランス機能に各国当局や市場参加者が信頼感を持つレベルにまで、充実させていく必要がある。

地域サーベイランス機関であるべきAMROが進化していくためには、いくつかの課題を解決する必要がある。一つは、各国からのセンシティブな情報の提供を可能とすることである。特にASEAN諸国は、他のASEANの介入を招くようなアレンジメントを好まない傾向がある。AMROの守秘義務をどう担保するかという問題もある。しかし、この点は有効なサーベイランスを行ううえで欠かせない。

第二に、予算・スタッフ規模をさらに充実する必要がある。スタッフの質も極めて大切である。欧州では、欧州委員会（EC）という巨大な組織の一部が、サーベイランスの役割を果たしている。スタッフを増やすにあたっては、現在ASEAN＋3諸国に限られているスタッフ採用をもっと弾力化し、AMROが自由に適材を採用できるようにするべきである。これは、AMROの分析に独立性を与える観点からも重要であると思われる。

最後に、域内国間のピア・プレッシャーについて、各国間での理解を深める努力である。AMROがどこかの国の政策に注文をつけても、他の国が知らん顔をすれば何の効果もない。難しい課題ではあるが、時間をかけて環境作りをしていく必要がある。

また、将来の東アジアのさらなる統合を意識するのであれば、現在米ドルに限られているCMIMの使用通貨を、域内の通貨（円や人民元）に拡大していくというのも一つの方策である。ＡＳＥＡＮ＋３プロセスでは、かつて「アジア通貨単位」（ＡＣＵ）という概念が活発に議論されたことがある。

東アジアの状況をみると、ユーロのような通貨統合を目指す動きが近い将来出てくるとは考えられないが、米ドルでない通貨をも緊急時の支援に使えるようにすることは、地域全体の安定性の視点からは、一つの考え方であろう。

なお、２００８年1月、額賀大臣のインド訪問の際、インドとの間で、通貨スワップ取極（規模30億ドル）の合意をした。これは、ＩＭＦとのデリンク部分を20％とするなど、ＣＭＩと同じ方式を使ったが、ＡＳＥＡＮ＋３のＣＭＩとは別の二国間のものと位置付けた。ＡＳＥＡＮ＋３のメンバー拡大が容易ではない中で、日本としてこうした地域的な枠組みをどう発展させていくかも大事な視点であろう。

(3) ブレトン・ウッズ体制との関係

「アジア通貨基金（ＡＭＦ）構想」の際は、米国が強く反対し、欧州各国もこれをサポート、ＩＭＦも強い懸念を表明した。しかし、ＣＭＩが立ち上がり、ＩＭＦとの補完性がある程度確保されることがわかった時点で、米国の拒否反応はなくなっていった。

マルチ化の交渉過程でも、米国等にはときどき進捗状況を知らせていたが、特段の反応はなかった。むしろ、最近ＩＭＦは、こうした地域のイニシアティブとの連携を深める試みを行うようになってきている。

２０１０年以降のギリシャ問題から始まる欧州金融危機は、地域イニシアティブの重要性を確認させた。欧州安定メカニズム（ＥＳＭ）という欧州版のＩＭＦ類似機関の登場である。今や、ＩＭＦでも、対外収支危機に対する第一線準備はその国の外貨準備であるが、第二線準備はＣＭＩのような地域のセーフティー・ネットであり、ラスト・リゾートがＩＭＦであるという言い方に変わってきている。ユーロ圏のある高官は、次にユーロ圏で金融危機があってもＩＭＦは必要としないのではないかと公言するまでになっている。

世界経済の多極化は進行中であり、ブレトン・ウッズ体制など国際金融の分野でのガバナンス構造も変わっていく運命にある。地域メカニズムとして、ＣＭＩＭやＥＳＭに加え、ＩＭＦ等既存機関のガバナンス改革の遅れをついて、２０１４年ＢＲＩＣＳ開発銀行と同時に設立合意されたＢＲＩＣＳのＣＲＡ（Contingent Reserve Arrangement）は、ＢＲＩＣＳ各国間の通貨スワップ協定である（協定内容はＣＭＩに酷似している）。

もちろん、地域のセーフティー・ネットは、世界的な問題には必ずしも対応できない。襲ってくるリスクの種類によっては、地域全体が同類のリスクに覆われ、その地域だけでリスクをシェアすることができなくなるかもしれない。ＩＭＦというグローバルなセーフティー・ネットとの補完関係が大切である。そのためにも、ＩＭＦのガバナンス改革が進み、欧米先進国中心といわれるその構造の変革が進むことも重要である。

なお、国際通貨制度とは直接関係ないが、最近設立されたアジアインフラ投資銀行（ＡＩＩＢ）について触れよう。

ＡＩＩＢは、欧州諸国の参加を得て、国際機関としての体裁が整ってきたように思える。インフラ・ファイナンスに特化した効率的な運営を進めているようだ。アジア開発銀行の場合、インフラだけでなく、教育や衛生などの社会セクターへの資金支援や技術支援も行っており、いわば世界銀行のアジア版として大きな組織を構えるのに対し、ＡＩＩＢはかなり省力化できる面があろう。

また、銀行本部に各加盟国を代表する理事会を物理的に置かない点も、リーンな組織運営を助けるだろう。ＩＭＦでも、英国等は理事会の non-resident 化を伝統的に主張しており、さほど奇異な形態であるとは思えない。

一方、ＡＩＩＢの最大の問題は、その資本構成において中国のみが極めて大きなシェアを握り、総裁を中国から出し、本部も中国にあることからくるガバナンスの問題であると考えられる。ＡＩＩＢの活動は、「一帯一路」とは切り離されているとはいうが、周囲には必ずしもそうは映らない可能性がある。ＡＩＩＢが真の国際機関を目指すとすれば、このことは大きなハードルである。

日本は、ＡＩＩＢ設立に向けて参加の話があった際に、その議論に参画し、こうした基本的なガバナンス問題が改善可能かを真摯に探究してみることも考えられたであろう。しかし、日米同盟や諸外国の対日観といった政治的な情勢は、こうした動きを困難にしたものと思われる。

東アジアの地域協力は、アジアに生きる日本にとって重要な課題である。世界の政治経済情勢は、米国一極集中の時代から、多極化の時代へと着実に移行しつつある。米欧を中心とする既存のブレトン・ウッズ体制、安全保障面を中心とした米国との絆、ますますその存在を強める中国、といった要素を視野に入れながら模索しつつ、東アジアの中で日本がどう積極的な役割を果たしていくべきなのか、難しい課題である。

【補論】

東アジア地域の金融協力としては、チェンマイ・イニシアティブと並び、**アジア債券市場育成イニシアティブ（ABMI＝Asian Bond Markets Initiative）**もASEAN＋3プロセスの中で進められた。これは、１９９０年代後半のアジア通貨危機の背景に、各国金融機関がドル等の外貨を短期で借り入れ、自国通貨建てで国内のより長期の融資にあてるという「通貨と期間の二重のミスマッチ」があったことを受けて、アジア域内の貯蓄を域内の中長期の投資に活用しようという趣旨で、２００３年8月のASEAN＋3財務大臣会合（マニラ）でスタートしたものである。

このイニシアティブのもと、国際機関や政府系金融機関による現地通貨建ての債券発行や、その他発行体や債券の種類の多様化が進み、２００８年末では、ASEAN＋3の現地通貨建て債券市場の規模（日本、香港を除く）は、10年前の約10倍に達した。

２００８年５月のＡＳＥＡＮ＋３財務大臣会合では、これまでの成果を踏まえ、今後の取り組むべき課題を整理した「新ロードマップ」に合意し、そのもとでさらなる努力が進められた。ただし、課題は徐々に、証券規制や監督枠組み、会計基準、決済システムなど、各国の仕組みをどう整合的にしていくかという点に入っていかざるをえず、ＡＳＥＡＮ内の経済統合の遅々とした動きと相まって、十分な成果が出せているかどうかの判断は難しいところである。

もう一つ付言しておきたいのは、**「日中韓マクロ経済・金融安定化ワークショップ」**である。これは、ＦＳＦ（金融安定化フォーラム）のアジア版を作って、マクロ経済を担当する当局と金融安定化を担当する当局間での議論を強化してはどうだろうかということで、２００８年に入ってから、当方から中韓に投げかけたアイデアである。

ＡＳＥＡＮ＋３を念頭に置いていたのであるが、中韓は必ずしも熱心ではなく、まずは３か国間でやってみようということになった。２００８年５月の日中韓財務大臣会合（第８回、マドリード）で、「日中韓の財務省、金融監督当局及び中央銀行が参加する会合をまず本年中に開催することの重要性を認識」で合意した。ＦＳＦがＦＳＢ（金融安定理事会）に拡大され、中国等すべてのＧ20が参加することとなったのは、２００９年４月のＧ20首脳会合での決定である。

第１回のワークショップは、２００８年11月26日に東京（三田会議所）で、第２回は２００９年７月１日に上海で行われた。この上海出張が、私の財務官としての最後の出張であった。

第5章

リーマン後の国際金融政策の動き

ここでは、２０１０年から5年間在籍したＩＭＦ（国際通貨基金）での経験をベースに、リーマン・ショックと世界金融危機後に起きた国際金融政策面でのいくつかの事象（特にＩＭＦの政策プロセスの変貌）を取り上げてみたい。

1 ＩＭＦで働いて

米国ニューハンプシャー州にブレトン・ウッズという小さな村があり、そこにマウント・ワシントン・リゾートというホテルがある。１９０２年に開業した由緒あるリゾートホテルで、夏はハイキングやゴルフ、冬はスキーを楽しめる。私が訪れたときは、リスやクマの親子に遭遇することができた。

このホテルで、第二次世界大戦時の１９４４年に、戦後の国際経済秩序の枠組みについて国際会議が開かれ、いわゆる「ブレトン・ウッズ協定」が署名された。この協定をもとにＩＭＦと世界銀行が設立されたわけで、両機関を総称してブレトン・ウッズ機関（Bretton Woods Institutions）と呼ぶのは、このためである。今でも、協定の署名を行った会議室や、英国代表であったケインズ卿が泊まった部屋などが残されている。

当時会議に出席したのは連合国側の40か国強であり、もちろん日本は参加していない。日本やドイツの戦敗国がＩＭＦに加盟したのは１９５２年のことであった。設立協定作成にあたっても、「ホワイト案」(ホワイトは人名で、米財務省の高官)と「ケインズ案」(ケインズは英国の著名な経済学者)の間で激論が戦わされたと歴史の本にある。こうした簡単な歴史からも明らかなように、ＩＭＦは英米を中心に設立された機関である。

当初のブレトン・ウッズ体制の柱は、為替制度として固定相場(Adjustable Peg)の維持と、経常取引(財サービス貿易)に係る為替規制の原則禁止であった。その背景には、第一次大戦後の経済恐慌の経験、すなわち、金本位制は硬直的かつデフレ的であったこと、金本位制離脱後の変動相場制は各国の競争的通貨切り下げを呼んだこと、同時に行われた各国の為替規制も世界貿易の縮小を促したことなどがある。いわゆる「近隣窮乏化政策」(beggar thy neighbor policy)への反省である。

しかし、１９７０年代、先進国は固定相場制度の維持ができなくなり、変動相場制へと移行していく。固定相場の義務を課したＩＭＦ協定(第４条)は改正され、各国は、固定相場に代わり、ＩＭＦのサーベイランスを受ける義務を負う(相場制度の選択は国により自由)ことになる。

サーベイランスとは、各国がＩＭＦと協力し、秩序ある為替制度と為替レート安定に寄与しているか確認することである。実際には、物価安定を伴った健全な経済成長を導いているか、そのための経済金融市場への対策は行われているか、為替政策が、国際収支不均衡の調整を妨げたり、不当な競争的優位を得ることとなっていないか、などを協議することである。

これを「4条協議」（Article 4 Consultation）と呼び、原則年1回（小国は2年に1回）、IMFと加盟国はこのプロセスを経る原則となった。

これがIMFの「警察官」としての役割であるのに対し、どこかの国が国際収支危機に陥ったときに緊急に融資するとともに、融資にあたって政策面でとるべき条件（コンディショナリティー）を付け、その国の対応を手助けするのが、「消防士」としてのIMFの役割である。

固定相場制の時代には、融資の相手は欧州の先進国だけであり、国際収支の悪化から為替下落の危機を迎えた国への短期の融資が行われた。変動相場の時代に移ると、融資プログラムは多様化し、ラテンアメリカの累積債務問題、アジア通貨危機、最近の欧州債務危機など、その国の事実上のソブリン・リスク、資本の急激な流出、金融セクターの崩壊などに対して、金額もはるかに大きく、息の長い融資プログラムを組んでいくようになってきた。

私がIMFで副専務理事として働いていたのは、2010年3月からの5年間である。勤務を始めた頃は、IMFにとって一つの節目の時期であった。

すなわち、それまで数年間のグレート・モデレーションと呼ばれる世界経済の好況の時期には、危機に陥る国はなく、IMFの融資量は激減し、融資に伴う利息収入の急減から、IMF職員のリストラや保有する金の売却まで行われていた。一部では、IMF不要論まで議論されていた。

しかし、2007年のサブプライム危機を契機としたリーマン・ショックによる世界経済危機は、2008年秋に至り、欧州周辺国をIMFプログラムに走らせ、2010年春にはギリシャ問題が勃発、その後の欧州債務危機に至ることとなる。

IMFは再度注目度を高め、融資量も急激に増加し、IMF史上稀にみる巨額の金融支援をギリシャ、アイルランドなど欧州先進国に供与していくこととなる。IMFスタッフの人繰りは逆に相当窮屈になり、言葉は悪いが、商売繁盛の時期にさしかかっていた。

副専務理事の役割を説明するうえで、IMFの組織について若干触れてみよう。

IMFの意思決定は、加盟国（現在188カ国）がその出資金（クォータ）に比例して与えられる投票権を行使することで行われる。1国1票の国連方式ではない。通常は、各国を代表する24人で構成される理事会で意思決定はなされ、個別の融資プログラム等は単純多数決で決められるが、重要な決定には総投票権の85％が必要とされ、米国（16％強）は拒否権を持つ。欧州（EU）も全体で30％以上のシェアを持つ。ちなみに日本は6％強で、国別では米国に次いで2番目の投票権を持っている。

IMF業務の最高責任者は、専務理事（Managing Director）である。私の就任時はストロスカーン氏、現在は、クリスティーヌ・ラガルド氏が務めており、IMFスタッフ全体のボスである。誤解を恐れずにいえば、理事会はいわば株主代表であるが、社長たる専務理事は、実際にはIMFの業務全般を仕切っていると考えてよい。

ラガルド専務理事ほかＩＭＦのマネジメント・チーム（2011年秋）

専務理事のもとに、４人の副専務理事がいる。専務理事は歴代欧州人であり、筆頭副専務理事は歴代米国人である。私は、残る３人の副専務理事のひとりであり、初代はインド人だったが、その後は日本人が務めてきた。もうひとりの副専務理事は、歴代途上国の出身者が多く、私の時代はブラジル人（その後エジプト系イギリス人女性）であった。最後のひとりは、中国からであり、ラガルド氏が専務理事となった際、中国人（初代は、朱民《シュミン》氏）を招いて増設されたポストである。

　副専務理事の間で、ＩＭＦのさまざまな業務の分担がなされた。もちろん重要事項は専務理事が直接捌くことになる。まず１８８加盟国の分担が副専務理事の間で割り振られる。副専務理事が代わると担当国を若干調整するのだが、私の担当はおおむね70～80か国、アジア諸国の担当を多くしてもらい、アジアでは中国、ASEAN10カ国、モンゴル、スリランカなど多くの国を担当したほか、中南米、アフリカ、欧州など他の各地域の一部の国も担当し、地域別に副専務理事の間で分担する形はとらなかった。

加盟国との交渉は、通常スタッフが行うのであるが、問題がややこしくなってくると、私自身も巻き込まれることがあった。ジャマイカ、モンゴル、スリランカなどとの交渉で、貴重な経験をすることができた。

なお、任期後半の3年間は、米国も担当することとなった。米国は、伝統的に筆頭副専務理事の担当であったが、米国人が米国を担当するのは利益相反ということで、途中から私に回ってきた。米国との4条協議というと、ガイトナー財務長官やバーナンキ議長、イエレン議長と最終局面で面談することになるのだが、印象深かった。

また、政策課題によっての割り振りもあった。私は、IMFの資金基盤強化（増資、NABや加盟国からのバイの借入）、融資制度の改善、SDRの見直し、地域の金融協力メカニズムとIMFとの協調などを担当した。内部管理として、ITや安全対策、営繕などの担当もやらされた。

実はこの内部管理的な仕事も大変で、私の時期には、海外でのテロの増加に対応した出張者や海外事務所の安全確保とか、サイバーアタック対策とか、IMF本部の大規模改修の際、突如発生したアスベスト処理の問題などにも時間を費やした。

なお、私が去る頃には、副専務理事のひとり（ブラジル人女性）が内部管理専門となり、人事管理や予算などを含めさまざまな内部の仕事を一手にやるようになった。

各副専務理事は、自分の担当する事項が理事会に係るとき（例えば、ある国へのプログラム承認や、平時のサーベイランス〈4条協議〉、NABやSDR見直しなど）には、理事会の議長を務めるほか、事前のスタッフとのさまざまな協議を必要に応じて仕切り、理事会に提出するペーパーのチェックを行っていくこととなる。英語環境の中で、優秀なIMFスタッフに揉まれて、ときとしてかなり緊張する仕事になった。

なお、欧州債務危機との関係でいえば、ギリシャはブラジル人副専務理事の、アイルランドは私の担当であったが、その重要性と欧州との関係を勘案し、いずれも欧州事情をよく知る専務理事が理事会等は最終的に捌くという形であった。

専務理事と副専務理事4人が、いわゆるIMFのマネジメント・チームと呼ばれ、原則週1回ランチを挟んで、諸課題について議論し懸念をシェアした。個別の政策も議論されたが、スタッフの人事管理などの内部問題にかなりランチの時間を使ったような印象がある。

これ以外の私の副専務理事としての仕事として、ASEAN、APEC、ASEM、SEACENなどの首脳、財務大臣、中銀総裁の会議に出席し、IMFからみた世界経済見通し等を説明し議論することも多くあった。また、年次総会の際などに頻繁に開かれるセミナーにパネリストとして参加する仕事も重要であった。

IMF総会時セミナー（2014.10 ジョージワシントン大学講堂）、右からロゴフ、ローマー、クルグマン各教授、著者、テット（フィナンシャル・タイムズ記者）

２０１２年秋にはＩＭＦ・世銀の年次総会を東京で行ったが、広報活動の一環として、新聞社主催の講演会や児童や学生とのミーティングを通じたＩＭＦの広報、労働組合や日本のＮＧＯとの懇談会（ＩＭＦが最近貧困問題や所得格差の問題にも気を配っていることなどを説明）も行った。

担当する国への個別訪問はできるだけ前向きに行った。ＩＭＦと必ずしも心理的距離の近くないアジア諸国、私が個人的にあまり行ったことのないアフリカ諸国などに重点的に出張した。

相手国の政府首脳との面談のほか、国会議員、現地民間のエコノミスト等と意見交換をした。途上国に行った際には、できるだけ現地のＮＧＯなども訪問するようにした。貧困から学校に行けない児童への教育活動をするニューデリーのＮＧＯ、ストリート・チルドレンへの医療サービスを提供するマニラのＮＧＯなどさまざまである。

ＩＭＦは開発援助を行う機関ではないが、エリート層からだけでは聞けない経済の実情を知るうえで大変有意義であった。

なお、ＩＭＦ内部の仕事ぶりの特徴の一つは、「ペーパー文化」である。とにかく各種決定をするにあたり、スタッフからペーパーが飛び込んできて、いつまでに返答してほしいという。コメントしないと了解してしまったことになる。誰かが紙を持ってお邪魔しましょうかと説明に来るという文化ではない。もちろんペーパーをみて疑問がわけば、スタッフを呼びつけるわけだが、おおむね相手は欧米の有名大学でＰｈＤをとった優秀なエコノミストである。

あまり馬鹿な質問もしたくないので、自然とペーパーをよく読むようになった。また、各種連絡も電話よりも、電子メールが中心であり、忙しくなると当然真夜中にも飛んでくる。ＩＴ革命の進展で、どこでもこうした傾向はみられるわけだが、ＩＭＦの場合特にひどいように思えた。

ある解説によると、異文化・言語の人の集まった集団では、文字で確認するほうが確実であるという背景があるのだそうである。

最後に、私が共に働いた人々について簡単に述べよう。

ボス（専務理事）はフランス人女性、３人の同僚（副専務理事）は、アメリカ人、エジプト

マニラのストリート・チルドレンとともに（2012.5）

系イギリス人女性、中国人であった（2011年夏以降）。副専務理事直属のスタッフは少人数で、補佐官であるエコノミストが1人と秘書であった。

補佐官は、副専務理事が仕事の多くを頼る重要な助っ人なのだが、私の在任中、カルビン（ジャマイカ）、ナダ（レバノン人女性）、パトリック（ケニア）と続いた。最初の2人はまだＩＭＦで勤務しているが、パトリックは現在はケニア中央銀行の総裁である。秘書は、ティタ（フィリピン人女性）とクリスティーナ（イタリア系ブラジル人）であり、運転手は英仏語を自由に操るズィナ（ブルキナファソ）であった。

私が担当する局の局長さんたちは、インド人、ニュージーランド人、イギリス人、韓国人、リベリア人など。また、理事会の議長役も大変で、さまざまな英語が飛び交い、英語がわからないのか内容がわからないのかが、わからないときもあった。歳とともに耳が悪くなっていく中で、特段の解決策があるわけではないが、慣れること、鈍感力を身につけることが大事だと思って仕事をしてきた。

2 欧州債務危機の特色

金融危機にはさまざまなタイプがある。

リーマン・ショックは、2006年半ばに不動産ブームが終わり、住宅価格の下落から生じたサブプライム・ローン問題に起因するが、これが世界規模の信用危機に陥った背景の一つは、金融取引の証券化であり、さまざまなモーゲッジ証券などを組み合わせた住宅ローン担保証券（MBS）などの複合証券が組成される過程で、リスクの所在が不透明になったこと、もう一つは、銀行（オフ・バランス取引）や投資ファンドが、保有する証券化商品を担保とした大量の借入（レバレッジ）を行い、また投資を行ったことである。

資金の逆回転が始まると、証券化商品の価値が把握できなくなり、金融機関は疑心暗鬼の世界に突入し、銀行間市場は凍結したのである。

しかし、米国政府は、信用危機の中にあっても、安全資産への逃避の流れの中、国債を発行し続けることができ、米ドルの下落をさほど心配する必要はなかった。米国経済の強い耐性と、世界の基軸通貨としての米ドルの存在があった。

欧州債務危機は、ギリシャ危機に始まり、アイルランド、ポルトガル等に広がっていったものである。この危機は、財政の持続可能性に問題が生じた従来型の危機であり、それがユーロ圏という特殊な環境で起きたといえよう。ギリシャの財政赤字（対ＧＤＰ比）は13・６％（２００９年）であり、他の諸国（スペインを加えてＰＩＧＳと呼ばれた）も10％を超える国が多かった。

しかし、ギリシャはその中でも特別であった。２０１０年1月、ギリシャが長年にわたり、ユーロ圏参加条件を満たすため、財政赤字額を過少報告していた（財政赤字は４％程度と申告されていた）ことが判明し、ギリシャ国債の金利は急騰、格付けは下落となり、財政の持続可能性が強く疑われた。そして、5月には、ＩＭＦ及びユーロ当局とのプログラムがまとめられた。

私はＩＭＦに入ったばかりであり、ギリシャは担当国ではなかったが、ストロスカーン専務理事の主宰するスタッフ・ミーティングには参加できた。問題の本質は明らかであった。

ギリシャは、ユーロ導入によるメリット（高い信用力と低い金利、経済安定協定に基づく財政赤字等の監視）を享受し、安易な国債発行を行う一方、放漫な財政運営を続けていた。公務員の賃金や福利厚生のレベルは極めて厚く、年金水準も極めて高いなど、もし続けられればパラダイスのような財政運営であった。借金は国内貯蓄だけでは賄いきれず、ユーロ圏の投資家等からの資金で賄っていたのである。

ＩＭＦのスタッフ・ミーティングの課題は、通貨の切り下げ（ユーロからの離脱）や債務削減に頼ることなく、財政赤字の削減だけでどこまで経済を持続可能なものに持っていけるかであった。

対外競争力を回復するには、通貨の切り下げが常套手段であるが、ギリシャの場合、ユーロからの離脱は選択肢になかった。債務削減も欧州諸国に受け入れられる可能性はなかった。ギリシャはユーロ圏ＧＤＰの４％程度にすぎず、ギリシャだけで問題がすむのなら債務削減の議論も少しは進められただろう。

ユーロ圏諸国が最も恐れたのは、ギリシャ問題への対応が他のＰＩＧＳ諸国に波及することであった。用意されたギリシャへの処方箋は、通貨切り下げ（external devaluation）ではなく、賃金や年金の水準を引き下げ、構造改革で経済を立て直していく（internal devaluation）手法であった。

結果的には、当初の厳しい財政緊縮策は、ギリシャ国民が十分に納得するものとはならなかった。想定していた経済成長率も楽観的であった。ギリシャのプログラムは何回も見直され（部分的な債務削減も実施された）、現在に至っている。プログラムは、経済調整のための時間稼ぎを行ったという意味では、その機能を発揮したと思われる。

一方、アイルランドへのプログラムは２０１０年11月、ポルトガルは２０１１年5月に開始された。両国とも大きな財政赤字を抱えていた。アイルランドの場合は、不動産バブル崩壊と銀行セクターの危機が喫緊の課題であったが、銀行の国有化等痛みを伴う改革が行われた。ギリシャ問題が長引いたのは、その問題の深刻さに加え、政治の不安定性、国民に痛みを受け入れる余地が大きくなかったこと（いわゆる政策への国民のownershipの欠如）があるだろう。

なお、欧州債務危機の再来を防止するための改革については、ＩＭＦもさまざまな指摘を行ってきた。

銀行監督や規制の統合（Banking Union）については、銀行監督のＥＣＢへの集中など、大きな進展がみられるが、預金保険制度の統一化はいまだ決着していないし、銀行破綻処理のメカニズムも、最近のイタリアでの銀行破綻処理の例をみるまでもなく、成熟したものとはなっていない。また、欧州安定メカニズム（ＥＳＭ）が組織され、市場調達した資金で危機に陥った加盟国を支援するメカニズムはできた。

一方、財政統合（Fiscal Union）に至っては、各国の主権のぶつかり合いであり、ほとんど進展がない印象がある。最近では、欧州通貨基金（European Monetary Fund）を作ろうといった議論もみられるようであるが、欧州経済統合全体の方向性がどうなるのかという議論の一部を構成することと思われ、今後の展開が注目される。

アジア通貨危機は、これとは異なるタイプの危機であった。タイ、インドネシア、韓国とも

アジア・欧州危機前の財政収支

（対GDP比：％）

	1996	1997
タイ	2.7	▲1.7
韓国	2.4	2.4
インドネシア	1.0	▲1.0
	2009	2010
ギリシャ	▲15.1	▲11.2
アイルランド	▲13.8	▲32.0
ポルトガル	▲9.8	▲11.2

に、財政収支は黒字であり、資本収支型の金融危機であった。これらの国は、１９９０年代経済は好調で、世銀により「東アジアの奇跡」と称される高成長を続けていた。

最初に危機に直面したタイの場合、成長資金を多額のドル短期借入に頼っていた。それを仲介した銀行経営も脆弱であり、１９９０年代後半のドル高局面で、ドルに事実上ペッグしていたバーツも増価し、輸出は減速、成長は鈍化し始めた。銀行の不良債権がたまっていった。

そして１９９７年７月初め、バーツへの大量の投機が起き、バーツは変動相場へ移行していく。

インドネシア、韓国それぞれ、さまざまな事情を抱えていた。この３か国を総じていえば、経済成長を支えるために、銀行や法人が外国からの短期外貨借入に多くを依存したことにより生じた脆弱性が、市場に目を付けられ、通貨への投機や資本の引き揚げを招いたといえよう。

欧州債務危機への対応は、通貨調整が行えない中で、膨大な財政赤字の緊縮などが強力に進められたのに対し、アジア通貨危機の場合は、財政はむしろ景気刺激的に運営され、通貨の大

金融危機に伴う財政と為替の調整

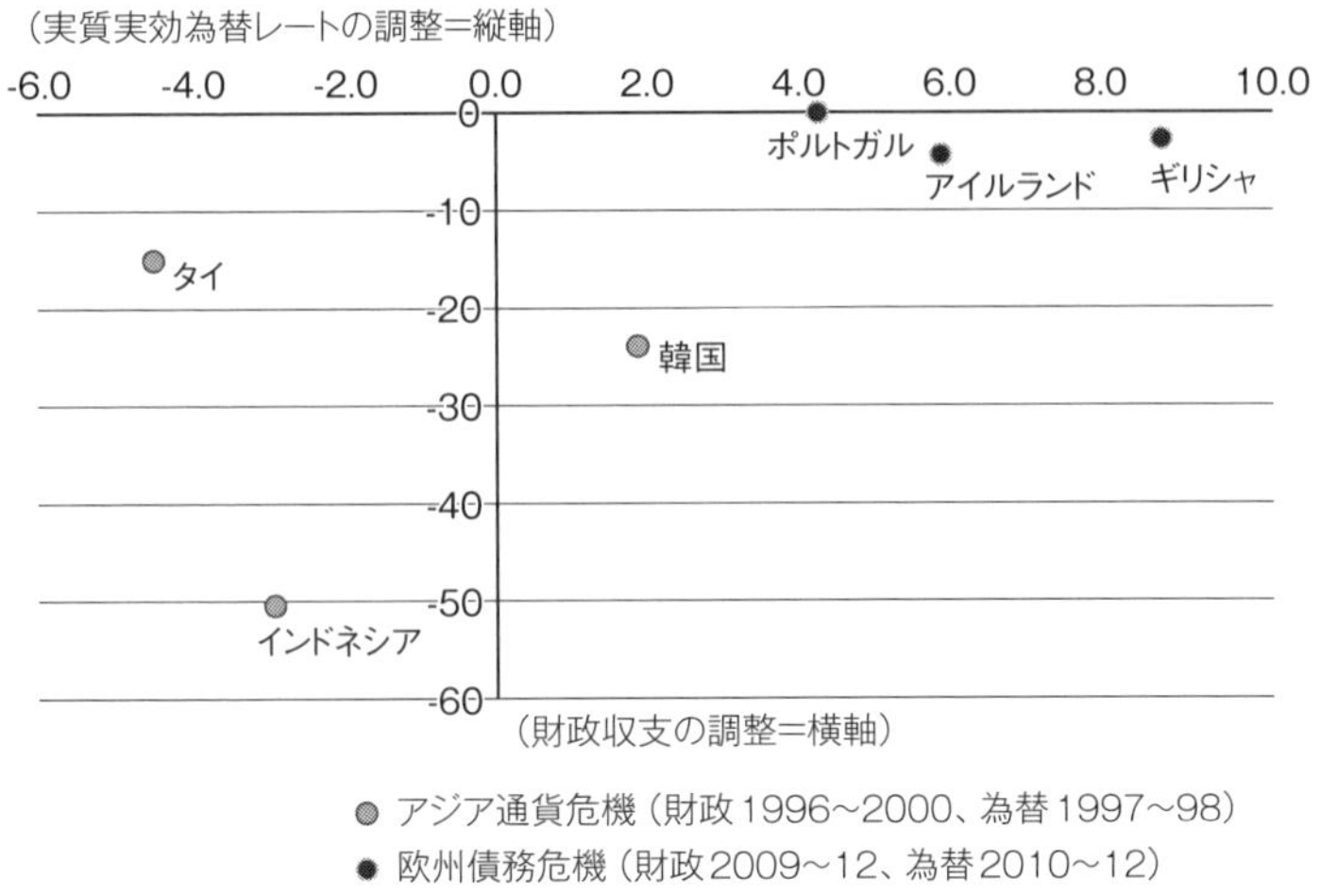

幅な切り下げが調整の重要な部分を担った。

さて、**ＩＭＦ批判**についてである。欧州債務危機（特にギリシャ問題）へのＩＭＦの対応については、当初からさまざまな批判があった。

まずは、ＩＭＦの独立性である。ギリシャへの第1次支援ののち、欧州危機への支援は、いわゆるトロイカ（欧州委員会、欧州中央銀行、ＩＭＦ）体制を確立して進められ、ＩＭＦの融資額は全体の3分の1とされた。ＩＭＦは欧州諸国の影響力が強い。こうした中で、ＩＭＦが各国の経済状況の分析やプログラム策定の面で、十分に独立した立場から参画できたかという批判である。見通しが甘すぎたのではないか、プログラムが緩すぎたのではないかというものである。

ユーロ圏諸国と密接に連携することは、プログラムの実効性を高めるのであるが、プログラムの決定に際しては、そこに至るプロセスが十分に説明できるような透明性が必要であろう。

もう一つは、既存のルールとの整合性である。その典型的な例は、IMFのアクセス・リミット（貸出限度額）である。ギリシャの当初プログラムの際、従来のアクセス・リミットでは到底賄いきれないことから、IMFのルール（exceptional access criteria）を急遽変更し、システミックな影響がありうる場合には、例外的に融資限度を超えることができる（systemic exemption）という条項を入れて乗り切ったことに対しては、手続きの透明性などの観点から批判があった。

アジア通貨危機との比較で、IMFの姿勢を批判する声もあった。アジア諸国に対し、財政黒字であり放漫財政は危機の原因ではなかったのに財政緊縮を要求したこと、さまざまなマクロ経済の当面の運営や危機からの脱出とは直接関係ないコンディショナリティー（国内産業の民営化から、国内流通制度、財閥改革まで）を付したことなどが出ていた。

財政緊縮については、かなり早い段階でIMFは軌道修正していたのだが、常に出てくる批判である。コンディショナリティーについても、アジア通貨危機を経て見直しが行われ、いわゆる構造コンディショナリティーを簡素化し、できるだけ危機管理に必要なマクロ経済にとって中核的（macro-critical）なコンディショナリティーに限定することとなっていた。

従って、欧州債務危機にあたってのコンディショナリティーも、危機解決に密接に関わる銀行セクター再建に係る構造コンディショナリティーは多く用いられたが、それ以外の構造コンディショナリティーはほぼなく、全体としては過去に比して簡素なものとなっていた。

さらに、アジア通貨危機の際に比較し、欧州へのＩＭＦの融資額は多額であったという批判もあった。

危機の性格もあり、なかなか一概には論じられないのだが、確かにクォータ比（各国の出資額であり、融資額はその何倍までという計算をするのがＩＭＦのやり方）でみると、アジアの場合は５００％ほどであったが、欧州３か国の場合２０００％を超えていた（ギリシャは５０００％）。一方、当時推定された資金ギャップ（financing needs）との比較では、ＩＭＦが融資した比率はインドネシア、韓国では５割弱なのに対し、欧州３か国の場合は、15％とか30％という比率であった。

こうした批判は、必ずしも根拠に基づいたものではないが、最初に述べたＩＭＦの中立性に関する疑問から自ずと生じるもののようであった。

３　サーベイランス（政策監視）の変化

ＩＭＦのサーベイランスは、個別の加盟国ごとの経済状況の分析や経済政策等に関する政策提言（バイラテラル・サーベイランス＝4条協議）と、世界経済全体あるいは、地域レベルについての状況分析や政策提言（マルチラテラル・サーベイランス）とに分かれる。ここでは、マルチラテラル・サーベイランスを中心に、私の在任期間中に印象に残った点を述べてみる。

(1) 財政政策に係るIMFの提言

リーマン・ショックによる世界的景気減速を受けて、2008年末から2009年春までの時期には、IMFは拡張的財政政策の必要を訴えた。先進国や主要新興市場国で財政に余裕があるところは、総体としてGDPの2％程度の追加的財政出動を行うことが適当とする提言であった。

この提言は、G20首脳プロセス（ロンドン）での議論にも影響を与え、日本が2009年春に大規模な景気対策を発表する背景の一つともなった。各国の政策協調に寄与する、時宜を得た提言であったと思われる。

しかし、2009年6月のG8財務大臣会合（イタリア・レッチェ）を前に、IMFは積極的財政政策からの出口の議論が必要と訴え始めた。第2章で言及したとおりである。その後2010年に入ると、概して、緊縮的財政政策（財政赤字の削減）と拡張的金融政策のポリシー・ミックスをアドバイスするようになった。

一方、世界経済は、リーマン・ショック後の不況から立ち上がってきたものの、成長率はなかなか上がらない状況が顕著になってきた。

そこで出てきたのが、財政政策の「乗数効果」論争である。つまり、財政政策が実体経済にどの程度の影響度（乗数）を持つかの議論である。多くのエコノミストは、ＩＭＦの想定する乗数は小さすぎるのではないかというものであった。財政政策を緊縮的にすることで、ＩＭＦが想定する以上に、景気を冷やす効果があったのではないか、という議論である。

金融危機の後では、民間部門は高い債務依存からのデレバレッジを時間をかけて進めるため、拡張的金融政策による投資等の需要を喚起する効果は相対的に小さいのに対し、財政政策による需要創出の効果はより直接的であり平時より大きい、という通説に、ＩＭＦの提言は反していたとする。財政政策の緊縮を遅らせていれば、量的金融緩和政策への依存を減らし、その副作用も軽減できたとするものである。印象としては、この乗数効果論争において、ＩＭＦは守勢を強いられた。

しかし、ＩＭＦ内での議論は、ある程度理解できた。欧州債務危機に陥った南欧諸国の記憶が強く残っていた。例えば、後述する早期警戒機能（ＥＷＥ）へのＩＭＦ内の作業の中で、当時は、財政赤字の大きな米国や日本の財政危機のリスクについて議論が活発に行われた。

一方、そこには、米国や日本が、独立した金融政策を持っている点や、自国通貨で借り入れている点、日本の場合は外からの借入に依存していない点などが、さほど考慮されなかった。

(2) 金融政策についてのIMFの提言

私がIMFに入った頃は、非伝統的金融政策(Unconventional Monetary Policy＝UMP)が始まった初期の段階の段階であった。

当時のIMF内でのエコノミストの議論は、UMPは流動性の大量供給を通じて金融市場の安定を保つという意味では極めて有効であるが、実体経済を浮揚する効果がどの程度あるかは不明確というもの(流動性の罠のもとでの金融政策)であったと記憶している。当時のIMFのメッセージは、さほど明快ではなく、需要喚起が引き続き必要である一方、その副作用は抑制可能であるのでUMPは維持されるべき、といったものであったと思う。

IMFがUMPの持つリスクについて分析を始めたのは、2013年春頃からで、2013年春のWEOやGFSR(IMFのマクロ経済情勢や金融市場に関する年2回の基幹レポート)で、低成長下でも急増を始めた信用残高との関係や新興国への資本流入増加との関係で、UMPの持つリスクを指摘し始めた。

しかし、UMPの出口戦略との関係で、新興市場国からの資金の逆流や市場の混乱というスピル・オーバーのリスクを明確に議論し始めたのは、2013年5月、FRBの出口戦略に関する議論の高まりをきっかけに、新興市場国に資金の流出と為替市場の混乱がもたらされた時期(Taper Tantrumと呼ばれる)後であった。

これ以降、ＩＭＦは、対米国４条協議の場でも、ＵＭＰからの出口戦略は、市場と十分なコミュニケーションを取りながら、ゆっくり進めるべきとのアドバイスをＦＲＢに送ることとなった。

(3) 為替政策に関するＩＭＦサーベイランス

この分野は、分析手法が確立されているとはいいがたいこと、為替相場ゆえの各国の政治的思惑が働きやすいことなどから、従来から議論の多い分野である。協定上のＩＭＦサーベイランスの中核をなす分野であり、分析手法についてさまざまな努力がＩＭＦ内で行われているにもかかわらず、各国の信頼感を得にくい状況が続いている。

歴史的にＩＭＦのサーベイランスの中核と位置付けられるものであるが、今後もＩＭＦの苦闘は続くであろう。

１９７０年代固定相場制が放棄されるとともに、各国は為替相場政策についてのＩＭＦサーベイランスを受ける義務を負うこととなり、その運営にあたっては、「国際収支の調整を妨げ、不公正な競争的優位を得るために、為替相場や通貨制度を操作してはならない」義務を負った。

すなわち、いかなる為替制度（フロート、ペッグ、カレンシーボードなど）を選択してもよい一方で、「相場操縦」(currency manipulation）を行ってはならないというものであった。

その後2007年に至り、為替政策のサーベイランスに係る「理事会決定」が初めて改定され、いわば相場操縦を明確化する手法として、為替レートの「基礎的不均衡」(fundamental misalignment）という概念が導入された。

当時は、グローバル・インバランス（特に中国など新興市場国の対外経常黒字の大幅拡大）に関し、これは人民元を不当に安い水準に導いているからだと非難する米国の立場を反映したものといわれる。これにより、IMFは、各国との二国間4条協議の中で、為替相場が対外的な不安定性を招くような「基礎的不均衡」の状態にあるかどうかを認定していくことになった。しかし、こうした認定というプロセスには、中国等いくつかの国が猛反発し、各国との4条協議が長期間行えない状況となった。

2009年には、IMFは「基礎的不均衡」を認定するというプロセスを放棄する決定をし、中国等とのサーベイランス協議は再開されることとなった。「2007年決定」は、サーベイランスを行ううえで、為替相場にバイアスをかけすぎた決定であり、さまざまな経済金融政策を通じて現れる経済効果全体をみていくという視点が乏しいものであった。

2012年には、「統合されたサーベイランスに係る理事会決定」が行われ、対外収支ポジションなどに影響を与えるさまざまな要素や他国からもたらされるスピル・オーバーなども勘案してサーベイランスを行うこととなった。為替相場の評価についてそこから出てきたのが、従来のCGERに代わる「対外バランス評価」(EBA＝External Balance Assessment）というモデルをベースにした手法であり、その結果を一つの判断材料として毎年行われる「対外セクター報告」（ＥＳＲ＝External Sector Report）である。

その内容には立ち入らない。当時私もＩＭＦ内にいて立ち上げの議論に参画したが、どうしてもその手法には不透明さや判断に伴う恣意性が排除できない。しかし、従来の手法より考え方としては優れていると思われ、今後さらに改良が図られていくことが期待される。

なお、為替市場への介入については、「為替相場の不規則な動きを抑えるため、必要に応じ為替市場に介入すべきである」という方針をＩＭＦは従前から採用している。もちろん「為替操縦」は禁じられるという協定上の義務は生きている。従って、長期にわたり一方的に行われる大規模介入や、長期にわたる経常収支の黒字（赤字）は適切ではないという原則も決められている。

中国が為替操作国かどうかという議論は何回となく行われるわけであるが、ＩＭＦの行動は、多方面からの政治的配慮によって影響され続けることになる。

私のＩＭＦでの経験として傑作だったのは、２０１1年9月、スイス当局がスイス・フランのユーロへのペッグを突如宣言したことである。

当時は、日本円同様、スイスは自国通貨高に苦しんでおり、通貨の急騰に耐えられなくなった当局は、対ユーロ相場に上限を設け、無制限に介入すると宣言したのである。この問題を議論した内部の会議でのＩＭＦの担当スタッフの主張は、これは為替制度の変更（フロート↓

ペッグ）であり問題ないとのものであった。

私は、長期間大量に一方向に介入するのは批判されてしかるべき（アジア諸国に対しては批判するではないか）と主張したのだが、スイスは私の担当国でもなく、受け入れられなかった。微妙な判断ではあったが、為替政策に関するサーベイランスの客観性（even-handedness）に係る出来事であったと思う。

一方、中国人民元の増加ペースが弱すぎるというのは、引き続き各国の関心事項であったが、ＩＭＦはどちらかというと傍観者的な立場であり、もっぱら米国と中国との間のやりとりがなされていたとの印象である。

⑷ 所得格差について

リーマン・ショック後の大不況（Great Recession）を経て、所得格差の拡大の問題への関心が高まった。２０１１年９月の「ウォール街を占拠せよ」との名のもと、最も裕福な１％がアメリカ全資産の３分の１以上を保有しているとする主張は大きな共感を呼んだ。

ＩＭＦ（あるいは経済学）の伝統的な考え方は、一定の所得格差は、人々がより働き、貯蓄し、教育等への投資も行うためのインセンティブを与えるものだという肯定的なもの（必要悪）であり、あまり従来関心を持っていなかったといってよいだろう。また、所得格差を是正するための税制や社会移転は、社会的厚生はともかく、経済成長の観点からは経済の効率性に反するという通り一遍のものだったと思う。

しかし、２０１０年代に入ると、ＩＭＦ内でもさまざまな研究・議論が進んでいった。すなわち、近年所得格差が拡大している原因の分析（技術革新や経済のグローバル化など）に始まり、過度の所得格差は、経済成長やその持続性に悪影響を及ぼす可能性があるという分析である。そして、所得格差の是正は適切な手法（例えば、所得基準等を用いて適切に所得移転がなされる）で行われれば、むしろ経済成長に貢献するという考え方である。

こうした視点から、加盟国のサーベイランスにあたっては、財政政策の運営におけるこの点の重要性をより強調するようになり、またＩＭＦ融資に係るコンディショナリティーでも、財政赤字削減に際して一定水準以上を低所得者対策の支出に確保する仕組みを設ける等の流れが出ていた。

また、雇用と成長という視点についても強調されるようになった。欧州債務危機後の若者の失業率の高さが強く意識され、労働市場の弾力化の問題や、教育投資・職業訓練の問題などの分野で、ＩＭＦも積極的に発言するようスタッフは促された。

なお、この所得政策関連の分野は、ＩＭＦのマクロ・エコノミストの得意とする分野とはいいがたく、また過去の蓄積もあまりなく、他の国際機関（ＩＬＯ等）との連携も模索されてきた。現状、この分野がＩＭＦのコア・ビジネスの一つとして定着しているとはいえず、それが望ましいかどうかも難しいところである、今後どう展開していくのか、興味深い。

(5) 早期警戒機能(Early Warning Exercise=EWE)

最後に、早期警戒機能(EWE)について触れておこう。

2008年のリーマン・ショック以降の世界金融危機の発生を踏まえ、11月の第1回G20首脳会合(ワシントン)では、IMFのサーベイランス機能、特に早期警戒機能の強化が求められた。こうした危機が起きるたびに、IMFに対してサーベイランス機能の強化を求める声が出てくる。

2010年以降、Spillover Report(5大国のとる経済政策の対外的影響を分析するレポート)やExternal Sector Report(経常収支・資本フロー・為替・対外バランスなど複合的に各国の対外ポジションをマルチラテラルに分析しようという試み)などいくつかの新しい試みがなされているのだが、EWEはその一つである。

アジア通貨危機の後は、やはり事前のリスクに対する警告ができなかったことから、サーベイランスにおける金融市場の脆弱性への分析を高める努力が行われた。例えば、世銀と共同で、加盟国の銀行・証券など金融制度の監督を強化するため「金融セクター評価プログラム(FSAP)」を導入した。また、IMF内の組織改革も進められ、金融資本市場の動向を監視するため、市場で働いた経験を持つスタッフを採用するなどの努力を行った。

しかし、IMFの主流は、マクロ経済分析を得意とするエコノミストである。そして、金融の脆弱性の分析は、成長率やインフレ率等により分析していくマクロ経済の問題とはなかなか融合しにくい。

また、ＩＭＦは、法的拘束力を持つ各国の監督当局と異なり、市場からは遠く、金融市場や金融機関に関する生のデータにはアクセスが容易ではない。ＩＭＦが、各国の金融監督を束ねる国際機関になることに賛成する加盟国はない。

早期警戒機能（ＥＷＥ）は、マクロ経済・金融のシステミック・リスクや脆弱性を特定し、それに対する政策対応についての提言を行うことを主眼としている。ＩＭＦが、マクロの経済金融分野を主導する一方、金融安定理事会（ＦＳＢ）が金融市場の規制や監督の立場からの議論を主導するという構図である。

ＥＷＥは、年2回、国際通貨金融委員会（ＩＭＦＣ＝ＩＭＦの主要24か国の財務大臣・中銀総裁の集まる会合）の際に非公開で開催され、ＩＭＦ及びＦＳＢからそれぞれ分析結果が説明され、各国間で議論が行われる。私も、副専務理事として参加することができた。

ＥＷＥは、大変に興味深く、刺激的な試みである。会合の参加者からの評判も悪くない。ただし、現実問題としては、例えば、財政赤字の大きさをリスクとしてあげるのは簡単だが、それが本当に持続不可能なレベルなのか、いつどのように破裂する可能性があるのかを具体的に指摘するのは容易ではない。また、仮に金融機関の不良資産が増加しているとして、それがどのように破裂するのか、経済全体のシステミック・リスクとどう結び付けるべきか、極めてチャレンジングな課題である。

また、私が参加していたときの印象としては、IMFとFSBの議論は、事前の調整にもかかわらずかなりバラバラであり、両者の一体感があまりない感じがした。しかし、こうした作業は継続され、進化していく必要がある。

4 資本自由化（あるいは資本規制）の考え方

「ワシントン・コンセンサス」とは、1989年に米国のジョン・ウィリアムソン（IIFシニア・フェロー）が命名した概念である。1980年代のラテンアメリカ経済危機への対応の過程で、ワシントン（米財務省、IMF、世銀等）において広く共有されるようになった自由主義的な経済政策の在り方に関する理念である。

具体的には、財政規律、金利や貿易の自由化、競争的為替レート、民営化、規制緩和などに代表される市場志向型の経済改革である。この言葉を有名にしたのは、アジア通貨危機へのIMFの対応がワシントン・コンセンサスをベースにしたものであったことから失敗したのだというスティグリッツ等の批判があったためである。

資本取引の自由化論は、このワシントン・コンセンサスの流れに沿ったものであるが、その立場自体は、時代とともに大きく揺れ動いている。1990年代半ばの自由化論全盛期には、

ＩＭＦ協定を改正することにより、加盟国に資本自由化の義務を課し、ＩＭＦが資本取引について監視する権限を与えようという動きがあった。

［注］ＩＭＦ協定は、経常取引（財・サービス貿易）に係る為替規制を行わない義務を課しているが、資本取引に係る規制自由化の義務は課していない。むしろ、ＩＭＦ協定は、「経常的な支払や移転を制限しない方法で行われる限り、加盟国は国際資本移動を管理するために必要な規制を行う権利を有する」と明示した。協定設立時の議論は、戦前の大恐慌時の経験をもとに、自由な資本移動は、為替の安定化や自由貿易体制と相容れないというものであったと思われる。資本移動に関する規制撤廃は、ＯＥＣＤの「資本移動自由化コード」などを通じて、先進国間で徐々に進んでいった。

しかし、その後のアジア通貨危機という「資本勘定」型の危機を経て、自由な資本移動にはリスクも内在するという意識は高まった。当時マレーシアが採用した資本流出規制は、ＩＭＦや米国との間で激しい論争を呼んだ。

経済学者の間でも、資本勘定の自由化と成長の間に有意な関係を見出すことが難しく、資本の完全自由化には懐疑的な意見が増えていった。現に、新興市場国への資本移動（証券投資等）の動きは実に荒っぽくなってきた。

１９８０年代初期のラテンアメリカ累積債務問題、１９９７年のアジア通貨危機、２００８年のグローバルな金融危機のいずれにおいても、危機の前には資本の膨大な流入が進み、危機が生じると資本の急激な流出が生じるというサイクルの繰り返しである。また、その資本流出入の振れ幅も、金融市場の深化に合わせ、時とともに大きくなってきた。

私がＩＭＦに入った２０１０年頃には、グローバルな金融危機を経て、国際的資本移動に係る規制についての議論が活発になっていた。この頃のＩＭＦ内の支配的議論は、「資本フローに対する規制は、一定の環境のもとでは有効である」というものに大きく変化してきた。

グローバル金融危機前に資本取引への規制を採用していた国は採用していなかった国に比し、成長減速のインパクトがより小さかったという調査結果が示された。詳細は述べないが、その国の経済のアウトプットギャップの程度、為替相場が適正かどうか、資金流入が一時的かどうか、などの前提を満たせば、資本規制は正当化されるという議論であった。

同時に、２００９年秋のＩＭＦＣ（国際通貨金融委員会）は、ＩＭＦに対し、世界経済の安定性に関連するあらゆるマクロ経済政策や金融セクター政策をカバーするため、ＩＭＦのマンデート（権限）の見直しを検討するよう求めた。

ＩＭＦ協定では、「秩序ある為替取極を確保し、また安定した為替相場制度を維持するため、ＩＭＦ及び他の加盟国と協力する」義務を加盟国に課し、ＩＭＦはこれを根拠としてサーベイランスを行っている。

しかし、現実には、ＩＭＦは、為替取極だけでなく、グローバルな経済金融の安定化の観点から、マクロ経済政策、金融セクターの規制・監督、金融の波及効果といった側面からもサーベイランスを行う必要に迫られ実行してきた。ＩＭＦ協定上のマンデート（権限）が狭隘《きょうあい》すぎるのは明白であるが、それがどの程度ＩＭＦのサーベイランスの有効性を損なっているか、また、ワシントン・コンセンサスのような米国中心の流れを生まないか、加盟国の間では、協定改正まで進む勢いはなかった。

しかし、こうした議論は、一つには、大規模かつ不安定な資本の流れにどう対処するか、という観点から、前述したようなサーベイランスの強化につながっていった。もう一つの動きは、資本フローの自由化と管理に係るＩＭＦの見方を確立する作業であった。

２０１２年末、「資本移動自由化と管理に関するＩＭＦの見解」(Institutional View）が理事会で議論され、承認された。

この見解は、それまで1~2年の間に作業されたさまざまな研究ペーパーをいわば総括したものであったが、理事会での議論は大変にもめたのを記憶している。先進国の一部に、資本移動の管理を正当化することへの大きな抵抗感があった。一方、新興市場国を中心に、資金フローの出し手（source countries）の役割（例えば米国ＦＲＢの金融政策変更）についての議論が十分入っていないとの議論は強かった。また、資本フローに関する立場をＩＭＦとしてまとめるのは時期尚早との議論もあった。

従って、この「見解」は各国間の妥協の産物といった面があり、なかなか明快な解説は容易でない。まず、資本フロー管理措置（ＣＦＭｓ＝Capital Flow Management Measures）という言葉を用いて概念を整理した。ＣＦＭｓは、資本フローを制限するために用いられるものであるが、居住地ベースのもの（外国居住者と国内居住者を差別的に扱うもので、通常資本規制と呼ばれるものである）と、その他のもの（マクロ・プルーデンシャル規制と呼ばれ、例えば預金者の居住地にかかわらず、外貨預金の預金準備率を引き上げるなど）に分類した。

プルーデンシャル規制には、資本移動のコントロールを目的としないものがあるなど、この２分類は容易でない。どういう措置がそもそもＣＦＭｓにあたるかについても必ずしも定かでなく、その国の置かれた状況によってもＣＦＭｓにあたるかどうかが変わってくるかもしれない。

しかし、この分類の背景には、過大な資本流入などが生じた場合には、まずはプルーデンシャルな規制を行ったほうがよい（居住ベースの規制は政策の歪みが大きい）との発想がある。

そのうえで、この「見解」の特徴を述べると、

①資本勘定の完全自由化を最終的なゴールとするという前提はとらないこと。

②自由化は漸進的に進められるが、経済や金融システムの安定にリスクがある場合にはＣＦＭｓを一時的に導入することがありうること。

③対外収支維持を目的としたものでなく、市場を歪曲する効果が少ない場合には、長期的にＣＦＭｓを維持する場合もありうること。

④ＣＦＭｓは、資本フロー管理上の主要な手段ではなく、マクロ経済政策等が効果を発揮するまでの時間稼ぎや、一時的に資本フローにより経済状況の不安定感が高まる場合に用いられること。

であろう。

こうした見解は、ＩＭＦスタッフへのガイダンス・ノートとしてまとめられ、各国へのサーベイランスの際に用いられているが、この「見解」自体がかなりあいまいなものであり、スタッフが各国の4条協議に用いる際の裁量度も広い。

逆にいうと、この「見解」ができたこと自体は大きな進歩であったが、これによりどこまでＩＭＦの、特に新興市場国への政策アドバイスが有効になるかは、今後の展開、そしておそらく次に金融危機が生じた際の動きを見守る必要がある。

なお、資本流出規制については、上記の議論では明示的な議論はなかったと思う。しかし、リーマン・ショック以降の危機局面で、資本流出規制に対し、ＩＭＦは、アジア通貨危機の際と異なり、寛容な姿勢をとった。アイスランドのプログラム（２００８年）やキプロスのプログラム（２０１３年）はその典型である。

また、ラトビアのプログラム（２００８年）等、金融セクターにおける外国銀行のシェアが極めて大きかった欧州危機国では、外銀にその国へのエクスポージャーを自発的に維持してもらうこと（ＰＳＩ＝Private Sector Involvementと呼ばれる）により、資本の流出を抑制するという「ウィーン・イニシアティブ」にＩＭＦが参加した。資本流出規制は、危機対応として行われることが一般的であり、それに対するＩＭＦの考え方もより現実的になったといえよう。

5 人民元の国際化とSDR(特別引出権)見直し

SDR(特別引出権＝Special Drawing Rights)は、1969年に創設され、「国際通貨制度における中心的な準備資産」(IMF協定上の目的)とすべく、1970年代には「代替勘定」構想など、その役割の拡大についてさまざまな議論が行われたが、1980年代以降は、米ドルを中心的準備資産とする現実のもと、SDRに係る議論はほとんど行われず、現在のSDRは当初想定した位置に遠く及ばないところにいる。

「SDRとは何か」、については後述するとして、まずSDRを巡るここ数年の動きをみてみよう。

2009年3月、中国人民銀行の周総裁は、「国際通貨システム改革」と題する論文を発表し、その中でSDRの役割強化に関する提言を行ったことで注目を集めた。この提言により、SDRの役割に関する議論が再活性化することはなかったが、提言の一部にあるSDR構成通貨の拡大(人民元はその候補の筆頭)について、中国が関心を持っていることが明らかとなり、2016年に至り、人民元のSDR構成通貨入りが実現することとなる。

[参考]この提言の主な内容は次のとおりであった。

①準備通貨国が、世界に流動性を供給すると同時に、その通貨の価値を維持することはできないという

「流動性のジレンマ」は、現在でも存在する。
②国際通貨制度改革のゴールは、個別国から切り離された国際準備通貨を創設することである。この超主権的準備通貨は、特定国通貨を準備通貨とすることに内在するリスクを取り除くとともに、グローバルな流動性のコントロールを可能とする。ＳＤＲは、超主権的準備通貨となる可能性を秘めている。
③ＳＤＲの使用範囲を拡大し、ＳＤＲと他通貨との決済システムの構築、ＳＤＲの貿易・投資・会計等への使用、ＳＤＲ構成価値評価の構成通貨の拡大などを行うべき。
④１９７０年代の「代替勘定」のアイデアに類似した提言もなされた（ここでは省略する）。

２００９年４月のＧ20首脳会議（ロンドン）において、２５００億ドル相当のＳＤＲを新規に配分することが決定された。

首脳宣言では、その目的はリーマン・ショック以降の危機対応として国際流動性を高めるためだとされたが、実際には、すでに述べたように、開発途上国に対し、ＳＤＲを通じて安いコストの外貨を、政策上のコンディショナリティーを付けずに供給することで、資金フローの急激な反転による悪影響に歯止めをかける一定の効果が期待できた。

同時に、Ｇ20議長国として、英国は、金融危機への対応策の規模を大きくみせるとともに、開発途上国にも配慮しているというイメージを狙ったものであったと思われる。しかし、これはＳＤＲの役割拡大の議論に結び付くような施策ではなかった。

ＳＤＲの評価方法（構成通貨やそのウェート）については、５年に１回見直されることになっている。私のＩＭＦ在任中では、２０１０年末に、見直しに係る理事会が行われ、中国人民元を構成通貨に追加するかが中心的課題であったが、その際は、時期尚早として、現状維持が決められた。

当時は、人民元の国際取引上の利用状況等をみると、人民元が構成通貨入りを果たす環境にはまだないのは明らかと思われたが、周総裁論文が1年前に出ていたことから、中国側から強い圧力がかかる可能性もありうると考え、ストロスカーン専務理事にもわざわざ確認を取った記憶がある。実際に私が議長を務めたIMF理事会での議論も平穏なものであった。

人民元が、SDR構成通貨の仲間入りをすることがIMF理事会で決定されたのは、その次の見直しの時期、すなわち5年後の2015年11月（実施は2016年10月から）である。この時期は、人民元の国際化が比較的順調に進み、例えば、人民元の国際金融決済全体に占める比率は2015年8月には2・79％（スイフト＝国際銀行間通信協会集計）と、円を抜き第4位となっていた。

SDRとは何か。 SDRを「国際通貨制度における中心的な準備資産」にしていくというIMF協定上の目的にもかかわらず、現在のSDRはその位置に遠く及ばない。超国家的世界通貨の議論は、ケインズ博士等の唱えた「バンコール」構想までさかのぼるのだろうが、SDRがこうした姿に進化を遂げる兆しは現在のところみえない。

まず、SDRは通貨ではない。SDRはIMFが各国政府に配分するが、IMFの債務では

SDRの歴史

1960年代	金ドル本位制下の「流動性のジレンマ」
69年	SDRの創設（1SDR＝1ドル）
71年	ニクソン・ショック（金ドル兌換停止）
73年	主要通貨の変動相場制への移行
74年	SDR価値を16通貨のバスケットに変更
81年	構成通貨を5通貨に簡素化
2001年	ユーロ導入に伴い4通貨に
15年	人民元の構成通貨入りを決定（翌年実施）

ない。SDRとは、対外支払い上必要な国が、配分されたSDRと引き換えに「自由利用可能通貨」（ドルなど）を他国から取得できるという「請求権」であり、IMFは自由利用可能通貨を提供する国（SDR構成通貨国とは限らない）との間の仲介を行っているにすぎない。

ここでいう「自由利用可能通貨」という概念は、IMF協定上のものであり、国際取引上の支払いを行うなど、主要な為替市場において現に広範に使用されているとIMFが認める通貨である。いわば、各国によるIMFからの借入は「自由利用可能通貨」で行われ、その通貨であれば借り入れた当局は対外決済に幅広く使えますよという規定である。対外決済に幅広く使えればいいわけで、為替相場の完全なフロート制や他通貨との完全な交換性（資本取引の全面自由化）までは求めていない。

一方、その具体的認定にあたって厳格な基準はなく、外貨準備におけるシェア、国際金融市場での利用度や、外国為替市場での取扱高などの金融指標を総合的に勘案して、

ＩＭＦ理事会において判断される。

次に、ＳＤＲの保有は公的当局に限定され、民間の取引において使用されることはない。１９７０年代前半、ＳＤＲが民間債券発行の「建値」として使われた例も若干あったようだが、ＥＣＵの誕生とともにそうした利用もなくなった。

さらに、ＳＤＲには、通常の通貨のように、中央銀行が市場の需給を踏まえ発行量を常時調整するという金融政策の仕組み（国際的な流動性の管理）が存在しない。ＳＤＲの累積配分額も、外貨準備の２％程度である。

ＳＤＲがなぜこうした中途半端な性格を持つかを知るには、歴史を若干振り返る必要がある。ＳＤＲ創設の背景には、１９６０年代トリフィン教授等の唱えた「流動性ジレンマ」の議論があった。当時は金ドル本位の固定相場制のもとにあった。ドルを世界の準備通貨として用いている限り、米国の国際収支が赤字にならなければ国際流動性は供給されない。

一方、米国の国際収支の赤字が続けばドルに対する信任が失われ、固定相場制は崩壊する。従って、世界経済が成長につれて国際流動性を確保するためには、既存の準備資産である金やドルを補完する新たな準備資産が必要という議論であった。

しかし、この「流動性のジレンマ」の議論は、１９７０年代後半にはすでに過去のものとなった。その背景の一つは、主要通貨の変動相場制への移行である。例えば、米国の国際収支の赤字をドルの他通貨に対する下落によって調整するというメカニズムが可能となった。もう一つは、国際的は民間金融市場の急速な発達である。仮に準備資産の増加がなくても、国際的な流動性への需要は市場を通じてそれなりに満たすことができるようになった。

ＳＤＲの今日的な役割は、国際流動性をＳＤＲ配分により広く各国に供給することではなく、外部からの資金調達が難しい低所得国等に、ＳＤＲ配分を通じて外貨を供与することで、外貨準備に対するバッファーを設けることができることにあると考えられる。

さて、人民元の**ＳＤＲ構成通貨入り**の話に戻ると、ＳＤＲの構成通貨となる要件は、①その通貨国の財サービスの輸出額が極めて大きく、②「自由利用可能通貨」であるとＩＭＦが認定することである。人民元の場合、すでに２０１０年のＩＭＦ理事会での見直し議論の際、①は自明であり、②について時期尚早というものであったが、２０１５年の理事会では、人民元が「自由利用可能通貨」であるとの認定を与えた。

これにより、人民元は、従来のＳＤＲ構成通貨である米ドル、ユーロ、円、ポンドに次ぐ５番目の通貨となった。

ＳＤＲが創設された当初（１９６９年）は、当時の固定相場制のもとで、ＳＤＲの価値は、１ＳＤＲ＝１米ドルと決められた。その後、主要国通貨の変動相場制への移行に伴い、ＳＤＲの価値は、バスケット方式（加重平均）で決定されることとなり、１９７４年からは16通貨（世界輸出額に占める割合が１％以上の国）で構成され、日米欧に加え、南アフリカのランドなども含まれていた。

１９８０年には、簡素化の観点から５か国通貨となり、その後のユーロ導入により、４か国通貨となった。それが、２０１６年人民元が加わり、５通貨となったものである。なお、ＳＤＲに占める各通貨のウェートは、輸出額と国際金融市場での利用度等の金融指標に基づく基準で決定され、人民元の比率は10・９２％（米ドル41・７３％、ユーロ30・９３％、円８・３３％、ポンド８・０９％）となった。

人民元のＳＤＲ入りの要素である「自由利用可能通貨」の認定には、厳格な基準があるわけではなく、裁量的なものである。ＩＭＦ理事会の決定は、中国の世界経済に占める比重の増加や、近年の中国当局による金融資本市場の自由化・国際化の方向性に前向きの評価を与えたものであるといえよう。

しかし、ＳＤＲの準備資産としての役割が極めて限定的であることに鑑みると、人民元のＳＤＲ入りは、シンボリックな性格が強く、それ自体が人民元の国際的役割に大きな寄与をするとは考えにくい。人民元が真の準備通貨として世界的に認知されていくには、中国のマクロ経済運営の安定性や透明性の確保、中国の金融市場や資本取引のさらなる自由化などが必要であろう。

現に、最近の人民元の利用状況をみると、中国の貿易決済に占める人民元の比率は、２０１５年には30％弱まで上昇したが、最近は10％台半ばまで低下している。また、国際金融全体の決済（スイフト統計）でも人民元の比率は1％台半ばに低下し、順位も6、7位に落ちてきている。

中国にとって、投資主導から消費主導の持続的成長を確保するうえで、市場機能のさらなる活用を通じ、経済を効率化し生産性を上げていくことは重要な課題であり、当局もさまざまな金融自由化措置を進めている。

一方、ときとして生じる株式市場や為替市場の混乱、資本流出の動きなどに対応するための当局の不透明な介入姿勢をみると、自由化プロセスは単線ではなく、今後も紆余曲折があるだろうと推測できる。中国からの資本流出圧力が続く中、資本移動の自由化、特に対外資本移動の自由化が簡単に進むとも思えないし、拙速で行うことは望ましくもない。経済の大きな部分を依然占める国営企業の改革は、金融市場の改革と表裏のものであるが、これも簡単に進むとは思えない。

人民元の国際化は、円の国際化と同様、それ自体は政策目的ではないだろう。目的は、自国の金融市場の自由化、効率化を進めることで、貿易や投資に携わる内外の利用者にとって魅力的な市場を提供していくことであろう。

そして前述の資本自由化の議論でもわかるように、内外資本移動の自由化を拙速に進めることのデメリットは大きい。円の国際化は、1980年代多く唱えられ、その最終目的は、東京市場をアジアにおける国際金融市場の中心として発展させることであったと考えるが、現状ではむしろシンガポールや香港に大幅に後れをとっている。

日本は金融の自由化自体は完了しており、金融活動のベースとなるさまざまなインフラをどう魅力的にしていくかが問題となるが、膨大な国内金融市場を抱える中では、今や容易な作業ではないだろう。

人民元のSDR入りは、中国内にあって金融自由化の推進役である中国人民銀行にとっては、大きな目標であった。しかし、国内での金融自由化・経済の効率化を進めていくプロセスへの一里塚にすぎない。これを一つの梃子《てこ》として、改革に向けた動きがさらに促進されることが期待される。

一方、これまで先進国通貨のみで構成されていたSDRに人民元という新興市場国の通貨が加わったことは、従来の欧米中心の国際金融秩序が変革しつつあることを示す材料をさらに提示したものだといえよう。

人民元のSDR入りを決定するIMF理事会よりも先に、ラガルド専務理事は人民元のSDR入りを推奨する記者会見をするという異例の対応をとった。これは2015年11月のG20首脳会議を直前にして、中国へのプレゼントであることを表現したものであったが、私には、同時に、IMFのガバナンス改革が遅々として進まないことをさらけだしているようにもみえた。

6 ダイバーシティー（多様化）の勧め

世界情勢は、多極化（あるいはＧゼロ）の世界に入ってきているといわれる。米国一国集中の時代は終わり、不安定化の時代である。

ＩＭＦ設立当初、圧倒的な経済力を米英で握っていた時代は終わり、現在では、ＢＲＩＣＳに代表される新興市場国の関与なしには世界経済を議論することは不可能である。また、トランプ政権のもとでは、政策運営におけるグローバルな視点は薄れ、国際機関に米国の利益を押し付ける傾向が強まる可能性がある。

そうした中で、ＩＭＦが国際機関として正当性を維持するには、経済力の変化に加盟国の発言力を合わせていく必要がある。直近の第14次増資（２０１０年合意、米国の議会承認の遅れで発効は２０１６年1月）でも、新興市場国の出資シェアの増加が顕著である。

ＩＭＦの次回増資（第15次）の議論は本来ならもう決着していないといけないのだが、専務理事は議論を先延ばししている。増資交渉自体の難しさに加え、米トランプ政権の国際機関への冷えた対応を見極めたいのであろう。

現状維持は、既存勢力である欧州や日本にとっても有利である。次回増資（シェア見直し）が行われると、増資額は各国の経済規模を中心としたフォーミュラ（計算式）でおおむね決まることもあり、中国が日本を抜いて第2位となり、インド等の新興国もさらにシェアを上げていくことになるだろう。

また、専務理事は欧州人でいつまで維持できるのか。ラガルド専務理事の場合は、本人の資質に加え、中国がいち早く支持を表明したことが奏功したのだが。欧州色の強い理事会構成はどうなるのか。見通しにくい状況がしばらく続くことになる。

ＩＭＦの内部でも、さまざまな加盟国の期待や要望に応えられるよう、スタッフの多様化を進め、異なる考え方や文化的背景に対してよりオープンな組織を作る努力が必要だと認識されている。

実態はどうだろうか。ＩＭＦの管理職クラス（約３００人＝いわゆるＢレベル）を地域別にみると、東アジアは５％（出資比率は15％）、サブ・サハラ・アフリカも５％、中近東が６％と低く、欧州（40％強）、米国（24％）の比率が高い。国別だと、米国に次いで多いのは、やはり英国（13％）である。日本は３％以下。地域別をみるときは、さまざまな注釈が必要であるが、依然として欧米が多い。

ＩＭＦは、極めて勤勉かつ優秀なエコノミストの集団であり、欧米のスタッフはまさにその中心にいて、強い人的ネットワークも持っている。そうした中で、東アジアからの職員を増やすべく努力を続けたが、急成長する東アジアでは各国内での人材への需要が強いこと、語学の問題などもあり、容易ではない。しかし、これだけグローバル化が進んでくると、多様性を受

主要国のIMFクォータ・シェアの推移

（単位：%）

順位	2008年4月特別増資後		2016年第14次増資後	
1	アメリカ	17.67	アメリカ	17.41
2	日本	6.56	日本	6.46
3	ドイツ	6.11	中国	6.39 ↗
4	イギリス	4.51	ドイツ	5.59
5	フランス	4.51	イギリス	4.23
6	中国	4.00	フランス	4.23
7	イタリア	3.31	イタリア	3.16
8	サウジアラビア	2.93	インド	2.75 ↗
9	カナダ	2.67	ロシア	2.71 ↗
10	ロシア	2.50	ブラジル	2.32 ↗
11	インド	2.44	カナダ	2.31
12	オランダ	2.17	サウジアラビア	2.10
13	ベルギー	1.93	スペイン	2.00
14	ブラジル	1.78	メキシコ	1.87 ↗
15	スペイン	1.69	オランダ	1.83

け入れる開かれた組織にしておかないと、組織は生きながらえていけないだろう。これは国の在り方についてもいえるだろうか。

米国の強みは、国民の民族的・文化的多様性によって、世界各国とつながっていることだといわれる。多様性が新たな考え方や活力を吸収し、グローバルな普遍性を生み出していく。最近日本でも外国人の活躍が出てきているが、なぜか流暢に日本語をしゃべる在日経験の長い「外国人」だけが目立つように感じられる。

ジェンダーも、ダイバーシティーの重要な側面である。現在のラガルド専務理事になってから、ジェンダー・ダイバーシティー（男女間の多様性）にＩＭＦも極めて熱心になった。ＩＭＦの管理職レベルで最近の状況をみると、女性比率は28％まで急上昇しており、ＩＭＦ全体の採用者の４割近くは女性になっている。これは、ラガルド専務理事のリーダーシップによるところが大きい。

世界経済フォーラムの「ジェンダーギャップ指数」での各国ランキングをみると、日本は１４４か国中過去最低の１１４位（２０１７年）であり、年々下がっている。政治経済いずれの分野でも、日本は先進国の中で異例の低さであり、多くの開発途上国にも後れをとっている。

上位には、北欧諸国が多く、国会議員候補の４割を女性にするベンチマークを設けるとか、企業の取締役会の４割を女性にすることを上場の条件にするなど、いわば「結果の平等」を迫る制度設計をしている国も多い。

こうした動きの背景には、単なる男女機会均等の主張ではなく、それに伴う経済的なメリットが大きいという発想が明確にみえる。

まず、マクロの視点だと、健全な経済成長と持続可能な社会保障には、女性がより積極的に労働市場に参加できるようになることが必要である。女性を意思決定のプロセスから遠ざけるような制度や慣行が、女性の職業的な潜在的可能性を奪う。企業の中で、キャリアの見通しが立てにくいことが、女性が仕事を継続するうえでの悪循環として存在する。

また、ミクロの視点だと、欧州でのいくつかの調査結果は、男女間の多様性が企業パフォーマンス向上の重要な要素であることが認識されていることを示している。女性管理職の多い企業は、株価上昇率や利益率が平均値よりも高いようだ。世界の消費活動の70％は女性が支配しており、女性がシニアなポジションにいることで、消費者ニーズにより対応できる。多様な人材で構成される取締役会を持つ企業では、企業統治や倫理規範の質が高いとされる。

２０１２年10月のＩＭＦ・世銀年次総会は東京で開かれたが、その際のＩＭＦからのアピールの一環として、「女性は日本経済を救う」というタイトルのスタッフ・レポートを出した。ご興味のある方は、ＩＭＦのウェブサイトからご覧いただきたい。

外国籍の高技能人材にとって日本はアジアで最も魅力のない国という調査がある。閉鎖的なビジネス環境が、言葉の壁、住環境（子供の教育やメイド等の供給を含む）などとともに障害になっていると思われる。

一方、外国人が看護師や介護士になるには、日本語での資格試験が課され、不足する人材の確保への貢献は小さい。コンビニの店員は、外国人留学生なしには確保できないといういびつな構造である。

外国人労働者をどう受け入れていくかについては、同質的な社会への日本人の強い信頼感や既得権との闘いの面があり、正面からの抜本的な議論が必要だろう。

なお、私個人としては、アジア開発銀行での勤務でマニラに住んでいたときの経験から、自らの老後を考え、片言の日本語でもいいので、優秀なフィリピン人メイドが日本でも使えるようにしてほしいのだが。

おわりに

バブルは生まれいずれ崩壊するというプロセスは、今後も繰り返される。バブルの発生を止めるためには、極めて厳格な規制の網を経済に広くかけていく必要があるが、それでは経済の活力は奪われる。大切なのは、バブルの発生・崩壊のプロセスが、コアな金融システムを脅かし、経済に過度の長期的負担をかけないことである。リーマン・ショックは、この意味で悪い先例である。未然に防ぐために何をなすべきか、いまだ明快な解はない。

本書のチェックをしていて、財務官として2年間のうちに5人の財務大臣にお仕えしたことを再認識させられた。民主党政権に移る直前の不安定な時期であったが、他国の大臣連中があまり交代しない中で、他のG7仲間からは同情してもらったが、国益にかなうとはいいがたかった。一方、IMF勤務を始めてわずか1年強で、私をIMFに招いたストロスカーン専務理事が急遽辞任したのは驚きであった。こうした環境の変化については、なかなか文章にはならない。

財務官2年間で計50回の出張をした。うち4回は国内出張であるが、これは、日本がG7・G8等の議長国として、日本で会合を開いたためである。海外出張46回のうち、アジアへの出張は20回で、残りはほぼ欧米であった。昔の財務官に聞くと、アジアへの出張はほとんどなかったようであり、中国、韓国、ＡＳＥＡＮ諸国等との仕事が必然的に増えていた。成長を続けるアジアの中で生きる日本として、アジア地域での連携をどう強化するかが今後ますます重要になっていく。

本書は、東京大学政策ビジョン研究センターに２０１５年夏に職を得てから、順次書きおこしてきたものである。当初は、研究センターのウェブサイトに掲載を始めた（第１章の前半と第４章）のであるが、いくつかの制約から途中で断念し、本書の出版に切り替えたものである。なお、ウェブサイトに載せていた部分についても、本書では大幅な加筆修正を行った。執筆にあたり、何人かの財務省の後輩に事実関係の確認でお世話になった。また、本書で用いた図表の多くは、ＩＭＦアジア太平洋事務所エコノミストの見明さんに作成していただいた。ここにお礼申し上げる。

本書は、人生のパートナーである妻万里に捧げます。

２０１８年正月

著者

私を支えてくれたDMD（副専務理事）オフィスのスタッフとともに
（ワシントン市内のレストランにて、2015.2）

【著者紹介】

篠原尚之（しのはら・なおゆき）

東京大学政策ビジョン研究センター教授。元財務省財務官、前国際通貨基金（ＩＭＦ）副専務理事。1953年山梨県生まれ。1975年東京大学経済学部卒業。同年大蔵省（現財務省）に入省。79年プリンストン大学ウッドロー・ウィルソン・スクール修士課程修了（ＭＰＡ）。成田税務署長、ハーバード大学国際問題研究所（ＣＦＩＡ）アソシエート、国際金融情報センター（ＪＣＩＦ）ワシントン事務所長、埼玉大学政策科学研究科客員教授、財務省主計局調査課長、同主計官（文部科学技術担当）、アジア開発銀行日本代表理事、財務省国際局長などを務めた。2007年から２年間、財務官を務め、Ｇ７・Ｇ８、Ｇ20、ＡＳＥＡＮ＋３などのプロセスに財務大臣代理として参画。財務省退官後、2010年から15年まで、ＩＭＦの副専務理事として、加盟国の経済サーベイランス、ＩＭＦの資金基盤や融資制度の強化などの諸課題に携わった。ほかに、三菱重工㈱社外取締役、㈱メディア工房社外監査役。

リーマン・ショック

元《もと》財務官《ざいむかん》の回想録《かいそうろく》

第１刷　2018年２月28日

第３刷　2018年５月30日

著　者　篠原尚之《しのはらなおゆき》

発行人　黒川昭良

発行所　毎日新聞出版

〒102-0074

東京都千代田区九段南1-6-17　千代田会館５階

営業本部：03(6265)6941

図書第二編集部：03(6265)6746

印刷　中央精版

製本　大口製本

ISBN978-4-620-32501-9